経済学という市場の読み方

その最低限単純マニュアルと
思索への通路

［改訂版］

岡林 茂 著
Shigeru Okabayashi

ナカニシヤ出版

は　じ　め　に

経済の論理＝理屈は単純です。
小学生でも，必ず，分かります。
たとえば次のような質問にどう答えますか。

【例題〈番外〉】
日本銀行が1万円札を増発して日本国民1世帯当たり10万円ずつ支給しました。日本の物価には上昇・下落どちらの圧力が作用するでしょうか。理由もしくはプロセスも述べなさい。

物価上昇圧力，とほとんどの人が答えるでしょう。
それで，もちろん，いいのです。問題なのは，その理由です。

「おカネの量が増えるとおカネの価値が下がるから物価が上がる。」

結構多いのです，これが。
「おカネの価値」……ってのは何なんでしょうか。ちょっと定義してもらいたいものです。
〈商品を買う力〉……などとこの回答者が自信ありげに言ってもらっては困ります。
「おカネの価値」が〈商品を買う力〉であるのならば，「おカネの価値が下がる」ということは「おカネの〈商品を買う力〉が減少する」ということになり，「おカネの〈商品を買う力〉が減少する」ということは，たとえば「100円の〈商品を買う力〉が減少する」ということであり，「100円の〈商品を買う力〉が減少する」ということは，たとえば「今までは100円で2本買えた鉛筆が1本しか買えなくなった」ということです……よね。
「おカネの価値が下がる」ということは，つまり，「今までは100円で2本

買えた鉛筆が1本しか買えなくなった」ということです。何が原因でそうなるのでしょうか。「今までは1本50円だった鉛筆が1本100円になった」からです。「おカネの価値が下がる」ということは，この場合，物価上昇の原因ではなく結果なのです。上の答え，すなわち「貨幣量増大→貨幣価値下落→物価上昇」という考え方は，「おカネの価値とは商品を買う力のことである」と定義するとすれば，間違いということになります。

　……と言うと，「イヤ，私の言うところのおカネの価値とは……」云々カンヌン侃侃諤諤……。

　「価値」という言葉が，しかし，この場合，やはり曖昧に過ぎます。私としては，〈客観的な貨幣価値とは貨幣1単位の商品購買力を意味する〉というふうに厳密に定義して使用した方がいいとは思いますが，主観的には色々と定義可能な「価値」という紛らわしい言葉を使わないで，ここではもっとスッキリと答えて欲しいのです。経済の論理＝理屈は単純なのですから。

　次のような答えも非常に多いもののうちの1つです。

　　「存在している商品の量に対しておカネの量が増えるから物価はバランスをとるために上昇する。」

　こういう人たちは，おカネの量が2倍に増えたら物価も2倍に上がる，などと軽く言い放って，そんなことぐらいは分かって当然ですヨ，馬鹿にしないで下さい！……ってな顔をします。これは，しかし，経済の論理＝理屈ではなくて数学（算術）の論理＝理屈です。経済学は数学を使います……が，経済学は数学ではありません。経済の論理＝理屈と数学の論理＝理屈とは次元を異にします──どっちが高い・低いとかエライ・エラクナイとかということではもちろんありませんので誤解なきよう……。

　この答えは，経済学の答えとして，不十分です。経済の論理では絶対に抜かしてはならないプロセスが，この答えからは完全に欠落しているからです。

　こういう答えしか浮かばない人，これで満足してしまう人は，経済の論理が，まるで分かっていないのです。答えは，ものすごく!!!!!!!!　単純！なんですけど……ね。

　で，正解は？

これはオアトのオタノシミ——別に期待するほどのものではありませんが——ということで,「あとがき」にでも書くことにします.

とにかく,経済の論理＝理屈は単純なのです.
そんなことはない,経済は複雑で難しい……と言う人は跡を絶ちません.
経済は,確かに,複雑で難しいものです.経済の論理＝理屈は,でも,単純なのです.
解答が10という数値になるような計算式——〈5＋5〉or〈5×2〉or〈20÷2〉or〈3＋6＋4－2－1〉……etc.——を考えることは加減乗除の規則を知っていれば単純なことですが,たとえば私が今適当に頭に思い浮かべた計算式を皆さんが当てることは加減乗除の規則を知ってはいても至難の技……ということと似ているかもしれません.
具体的事象に即して言えば……為替相場で儲けるのは難しい,でも,たとえば,絶え間のない相場の変動から利益を得る基本的理屈＝論理骨格は,ものすごく単純であって,〈安く買って高く売る〉……,つまりはこれに尽きる,というのと同じようなもの,かもしれません.
ちょっと考えてみましょう.
どの通貨で儲けるのか（どの通貨を増殖させるのか）,ということをまず決めます.円を対ドル取引で増殖させる,としましょう.儲ける基本的テクニックは,安く買ったドルを高くなったところで売る,ということです.1ドル＝50円のときにドルを買って,1ドル＝100円のときにドルを売る,たとえばそういうことです.
1ドル＝50円をドル安の谷（ボトム）,1ドル＝100円をドル高の山（ピーク）とする循環を描いて為替相場が変動する,とします.最初の谷でドル買,たとえば50万円で1万ドルを買います.そして山がやって来たところでドル売,すなわち1万ドルを売って100万円を手に入れます.この時点で50万円の儲けです.さらに続けて,次の谷において100万円で2万ドルを買い,山においてその2万ドルを売って200万円を手に入れます.最初にドルに投資した50万円は実に4倍に増殖しました.次の谷と山での売買を経れば400万円,さらに次の谷と山を経れば800万円……という具合に絶え間

のない変動の波に乗ってただ売買を繰り返すだけで儲けはドンドンドン‼と増え続けてゆきます。ドル相場（対円）が上昇し続けなくてもいいのです。ただ変動し続ければいいのです。たとえ傾向的には下落し続けるとしても，変動しながらの下落であれば，そこから利益を得ることは可能です。そして，短い期間に大きく変動すればするほど，当然，より速く大量に儲けることができます。

　単純な——ものすごく単純な——論理＝理屈です。

　そして実際に外国為替市場では，この変動を利用して儲けるべく大量の資金が日々投入され，それがまた相場の変動を絶え間なく創り出してゆくのです。〈高いところで売ることによる過熱相場引き下げ圧力＝鎮静化作用〉と〈低いところで買うことによる沈滞相場引き上げ圧力＝活性化作用〉とによって，思惑に基づくこの投機行動（＝異時点間の価格差を利用して儲けようという行動）が相場変動の波の振幅をなだらかにするのだ，とは投機の積極的役割としてよく指摘されることではありますが，しかし，投機そのものが変動を好み・変動に巣食い・変動の中でのみ生息しうるというその根本的体質のネガティヴ性が私たちの日常生活を脅かし振り回すという側面を見逃し免罪するというわけにはいきません。

　当然のことながら，山と谷の見極めは非常に複雑で難しいものです。100％の確率で波に乗り続けることのできる人は皆無です。かの有名な世界的投資家ジョージ・ソロス率いるファンドでさえ，1997‐98年にかけてのアジア通貨・金融危機や1998年夏のロシア・ルーブル相場の暴落によって都合40億ドル——1ドル＝140円（当時の相場）で換算すれば5600億円——の損失を負ったりもするのです（『日本経済新聞』〔以下『日経』と略記〕1998年9月1日）——ちなみに6年間に渡って私の生活上のベース・キャンプの地でかつてあった人口30万人弱の青森市の1998年度の年間一般会計予算が約940億円，実家のある（そんなことドウデモイイ！　のですが……）人口50万人の八王子市のそれが約1720億円……です——。

　もう1つ，儲け話を。

　100ウォン＝10円，1ドル＝100円，1ドル＝1000ウォンという相場が成立しているときにウォン安円高圧力が発生し100ウォン＝5円になったとし

ましょう。このときドルで儲けるべく資金を動かしているディーラーたちは間髪入れずにドル売円買を行ないます。たとえば100万ドルを売って1億円を買います。そして続けてこれまた間髪入れずに円売ウォン買（1億円→20億ウォン），さらに続けてウォン売ドル買（20億ウォン→200万ドル）を遂行します。最初の100万ドルは一瞬にして200万ドルに増殖します。

　これまた単純な──もちろん！　ものすごく！　単純な──論理＝理屈です。同一商品の同一時点における価格差（＝市場の歪み）を利用して儲けるこのやり口は裁定取引 arbitrage と呼ばれており，このようにして得る利益は裁定利益と言われています。ちなみに裁定取引・裁定利益が発生しない均衡状態を裁定均衡といいます。

　これまた当然のことながら，瞬時にして売り抜けてゆかないと，ドル・円相場やドル・ウォン相場はこの動きにつれて瞬時に変動してゆきます。波に乗り遅れたり乗り間違えたりすれば大損もありえます。理屈はものすごく単純ですが，実際に波に乗って売り抜けることそれ自体は複雑で難しいものです。

　経済政策の複雑さ・難しさもこれと同断です。

　たとえば，

　　株価下落→銀行の〈含み益〉減少・〈含み損〉拡大→貸し渋り→企業経営難拡大・破綻銀行続出→所得減少→一段の不況深刻化→さらなる株価下落

などという悪循環が，株価下落（暴落）の日常生活に与える悪影響として取り沙汰されたりします。1つのありうる可能的プロセスとしては理解できますし，その論理＝理屈はこれまたものすごく単純そのものです。

　で，対策は!?　……となると，これは難しいでしょう。複雑です。四方八方丸く収めるなどというのは至難の技です。

　株価下落を政府が率先して介入してでもとにかく食い止めるべきだ……そもそも株式の〈含み益〉などというものに依存している経営体質を改革するべきだ……貸し渋りを止めさせるべきだ……企業経営が少しでも楽になるように法人税を大幅に減税すべきだ……銀行が破綻したとしても少なくとも優良企業への融資は何らかの形で保障するシステムを作らなければならない

……所得減少が不況の深刻化に波及しないように減税などでもって消費余力を作り出すべきだ……さらに株式市場を含む金融市場というものを実体経済（財市場＋本源的生産要素市場）の補完役という本来の役回りに引き戻すべく根本的な対策が必要である……等々，様々な，しかし，もちろん!!! 単純な論理の可能性が，はたまた，しかし，複雑乱麻に踊り狂い，頭が痛くなりま……せんか？

　経済の論理そのものは，とにかく，単純なのです。絡み合えば，ただし，複雑になる，という，これまた単純な複雑さなのです。単純なんだけれども複雑なのです。まさに，生身の人間そのもの……ですね。

　で，本書は，経済の論理の単純さを，とにかく，頭に入れてもらうために書いたものです。単純なものは，しっかりと単純に，まずは理解しておく必要があるからです。複雑・難解・魑魅魍魎跳梁跋扈状態の経済的現実を複雑・難解な論理で二乗・二乗……挙句の果ては自分で自分に巻きつけた複雑な縄目の束に縛り上げられ苦悶の悲鳴……などという悲喜劇状態を招来しないためにも，単純に理解できるところは，絶対に単純に理解しなければならないのです。

　単純な経済の論理を身に着けたからといって，打ち出の小槌・葵の御紋・錦の御旗……（……古い!!）などでは，もちろん，ありませんので，その辺は悪しからずご了承して頂ければ幸甚です。無駄に複雑・難解に考える風習を捨てよう，というただそれだけのことです。スッキリできるところはひとまずスッキリしておきましょう，というだけのことです。何千年も前から存在しているどんなにスゴイ哲学でも・宗教でも・科学でも，人間の複雑・難解さの前では蟷螂の斧・暖簾に腕押し（……これも古い！……か？）状態——というのは少し言い過ぎですが——であることと，まア，同じことです。

　以下，一応，3部構成で述べてゆきます。

　各部の間には，しかし，別段，体系的な必然性などというものはありませんし，しっかりとした体系的な「経済学」テキストを尺度にすれば，そのホンの一端にしか触れてはいません。経済学や市場論の講義などというものでシロウト（……何の？）学生諸君相手に糊口を凌ぎながら掻き集めただけの

粗い素材のパッチワークでしかありません。どこから読んでも構いません。全部で例題が39題ありますから，ひとまず，ランダムにそれらを片付けて適当に乱読して下さい――第Ⅱ部には例題は1つもありませんが，その辺にも本書のランダム性が如実に顕現しています？　――。

　構成の思惑の概要を，とはいえ，一応，粗述しておきます。

　第Ⅰ部では，市場を語る際の，何はなくとも・寝ても覚めてもこれだけは……の2大必須要件であるところの需要と供給について言及しました。とにかくこの2つが市場を形作ってゆくのです。その諸相を需給法則をベースに垣間見てみました。

　第Ⅱ部では，自由奔放・傍若無人の市場メカニズムといえども無視できない，〈社会の再生産バランス＝産業・労働・物量・価格連関〉と〈効率的分業連関の理想型としての比較生産費説（比較優位理論）〉とについて，かなり機械的・杓子定規に，しかし算術的に分かりやすく――と思うのですが――解説しておきました。数学苦手！　大嫌い！　という人でも，ゆっくりのんびりと理論の概要・本質が理解できるはずです。再生産論や国際・国内分業論についての大雑把な議論でしたら多少のハッタリをかましながら!?参加できるようになるでしょう。

　第Ⅲ部は，貨幣について，です。これはなかなか一筋縄ではいかない素材ではありますが，一応，資本主義社会の生産力・豊かさの象徴であるという側面に光を当てつつ，できるだけシンプルに，をモットーにしてその利便性やそれと関連しての諸現象・諸問題に触れました。貨幣や貨幣的現象の広大かつ深遠な奥行きを，示しえているなどとは当然，さらさら思ってはいません。まさに本書のランダム性を典型的に露呈してしまっている部分ではあります。考える素材を提供できれば，ひとまず，それで可として下さい。

　単純なことは単純に，です。それでもダメなら，そこで初めて複雑に……です。最初から，複雑に，はイケマセン。

　閑話休題。

　本文に突入しましょう――本文自体が「閑話」かもしれません……が――。

目　　次

はじめに　*i*

第 I 部　ミクロ・プロセス

第 1 章　需要と供給 …………………………… 4
　　　　　——その理解の重要性——

第 2 章　需要と供給の法則 …………………………… 13

　1　誤答例　13

　2　〈需給法則〉の三層構造　16

　3　需要曲線——需給法則〈Ⅰ〉の 1 つめ——　20

　4　供給曲線——需給法則〈Ⅰ〉の 2 つめ——　29

　5　需要と供給の法則〈Ⅱ〉　31

　6　需要と供給の法則〈Ⅲ〉　37

第 3 章　応用問題各種 …………………………… 48

　1　貿易→為替相場　48

　2　金利→為替相場　78

　3　景気→為替相場——財政政策と金融政策——　79

　4　為替相場→金利　87

　5　為替相場→景気　91

　6　市場と景気循環　100

第 4 章　利益追求型人間類型 ……………………… 109
　　　　　――〈需給法則〉を支える人間たち――

　1　「魔法の石」　109
　2　労働力という商品について①　117
　3　労働力という商品について②　119
　4　株価と金利　123
　5　地価と金利　129

第II部　マクロ・バランス

第 5 章　需給バランスを保った社会的再生産モデル ……………………… 132

　1　社会の安定的維持（＝再生産バランス）　132
　2　〈剰余〉が存在しない場合　134
　3　〈剰余〉が存在する場合　144
　4　産業連関表　148

第 6 章　分業の利益 ……………………… 159
　　　　　――比較生産費説（比較優位の理論）――

　1　パターン①：「AとB」〈得意・不得意〉棲み分け状態　160
　2　パターン②：「A」〈何でも得意〉状態 version I　166
　3　パターン③：「A」〈何でも得意〉状態 version II　170
　4　パターン④：「A」〈スーパーマン〉状態　172
　5　小　括　174

第Ⅲ部　手段と目的　「貨幣」と「生産力」

第7章　〈商品－貨幣－資本〉連関：素描 …………… 178

1. 〈私〉たちと社会＝世界　178
2. 商品所有者中心社会　179
3. 貨幣中心社会　181
4. 資本主義社会——強迫される〈成長〉と〈変化〉そして〈スピード〉——　184

第8章　貨幣の利便性と様々な貨幣的現象 …………… 189

1. 貨幣の定義　189
2. 〈欲望の二重の一致〉状態と〈欲望の不一致〉状態　191
3. 〈流れる貨幣〉と〈膨張する市場〉　192
4. 所得循環　194
5. 貨幣的現象としての GDP（GNP）　197
6. 乗数効果　206
7. 貿易をも含めた国民経済のマクロのバランス関係式——貿易赤字は悪いのか——　210
8. 名目値と実質値　214

*

あとがき　229

索　引　238

経済学という市場の読み方〔改訂版〕
――その最低限単純マニュアルと思索への通路――

第1部
ミクロ・プロセス

第1章

需要と供給
――その理解の重要性――

　経済に関する情報は――一般的には――すべて市場をめぐる言説です。経済的情報を読解するには，だから，当然，市場というものを理解する必要があります。

　とはいえ，市場は経済学の特権的対象ではありません。様々な立場や角度から市場に言及し俎上に載せて料理することは可能です。文学的に市場を語ることもできるでしょう。これから私が述べる市場像は，だから，あくまでも経済学的なそれ――そしてもちろんその一端――でしかありません。色々な市場像の存立が可能である，ということです。同時に，市場という現象のすべてを，つまりはその〈曖昧な――つまりは人間的な――全体〉を，経済学が隈なく説明できるなどということはありえない，ということでもあります。そのことはくれぐれも忘れないようにして下さい。以下，市場とか市場現象などと本書で言うときには，特に断りのないかぎり，経済（学）的なそれであることくれぐれも誤解なきよう。

　市場を理解するには2つの言葉をまずはぜひとも自家薬籠中の物としなければなりません。

　需要と供給，というのがそれです。

　需要と供給とによって市場は形成されているからです。需要と供給に対する理解を確実に自分のものとすれば市場で起きている様々な現象の大要は，だから，単純明快に説明できてしまうのです。

　私がここで主張していることは，たとえば，英語の「基本文法」に関する次のような発言と，その姿勢において，全く重なりあうものです。

第Ⅰ部
ミクロ・プロセス

第1章

需要と供給
——その理解の重要性——

　経済に関する情報は——一般的には——すべて市場をめぐる言説です。経済的情報を読解するには，だから，当然，市場というものを理解する必要があります。

　とはいえ，市場は経済学の特権的対象ではありません。様々な立場や角度から市場に言及し俎上に載せて料理することは可能です。文学的に市場を語ることもできるでしょう。これから私が述べる市場像は，だから，あくまでも経済学的なそれ——そしてもちろんその一端——でしかありません。色々な市場像の存立が可能である，ということです。同時に，市場という現象のすべてを，つまりはその〈曖昧な——つまりは人間的な——全体〉を，経済学が隈なく説明できるなどということはありえない，ということでもあります。そのことはくれぐれも忘れないようにして下さい。以下，市場とか市場現象などと本書で言うときには，特に断りのないかぎり，経済（学）的なそれであることくれぐれも誤解なきよう。

　市場を理解するには2つの言葉をまずはぜひとも自家薬籠中の物としなければなりません。

　需要と供給，というのがそれです。

　需要と供給とによって市場は形成されているからです。需要と供給に対する理解を確実に自分のものとすれば市場で起きている様々な現象の大要は，だから，単純明快に説明できてしまうのです。

　私がここで主張していることは，たとえば，英語の「基本文法」に関する次のような発言と，その姿勢において，全く重なりあうものです。

「……無限ともいえる表現も，この無限ともいえる数に比較するなら本当にわずかでしかない数の文法を覚えているだけで内容をやすやすと理解することができるのです……。」「……どんなに複雑に見えるセンテンスも……基本原理を守っていることにかわりはありません。しかもこの基本原理とは，主語，動詞，目的語，補語というセンテンスの主要な4つの要素についていえば，〈S＋V〉〈S＋V＋C〉〈S＋V＋O〉〈S＋V＋O＋O〉〈S＋V＋O＋C〉というたった5つの組み合わせと並び方に要約されてしまうほど単純なものなのです。」「……テキストを正しく読むには，それほど高度な文法知識を必要としないのです。……／……やさしいテキストがやさしい文法で書かれ，むずかしいテキストがむずかしい文法で書かれるなんてことはけっしてないのです。」「文法とは，テキストという宝庫の扉を開く鍵なのです。そして，この鍵は，英語であれ日本語であれその他のどんな言語であれ，人並みの努力をすれば誰でも手に入れることができるのであり，文法学者がもったいをつけて語るほど，排他的でも特権的でも傲慢でもないのです。」（岩間直文『道具としての英語［新・読み方編］』JICC 出版局，1993年，68頁，82頁，117頁，118頁）

「やさしいテキストがやさしい文法で書かれ，むずかしいテキストがむずかしい文法で書かれるなんてことはけっしてないのです。」これ，言い得て妙ですね。簡単な，たとえば経済学の，テキストを紹介して下さいという人がいます。どんな複雑な現象でも，市場に関するものであるのならば，簡単な基本原理とその組み合わせでその骨格のアラカタは説明がつくはずです。基本原理を頭の中にまずはしっかりと叩きこんでおくことが肝要です。そこをスキップしてしまったらどんなテキストでも理解不能で難解なものになってしまうでしょうし，そこをキチンと把んでしまえば，難しいと思えるテキストのどこに難しさの原因があるのかということが明確に分かるようになり，どこをどう攻略していけば明快な理解へとたどり着けるのかということも容易に判断できる可能性が増すはずです。

　岩間が言っている「基本文法」・「基本原理」に相当するものが，需要と供

給という概念なのです。本当にそれだけでいいのか，そんな簡単なことだけで，と思う人がいるでしょう。そう考える人たちは，たとえば，次のような諸現象を説明できるかどうか試して下さい。スラスラと単純明快に答えられるのならば，需要と供給，つまりは市場というものを，単純に認識する力をかなりの程度において身につけていると自負して構わないでしょう。

【例　題】
❶　日本の輸出の増大は円高圧力として作用する。
❷　円高傾向がこれからも持続するであろうという判断に基づいて行動する人々が多ければ，そのことは日本の金利を押し下げる力として作用する。
❸　低賃金に誘われてアジア——たとえば中国広東省の経済特区——に進出した日本企業は将来その進出意図に反して進出現地での人件費の高騰に悩まされることになる可能性がある。
❹　市場経済が支配的な社会においては景気の循環（不況と好況との繰り返し）は絶対に避けることができない。永遠に続く不況はないし，永遠に続く好況もない。

どうですか。このような現象の因果関係をスッキリと，つまり単純に，説明できますか。

需要と供給について的確に理解していれば，どうということもない問題です。需要と供給という概念は小学生でも（高学年ともなれば）必ず理解できます。小学生でも，つまり，このような問題＝状況をちゃんと理解し説明できるということです。おそらくは小学生よりも年齢が上であろう皆さんにとっては，だから，需要と供給について理解していればアッという間に解けてしまうはずの問題なのです。このような問題の説明に立ち往生するようでは，需要と供給とに対するその人の理解も怪しいものです。ここのところをクリアーしないで難しい理論をいくら覚えた・暗記したとしても，なにしろ基本を理解していないのですから，ものの役には立たず，そのうち必ず忘却の彼方ということになってしまうのです。当然のことです。「10－4－3－1－

2＝0」，という「長い，複雑な」計算式をマルゴト暗記していても，引き算の「単純な」基本的考え方が分かっていなければ他の引き算に関してもその都度暗記しなければならず，応用が全くきかない，ということと同じです。基本的考え方が身についていれば，逆に，どんなに「長い，複雑な」引き算でも解くことができるのです。

繰り返します。

需要と供給，もう少し丁寧に言えば，〈需要と供給の法則〉，これをちゃんと理解していれば上の例題は簡単に解けるのです。

最初の問題はどうですか。

円高だ，円安だ，ドル高だ，ドル安だ……，もう聞いただけでイヤになってしまう人も多いことでしょう。なぜイヤになってしまうのでしょうか。複雑に考えすぎるからだと思います。

【例題❺】
1ドル＝200円が1ドル＝100円になった場合，円高でしょうか，円安でしょうか。

というような質問をすると結構みんな緊張して色々考えようとします。どうして緊張するかというと，難しく・複雑に考えようとするからです。考えることはいいのですが，無駄な迂回路を辿る必要はありません。単純に考えられるところは，やはり，素直に，単純に考えるべきでしょう。そういったセンスは必要です。単純に考えるべきところをわざわざ複雑に考えすぎてしまうからイヤになってしまうのです。

複雑に考えることが〈学問〉をしていることになるのだ!? ……などと錯覚している人もいます。複雑に見える事柄をまずは単純に，というのが，しかし，〈学問〉を理解するまずは出発点でしょう。

この**例題❺**などは小学校の低学年生でも，いや，買い物ができるならたとえ幼児であっても，見てすぐに判断できるシロモノです。そのことは，質問をちょっと変えて，

> **【例題❻】**
> 1ドル＝200円が1ドル＝100円になった場合，ドル高でしょうか，ドル安でしょうか。

としてみればハッキリします。

難しく考える習慣？ のついている人であればあるほどややこしく答えます。

「ドル安です。どうしてかというと，以前は1ドルで200円を手に入れることができた。今は，しかし，1ドルでは100円しか手に入らない。つまりドルの円に対する購買力が落ちたのです。為替レートによって表示されるドルの価値とは他の通貨に対するドルの購買力のことです。その購買力が下落すればドル安であり，上昇すればドル高と言われているわけです。円という他通貨に対するドルの購買力が下落したのですから，この場合，ドル安です。」

模範解答です。文句のつけようがありません。

小学校低学年生たちは，しかし，この模範解答をアッと言う間に理解できるでしょうか。もっと簡単に答えられないのでしょうか。

この質問は，

> **【例題❼】**
> リンゴ1個が200円から100円になったとき，リンゴは安くなったのか高くなったのか。

という問いと全くその難易度は同じです。

この例題❼に対してならば，何の躊躇もなく，つまり「理解」とかなんとか御託を並べる必要もなく，アッと言う間に

「安くなった!!!」

という答えが，小学校低学年生たちからも返ってくるでしょう。

例題❻と❼とで何が違うのでしょう。

〈リンゴ市場〉が〈外国為替市場〉に変わっただけのことです。取り引きされている商品がリンゴからドルに変わっただけのことです。

例題❻は次のように書き換えることができます。

【例題❻′】
〈ドルという商品〉1個（1単位）の値段が200円から100円になったとき，〈ドルという商品〉は安くなったのか高くなったのか。

これなら簡単でしょう。

買い物さえできるならば誰であっても，老若男女を問わずに，当然，何の疑問もなく，しかも間髪入れずに，「ドルは安くなった!!!」と答えることでしょう。

例題❺を解くためには，〈円という商品〉1個の値段を算出すればいいのです——これは幼稚園児には少し難しいかもしれませんが——。100円＝0.5ドルが100円＝1ドルになった，同じことですが，1円＝0.005ドルが1円＝0.01ドルになった，のです。〈円という商品〉の価格が安くなったのか高くなったのか，一目瞭然ですよね。円は高くなっています。答えは，だから，「円高」です。

〈価格〉は，おカネによって表示されます。

おカネ（たとえば，円）といえども，売買されるときその価格はおカネで表示されるのです。ただし，おカネの価格を表示する役割を担うおカネは，価格を表示されるおカネ（円）それ自体ではもちろんなく——そんなことは不可能です……よね——別のおカネ＝他通貨（ドル・ポンド・ウォン……etc.）である，ということになります。

単純に考えられることは単純に!!!……です。そこを複雑に考えすぎてしまうと，なんでもないこと，本当は理解できる・できているはずの事柄を難

しいといって遠ざけてしまうことになるのです。

> 【例題❽】
> 　1ドル＝100円は円高か円安か？

　複雑に考えすぎるクセが染みついてしまうと，たとえば，こんなナンセンスな問いに対してもマジメに答えようとしてしまうのです。

> 【例題❾】
> 　リンゴ1個100円という値段は高いか安いか？

　これだけでは，本当は，答えようがないはずの質問です。
　高い・安いを判断するためには何らかの基準＝物差し＝尺度というものがないと駄目でしょう？　たとえば，一個80円に比べてどうだとかこうだとか，1か月前と比べて……とか，自分の収入からすると……とか。高い，安い，を瞬時にして答える人は，必ず何かに対して比べてそう言っているはずです。そんなことは誰でも分かります。
　ところが，事が〈外国為替市場〉に関わってくると，難しい，ややこしい，という先入観念が人々の判断を曇らせてしまうのです。真剣に，そして何の基準もなしに，円高か円安か，頭をグルグル回転させて，挙げ句の果てには，お手上げ状態で——もちろん答えなど出るはずはないのです！——「外国為替市場なんて難しい！　面倒臭い！　分からない！　経済なんて考えるのは私の性に合わない！」などとほとんど錯乱の極みにおいて断定してしまうことになるのです。
　これはひとつの大きな不幸と言うべきでしょう。
　リンゴも円もドルも，ポンドもユーロも，とにかく，同じ商品だ!!　という理解が大切です。取り扱われる市場がリンゴと通貨とでは異なるだけです。どの市場においても，そして，〈需要と供給の法則〉は同じように作動します。
　上述した——例題❶から❹までの——市場現象において，それぞれ，どのような市場が問題になっているのか，そして，そこで取引されている商品の

需要と供給はどのような動きを示すのか，考えてみて下さい。❶の現象も，❷の現象も基本は全く同じです。難易度は全く同じです。❶が簡単に説明できる人にとっては❷も簡単に説明できるはずです。❶が説明できて❷が説明できないという人は，市場に関する理解が基本的なところで不十分なのです。

　ヒントを少し提供しておきましょう。

　❶は〈外国為替市場〉に関わっています。ここでは色々な国の様々な通貨が商品として取引されています。❷は〈貨幣市場〉の問題です。貨幣が商品として取引されている市場……というとなんだか〈外国為替市場〉と混同しそうでややこしそうですが，要は貨幣の貸借市場です。〈貨幣市場〉における需要（＝貨幣需要）とは，〈おカネを借りよう〉とする動きのことであり，供給（＝貨幣供給）とは〈おカネを貸そう〉という動きのことです。円高傾向が予想されるとき，日本の〈貨幣市場〉で，この両者がどのような行動をとろうとするのか想像してみて下さい。❸は〈労働市場〉，❹は様々な市場の複合現象です。

　もう1つだけ，経済に関する事柄が質問として提示されると常識的かつ素直な!? 思考回路が切断されてしまう例を挙げておきます。

　例題❶で，「日本の輸出」という表現が出てきます。この問題にサラサラと答えを書く人は結構いると思います。そのほとんどの人は，しかし，〈ドル建て〉とか〈円建て〉とかについて思い浮かべ，それらについての明確な前提を置いて解答を導出してはいない……はずです。

　輸出も，当然，商取引＝売買です。商品とおカネが交差します。

　日本国内の売買であれば，ひとまず，おカネとしては円が使用されると言っていいでしょう。アメリカ国内の商品取引の場合，おカネといえばこれはもう大抵の場合例外なくアメリカ・ドルでしょう。国内の取引について考えるのであれば，つまり，おカネはおカネとしてただ漠然と取り扱ってもまず支障はないでしょう。

　ところが，貿易という，それぞれ違うおカネを使用している異なる国の（経済主体）間での取引＝売買にあっては，その取引＝売買の決済に使われるおカネ（＝貿易通貨・貿易媒介通貨）をしっかりと特定してから推理を始めなければなりません。果たして，どれだけの人が，最初の問題を考える

際にそのことに気付き，決済通貨＝支払通貨を特定して考え始めたでしょうか。「この現象なら説明できる」と感じたうちの少なからぬ人たちが，ほとんど無意識的に，つまりそれ以外の可能性を全く考慮せずに，──〈ドル建て〉とは意識しないまま，しかし──実質的には〈ドル建て〉で推理を始めてしまうのではないでしょうか。たとえばこの貿易が日米間のものであるとすれば，つまり日本の対米輸出に関する問題であるとすれば，この取引において使用されるおカネは多くの人が考えるであろうドルかもしれませんが，しかし，円である可能性──つまり〈円建て〉取引の可能性──も十分あります。ドルや円以外の第三国の通貨が支払通貨として使われることも──可能性としてはそれらよりも少ないかもしれませんが──考えられます。いかなる国の通貨建てで推論していっても，結果は同じ「円高圧力」の強化傾向に落ち着きそうですが，そこに至るプロセスに関わる主体，より細かく言えば，〈外国為替市場〉に関わる主体は違ってきます──ここで私の言っていることが全然理解できないという人は〈外国為替市場〉の，ひいては，市場というものの基本が全く分かっていない，ということになります──。プロセスに関わる主体が異なれば，たとえば円高が日本もしくは世界にとってネガティヴな問題として立ち現れてきたときに必要とされるカウンター・ポリシーのイメージも違ってきます。貿易という問題を扱う際には，決済通貨は何か（いかなる通貨建ての取引なのか），当該貿易に関わって〈外国為替市場〉で通貨を売買する主体は誰なのか，その売買高は増えるのか減るのか，等々に関していつでも明確に意識して考えていかなければなりません。そこに慣れてくれば，たとえば国内の取引であっても，厳密に言えば，現金取引とそうでない場合との違い等々にまでアンテナが自然に伸びてゆくようになるでしょう。

　当然の──しかし単純明快な──前提を見過ごしてしまう……，このことが，市場現象としての経済問題を考えるとき頭の中がゴチャゴチャになる原因の大きな１つであることは確かです。繰り返します。❶の問題が簡単に⁉解けたのに❷の問題は難しくて解けない，などと言う人は，以上の点において自分がどうであったか考えてみて下さい。❸も❹も，同じように単純な問題なのです。確実に，単純さの核心＝コツをつかむこと。お忘れなく。

第2章

需要と供給の法則

1　誤　答　例

【例題❿】
需要と供給の法則についてできるだけ簡潔に説明しなさい。

こういう問題を出すと，様々な解答の中に次のような答えが必ず含まれています。

【誤答例】
「需要が増えると供給が増える。」
「需要が減ると供給が減る。」

どうですか。
〈需要と供給の法則〉の説明としては，残念ながら，完全に誤りです。
この解答のような事態はありえない，というのでは決してありません。需要が増えているという状況は，たとえば，その商品の人気が上昇中であるという事態の反映であるのかもしれません。人気があって売れている，ということ自体は，当該商品を製造・販売している企業にとって——もちろん色々なケースがありますから絶対そうなるとは断言できませんが——供給を増やそうとする方向に誘因・圧力が加わる，というふうにひとまずは言える

でしょう。「ひとまずは」などとチョット持って回った言い方になっていますが，供給を増やすかどうか企業が決断する際には，「需要が増える」ということはもちろん決定的な前提ではあるにしても，それだけでは判断できない，ということです。たとえば，需要増大に対応して供給量を増やそうとしても，供給量の増大がコストの上昇をもたらしてしまい，得られる利潤の総額が減少してしまう……などという場合には，当然，供給量を増大させることはありません。が，とにかく，需要増大という状況そのものは供給量増大圧力＝誘因として作用することは大いにありうるでしょう。需要減少という状況そのものは，逆に，供給量減少圧力＝誘因として作用することもかなり高い確率において同様にありえます。

〈需要と供給の法則〉とは，しかし，これではないのです。

〈価格メカニズム〉もしくは〈市場メカニズム〉という言葉は聞いたことがあるはずです。「ない……。」という人は，忘れているだけです。中学校の「公民」という科目の授業の中で，たとえば，一度は耳にしたことがあるはずです。この〈価格メカニズム〉もしくは〈市場メカニズム〉というのは──〈市場の論理〉や〈市場原理〉などという表現もそうですが──〈需要と供給の法則〉と全く同義です。

この〈価格メカニズム〉や〈市場メカニズム〉という言葉を加味してみると，〈需要と供給の法則〉の意味するイメージの輪郭がハッキリしてきます。〈需要と供給の法則〉と〈価格メカニズム〉という言葉から，単に〈需要〉と〈供給〉とのつながりだけではなく，そこに〈価格〉という要素が加わってくるのだな，と想像できるでしょう。〈需要と供給と価格〉，この三者の連関が，つまり，そこでは問題にされているということです。〈市場メカニズム〉という言葉になると，そのことはますます明示化されてきます。

市場とは次のように定義できるからです。

> 市場の定義：需要と供給とによって形成＝構成され，価格が最終的に決定される場

注釈を付加しておきます。

需要と供給，どちらが欠けても市場というシステムは成立しません。これらの機能＝行動を積極的に担う主体が経済主体と言われるものです。家計・企業・政府（地方自治体も含む）・外国の4つです。家計と企業とによって構成される市場は〈民間経済〉とか〈個別経済〉と呼ばれ，家計と企業と政府とによって構成される市場は〈国民経済〉とか〈社会経済〉と言われています。〈国民経済〉を構成するこの3つに，さらに外国という経済主体が加われば〈国際経済〉とか〈世界経済〉となります。

　供給者と需要者，必ずこの両者の合意によって価格は最終的に決定されます。両者の間に価格決定力における差が存在することは，もちろん，日常茶飯事でしょう。しかし形式的には市場で両者がその価格を認めあうことによって価格が最終的に確定するのです。たとえばコンビニなどで売られている商品には，しかし，消費者たちが購入する前に，つまり需要行動をとる前にすでに，価格が供給者たちによって設定され決まっているではないか，と思う人がいるかもしれません。消費者個人個人の持っている価格決定力は――支払能力が小さい低所得者であればあるほど――確かに，多くの場合には，非常に小さなものです。しかしながら，消費者個々人がその価格での購入を決定したときに，形式的には，市場での最終的な価格決定に参加したことになるのです。

　ついでに述べておくと，市場（しじょう）は，空間的＝地理的＝物理的に特定の場所を必要とするものでは，必ずしもありません。株の取引を行なう兜町の東京証券取引所や築地の魚市場（いちば）などの――ブースマーケットと言われている――ような，人々がそこに集まって取引をする特定の建物や場所がないと市場は成立しない，というわけではないということです。売り手（＝供給者）と買い手（＝需要者）とが特定の場所で直接向き合うことなく，たとえば電話回線や光ファイバーなどを通して商取引や決済がなされれば，そこに市場――テレフォンマーケットやスクリーンマーケットなどと言われています――は成立するのです。

　閑話休題。

　〈需要と供給の法則〉――以下〈需給法則〉と略記――は需要と供給と価格とが絡み合う市場のメカニズムを説明するものであること，ゆえに，需要

と供給との上記のような価格抜きの連関イメージは，〈需給法則〉の説明としては不完全なのです。

　後々幾度も再々々々……確認するとは思いますが，重要なことを1つ確認しておきます。

　商品の価格は当該商品の売買＝取引が遂行される当該市場において最終的には決定されるということ，くれぐれも忘れないで下さい。ある商品の価格が上がったり下がったりするのは，その商品が売買＝取引されている市場での当該商品の需要と供給の増減に基づく両者の連関態様＝バランスの変動に直接的には起因するのです。当該商品の市場において，当該商品に対する需要と供給とに変動が存在しない限り，当該商品の価格の騰落は，〈市場の論理〉としてはありえない，ということです。これは当然のことなのですが，意外に！　この基礎的原則を全く忘れ去ることによって混乱する人々が跡を絶ちません。しつこいようですが，お忘れなく……。

　それでは，〈需給法則〉の中身の説明に入りましょう。

2　〈需給法則〉の三層構造

　〈需給法則〉は3層構造＝3階建ての建築物のようなものです。まず1階部分に土台としての需給法則〈Ⅰ〉があり，それを大前提としてその上に2階部分として需給法則〈Ⅱ〉が乗っかり，そしてそれらを前提にしてはじめて3階部分に需給法則〈Ⅲ〉がある，という構造です。1階部分が成立しなければ2階部分はもちろん3階部分も存立することはできない，ということです。

需給法則〈Ⅰ〉：〈需給法則〉の土台＝大前提

価格上昇　⇨　需要量減少圧力

価格上昇　⇨　供給量増大圧力

価格下落　⇨　需要量増大圧力

価格下落　⇨　供給量減少圧力

需給法則〈Ⅱ〉

> 需要量＞供給量 ⇒ 価格上昇圧力
> 需要量＝供給量 ⇒ 価格安定（市場均衡価格）
> 需要量＜供給量 ⇒ 価格下落圧力
>
> **需給法則〈Ⅲ〉**
> 需要増大 ⇒ 価格上昇圧力（価格下落阻止・緩和圧力）
> 需要減少 ⇒ 価格下落圧力（価格上昇阻止・緩和圧力）
> 供給増大 ⇒ 価格下落圧力（価格上昇阻止・緩和圧力）
> 供給減少 ⇒ 価格上昇圧力（価格下落阻止・緩和圧力）

　一般に〈需給法則〉と言われる事象は以上のような因果関係を指しています。それぞれ，直感的にではあれ，なんとなく理解はできるでしょう。
　たとえば〈Ⅰ〉。
　価格が上昇すれば高くなりすぎて買えない・買わない個人や企業がでてくる，つまりは需要量を減少させる圧力が働くでしょう。しかし，価格の上昇は利潤を増加させる可能性をも同時に引き出しますから，既存の供給者が供給を増やそうとするだけではなく，今までの価格ではコストを超える利潤を確保できなかった生産性の低い潜在的供給者たちも市場に参加してくる可能性をも生み出します。価格の下落は，当然，これら価格上昇によってもたらされる様々な圧力とは逆の諸圧力を市場にかけることになるのです。
　〈Ⅱ〉は〈Ⅰ〉に基づいて導出されます。〈Ⅰ〉が成立しなければ，〈Ⅱ〉は成立しません。その規定関係はひとまず置いておくとして――〈需給法則〉の図解のところで明示されるでしょう――，〈Ⅱ〉それ自体は，これまた，それぞれ，直感的にではあれ，なんとなく理解はできるでしょう。
　「需要量＞供給量」＝品不足状態は，典型的には２種類あります。
　売れて売れてショウガナイ・笑いが止まらない好景気のとき，これが１つめです。企業としては価格を上げやすい状態にありますし，需要者としても多少の高価格はショウガナイし，また払える能力もそこそこある，という状態です。商品が不足しているわけですから，欲しくてかつ購買力のある需要者全員には行き渡らず，放置しておけば無用の争いごとが頻発する可能性も

あるというこのような混乱した事態・状況を，選別機能を作動させて収拾させ安定させる必要が出てくるわけです。その選別機能——需要量を減少させ・供給量を増大させる機能——をもって市場で作動するものが価格であり，この場合は価格の上昇がその役割を果たす，ということになるのです。

品不足状態の2つめは，たとえば，労働力をも含む生産諸力が破壊された戦争直後のような事態です。価格上昇による選別機能が作動しやすい状態であることは1つめと同断です。

「需要量＜供給量」＝モノ余り状態の下での価格下落という選別機能——需要量増大・供給量減少——の作動についても想像することはそれほど難しくないでしょう。

需給一致状態の場合は，市場そのもののメカニズムに基づく価格変動圧力は作動しません。市場均衡価格は，ゆえに，価格が安定している状態，ということになります。

〈Ⅲ〉は〈Ⅱ〉に基づいて導出されます。〈Ⅱ〉が成立しなければ，〈Ⅲ〉は成立しません。

直感即時的に言えば，たとえば「需要の増大」は市場においては「品不足状態」を強めるか「モノ余り状態」を弱めるか，そのどちらかの力として作用します。「価格上昇圧力」が加わるということです。〈Ⅲ〉のその他のパターンも同様にして，ひとまずは直感即時的に了解して下さい。

こんなことはもう理解できていると豪語する人には，次の問題を解いてもらいましょう。

【例題❶】
「物価が上昇すれば需要減少圧力が加わり，さらに，この需要減少は物価下落をもたらす。」という文章を書いた人がいます。この文章の誤りを指摘しなさい。

この文章の誤りは，まずは字面から言えば，〈需要〉と〈需要量〉とを区別していない，ということです。〈需要〉の増減と〈需要量〉の増減とは，その意味する状態を異にするのです。

〈需給法則〉の1階から3階までの内容をもう一度よく見直して下さい。

　物価の上昇は，〈需要〉の，ではなく，〈需要量〉の減少圧力として作用します。ここでの〈需要量〉減少圧力は価格上昇の直接的な結果であり，結果としての〈需要量〉減少それ自体は価格下落圧力を生み出す直接的原因としては作用しないのです。〈供給量〉に対して過剰な〈需要量〉を減らすために，たとえば，価格は上昇したのです。このような価格上昇の結果として，所期の目的通りの〈需要量〉減少が達成されたとすれば，わざわざ適当な水準に減らした〈需要量〉を再び増やすことになるであろう価格下落圧力がその時点で作用するわけがないのです。よ～く考えてみて下さい。

　それからもう1つ，ここでは「需要の減少」にばかり目がいっていて，物価の上昇は〈供給量〉に対して増大圧力をかける，ということを忘れています。しかし，上のような文章を書いた人は，〈需要〉と〈需要量〉との区別ができていないのと同様に，〈供給〉と〈供給量〉との区別ができるはずもありませんから，きっと，供給面に気が付いても，

【誤った考え方】
「物価が上昇すれば供給増大圧力が加わり，さらにこの供給増大は物価下落をもたらす。」

と，物価上昇を物価下落に結局は帰着させるという誤ったプロセスでもって，またしても答えることでしょう。

　初発の物価上昇の意味が，これでは皆目分からなくなります。

　物価上昇の結果としてもたらされるのは〈供給量〉の増大であり，この〈供給量〉の増大は，物価上昇の直接的な結果であり，それ自体が物価を逆に下落させる直接的な原因にはならないのです。

　同じことなのですが，先の**例題❿**に対して，次のような答えを返してくる人たちが少なからず，そして必ず，います。

【誤答例】
物価上昇→需要減少→物価下落→需要増大→物価上昇→需要減少→

> ……∞
> または
> 物価上昇→供給増大→物価下落→供給減少→物価上昇→供給増大→……∞

〈需給法則〉を——このような答えを書く人たちのほとんどは，おそらく——不正確にしか理解できていないはずです。

このような誤答例が含んでいる誤りの中身・実体を，以下，確かめていくことにしましょう。

3　需要曲線——需給法則〈Ⅰ〉の1つめ——

1）需要曲線の形——右上がり？　右下がり？——

　縦軸を価格，横軸を需要量とする2次元の直交座標平面上に需要曲線（需要関数）は描かれます。価格と需要量との関数関係を示すグラフです。需要「曲線」となっていますが，ここでは「直線」で考えていきます。需要曲線の意味を理解するという目的にとっては，「曲線」であれ「直線」であれ，どちらでも同じことです。図解は単純で分かりやすい方でいきましょう。

　で，その需要曲線，右上がり（傾きはプラス）でしょうか。それとも右下がり（傾きはマイナス）でしょうか。

「右下がり！」

と自信たっぷりに答える人に対しては，

「〈需要増大⇒価格上昇圧力〉ってのがありますよ……？」

と，チャチャを入れるのが私の習慣であり楽しみでもありました——もう本に書いちゃったからヤメマス——。そうすると，答えを，

「あっ！　そうかあ！　……早とちり，早とちり，記憶違いでした。右上がり！」

などと変える人が結構いたりするのです……が，これはもちろん間違いです。正解は，

「右下がり」

です。

「需要増大⇒価格上昇圧力」という考え方が，だとすると，間違っているのか……!?　というと，そんなことは当然ありません。これはこれで，紛れもない事実的事象です。株式に対する需要が増大すれば株価が押し上げられる，という事態は，たとえば，よくあることです。一世を風靡したたまごっちでも1998年フランス・ワールドカップのチケットなどでも同様です。「需要増大⇒価格上昇圧力」というこの連関関係もまたグラフ化されます。右下がりの需要曲線が描かれているその同じ2次元直交座標平面上において，しかも同時に，表現されるのです。これについては，需給法則〈III〉で詳しく見てゆきます。

2）需要曲線の意味

右下がりの需要曲線は何を表わしているのでしょうか。

価格が上がれば需要量が減り，価格が下がれば需要量が増える，結局，これだけです。

価格P（独立変数）の変化に対応する需要量X（従属変数）の変化＝反応を示すグラフを描き出せば，一般的には，右下がりの曲線（直線）$D-D$となるのです（図2-1）。

図2-1においては，価格の上昇（$P_E \to P_1$）は需要量減少（$X_E \to X_1$）圧力となり，価格の下落（$P_E \to P_2$）は需要量増大（$X_E \to X_2$）圧力となることが示されています。

そのイメージは，次のようになります。

市場（全体）の需要曲線として考えると，価格が上昇すれば買えない人が出てきて需要量が減る，価格が下落すれば今まで高くて買うことができなかったという人たちが買えるようになって需要量が増える，というものです。

次に，個別的（＝個人的）需要曲線──これらの総計が市場の需要曲線になるのですが──として考えると，価格が上昇すれば買える量が減少し，価

図 2-1　需要曲線

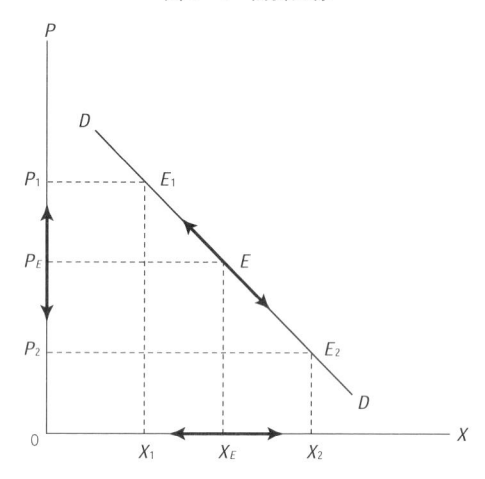

格が下落すれば買える量が増大する，ということです。実際には，たとえばテレビなどは，価格が安くなればなるほど3台・4台・5台……と購入量を増やし続けなどはしないでしょう。需要曲線というものの意味＝本質を理解するにあたって，しかし，それほど厳密に考える必要はありません。価格が下がれば個人的にも買いやすくなるし，逆に価格が上がれば購入意欲に対してはマイナスに作用するというふうに，一般的な傾向・圧力として大雑把に理解すればいいのです。必要に応じて，つまり，もっと厳密な構成が必要になれば，その都度，様々にデコレートすればいいだけの話です。

3）〈代替効果〉と〈所得効果〉

〈価格上昇⇒需要量増大圧力〉・〈価格下落⇒需要量減少圧力〉というように，右下がりの需要曲線とは違う動きを示す財も，もちろん，ありえます。その辺りの事情を考慮して経済学は，〈代替効果〉と〈所得効果〉という2つの考え方を用意しています。

簡単な説明を付加しておきましょう。

X財とY財という2つの財を設定し，X財の価格の騰落がX財の需要量とY財の需要の増減に対してそれぞれにどのような影響を与えることになるの

か，ということを考えます。

　X財とY財は〈代替財〉であり，共に〈上級財〉である，と仮定します。〈代替財〉とか〈上級財〉とかというのは次のようなものです。

　牛肉と豚肉，バターとマーガリン，コーヒーと紅茶……これらは〈代替財〉である，と言います──豚肉は牛肉の代替財，牛肉は豚肉の代替財……などという言い方もなされます──。具体的効用・機能が似ていて，一方が他方を代替しうる可能性が大きい財，ということです。これに対して，ガソリンと自動車，テニスラケットとテニスボール，パンとバター，インクとペン……これらは〈補完財〉である，と言われます。両者は2つで1つの効用・機能を満足させるという意味で相互に「補完」し合っている，というような財の組み合わせのことです。こういう連関が存在しない場合は，お互いはお互いにとって〈独立財〉である，と定義されています。

　所得が増加すると需要が増大する財を〈上級財 superior goods・正常財 normal goods〉，逆に，所得が増加すると需要が減少してしまう財を〈下級財・劣等財 inferior goods〉，と言います。〈下級財〉とは，たとえば，ホウキやチリトリや白黒テレビなどを想定してみて下さい。人々の所得が増えれば掃除機やカラーテレビなどに需要を奪われる可能性もある，ということです。ちなみに，所得が増えても需要が変化しない財を〈中立財〉と言います。

　閑話休題。

　X財・Y財という2財を想定しての〈代替効果〉と〈所得効果〉とについての説明に戻りましょう。

　X財の価格が下落したとします。Y財の価格は変化がないものとします。

　2つの経路を通って，初発のこの動きはX財の需要量ならびにY財の需要の変動を引き起こしてゆくことになります──別の表現をすれば，初発のこの動きがX財の需要量ならびにY財の需要の変動を引き起こすプロセスは2つに分解できる，ということです。

　1つめ。

　X財は割安になり，Y財は割高になります。〈代替財〉ですから，機能・効用においての差はほとんど存在しません。当然，X財の需要量には増大圧力がかかり，Y財の需要には減少圧力がかかります。これを〈代替効果〉と

言います。

　２つめ。

　X財の価格が下落するということは、たとえば消費者にとっては、お金の余裕ができるということであり、所得の増大と同じ効果をもたらしてくれるものです。X財・Y財共に〈上級財〉と仮定していますから、当然、X財の需要量には増大効果、Y財の需要にも増大効果をもたらします。これを〈所得効果〉と言います。

　これら２つの経路＝効果の総合された効果が〈総効果〉です。

　X財の価格下落は、X財については──〈代替効果〉においては需要量増大圧力、〈所得効果〉においても需要量増大圧力ですから、〈総効果〉としては当然──需要量増大圧力を発生させます。Y財の需要については、〈代替効果〉から見れば需要減少圧力がかかり、〈所得効果〉から見れば需要増大圧力がかかる、ということですから、これだけでは〈総効果〉としての需要増減圧力の方向性は明示できません。〈代替効果〉が〈所得効果〉を上回るほど代替関係が強い場合にはY財の需要には減少圧力がかかり、逆の場合には増大圧力がかかり、２つの効果のもたらす圧力が均衡している場合には需要不変のバランスを保つであろう、としか言えません。

　以上を整理・拡充すれば次頁の**表２−１**のようになります。

　この整理から外れる財も考えられなくはありません。〈おカネ持ち〉がカネ持ちであることを見せびらかしたくて価格が高い財を買おうとする、つまり高いからこそ買うのだ、という理由でその需要を発動するようなケースにおいては、価格が上昇すればするほど〈おカネ持ち〉の見せ所！　ですから需要量は増え、逆に価格が下落すればするほど〈おカネ持ち〉たちにとっての魅力は減っていって需要量が減少するなどという事態もありえます。この場合、ただし、価格が下がれば〈おカネ持ち〉たちの需要量は減少しても〈おカネ持ち〉ではない人たちの需要量は増大するかもしれませんから、トータルで見れば結局は右下がりの需要曲線が妥当してしまうのかもしれません。まあ、色々と頭を捻ってみて下さい。

　「財」という言葉について若干の説明を付加しておきます。「財」とは英語の goods の邦訳です。人間にとって「良いもの」、つまり「役に立つもの」

表 2-1 代替効果と所得効果

X財の価格が下落する場合				
		代替効果	所得効果	総効果
X財の需要	上級財	増大圧力	増大圧力	増大圧力
	下級財	増大圧力	減少圧力	?
Y財(代替財)の需要	上級財	減少圧力	増大圧力	?(代替関係が強い場合は減少圧力)
	下級財	減少圧力	減少圧力	減少圧力
Y財(補完財)の需要	上級財	増大圧力	増大圧力	増大圧力
	下級財	増大圧力	減少圧力	?(補完関係が強い場合は増大圧力)
X財の価格が上昇する場合				
		代替効果	所得効果	総効果
X財の需要量	上級財	減少圧力	減少圧力	減少圧力
	下級財	減少圧力	増大圧力	?
Y財(代替財)の需要	上級財	増大圧力	減少圧力	?(代替関係が強い場合は増大圧力)
	下級財	増大圧力	増大圧力	増大圧力
Y財(補完財)の需要	上級財	減少圧力	減少圧力	減少圧力
	下級財	減少圧力	増大圧力	?(補完関係が強い場合は減少圧力)

という意味なのでしょう。「財の中には bads もあります」とはよく聞くジョークですが，有益財と有害財とに分ける場合もあり，このときには，まさに，有益財が goods であり，有害財が bads となります。bads の中には負の価格を持つ負の財というような分類概念も存在します。その有害性を除去するために費用がかかる廃棄物などがこれに当てはまります。有形財と無形財（＝サービス，知的財産），自由財（＝無償財）と経済財（＝有償財＝価格を有する財＝商品）などという区別もあります。自由財には価格が付きませんから，つまり，商品ではありませんから，もちろん，それを取引する市場は存在しません。

4）需要（量）の価格弾力性

需要曲線というのは「価格の変化に対応する需要量の変化＝反応を示す」ものでした。商品によって，この「変化＝反応」度は当然異なります。商品

によって異なるこの「価格の変化に対応する需要量の変化＝反応」度を「需要（量）の価格弾力性」といいます。

需要（量）の価格弾力性を計算式によって定義しておきましょう。

$$需要(量)の価格弾力性 = -\left(\frac{需要(量)の変化率}{価格の変化率}\right)$$

〈変化率〉と〈変化率〉との割合であること，つまり，価格が1％変化したときに需要量は何％変化するのかを示すものであること，まずは，しっかりと確認して下さい。

価格が1単位（たとえば1円）変化したとき需要量が何単位変化するのかという割合，つまり，価格の変化分に対する需要量の変化分の割合と混同しないよう注意しなければいけません。こちらは〈絶対弾力性〉とも呼ばれ，需要曲線の傾き（絶対値）の逆数になります。私たちがここで問題にしている弾力性は，これとの対比で〈相対弾力性〉と呼ばれることもあるようです。

右辺の（　）の前にマイナス記号が付いていることにも注意してください。一般的な需要曲線にあっては（　）の中がマイナス値をとることに基づく修正操作です。価格が2倍になったとき需要量が半減する場合のA商品の価格弾力性が，同じく価格が2倍になっても需要量が1／10へともっと大幅に減ってしまう場合のB商品の価格弾力性よりも小さくなることは，直感的にも明らかですが，実際に計算してみましょう。

まず，A商品の価格弾力性から。

$$Aの価格弾力性 = -\left(\frac{-50\%}{+100\%}\right) = 0.5$$

そして，B商品の価格弾力性。

$$Bの価格弾力性 = -\left(\frac{-90\%}{+100\%}\right) = 0.9$$

Bの価格弾力性は0.9で，明らかにAの価格弾力性0.5よりも大きいことが確認されました。

図 2 − 2　弾力性 1

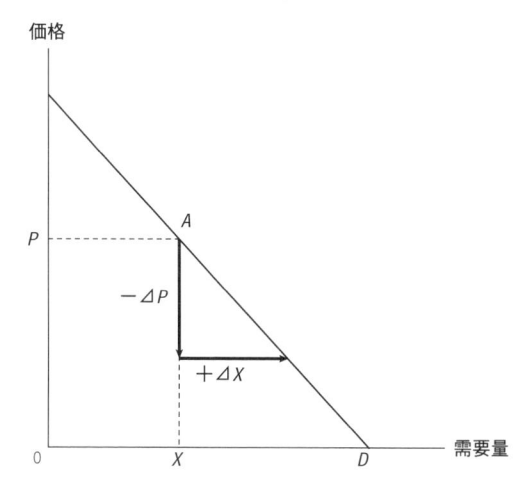

　計算式の右辺にマイナス記号が付いていないとAの弾力性が−0.5，Bのそれが−0.9となり，Aの価格弾力性がBよりも大きいということになってしまいます。マイナス記号は価格弾力性を正確に表示するためにはぜひとも必要なものであるということになります。

　厳密を期して，以下の3点を論証しておきましょう。
①同一需要曲線上のすべての点において価格弾力性が異なる。
②右下がりの同一需要曲線上で左上にゆけばゆくほど，価格弾力性は大きくなる。
③同じ座標で示される点であっても，傾きの緩やかな需要曲線上の点の方が価格弾力性が大きくなる。
　図 2 − 2 に描かれている右下がりの需要曲線上の点Aの（＝点Aを出発点とする）価格弾力性を求めてみましょう。価格P・需要量Xである点Aを出発点として価格がΔP下落すれば需要量がΔX増大する，とします。
　このとき，

図2-3 弾力性2：需要曲線上の弾力性概観

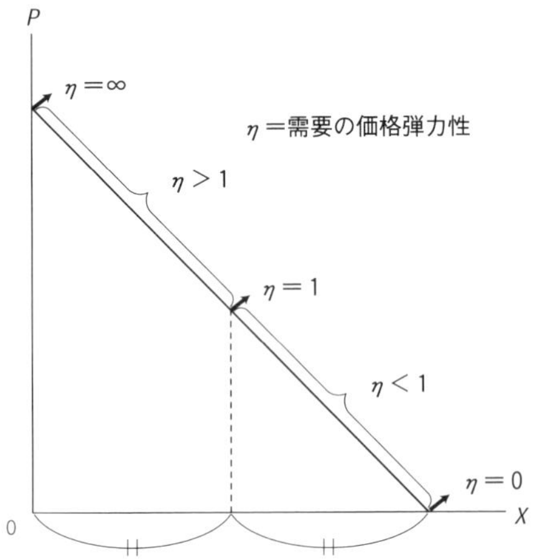

$$\text{A点の価格弾力性} = -\left(\frac{+\varDelta X}{OX} \Big/ \frac{-\varDelta P}{OP}\right)$$

$$= \frac{\varDelta X}{OX} \cdot \frac{OP}{\varDelta P}$$

$$= \frac{\varDelta X}{\varDelta P} \cdot \frac{OP}{OX}$$

$$= \frac{XD}{OP} \cdot \frac{OP}{OX}$$

$$= \frac{XD}{OX}$$

となります。

　XD/OX の値はこの需要曲線上のすべての点において異なります。
　∴（ゆえに）　①が成立します。
　さらに，需要曲線上で左上にゆけばゆくほど，XD/OX の値は大きくなるのですから，
　∴　②が成立します。
　$\varDelta X/\varDelta P$ が大きければ大きいほどA点の価格弾力性は大きくなります。$\varDelta X/\varDelta P$はA点の（もしくはA点を含む需要曲線の）傾きである $\varDelta P/\varDelta X$ の逆数です。$\varDelta P/\varDelta X$ が小さければ小さいほど――A点の（もしくはA点

を含む需要曲線の）傾きが緩やかであればあるほど——$ΔX／ΔP$ は大きくなり，A点の価格弾力性は大きくなります。
　∴　③が成立します。
　具体的数値を当てはめて，それぞれ，実感的に確認しておいて下さい。

　以上，図で整理すれば**図2-3**のようになります。
　蛇足を１つ。所得水準の上昇は一般的に価格弾力性を引き下げます。懐が豊かになれば，多少の価格変動にはあまり敏感に反応しなくなる傾向があるのです。R.F. ハロッド（Roy Forbes Harrod, 1900-78）は，このような傾向に〈需要の価格弾力性逓減の法則〉と命名しました。
　〈弾力性〉という概念には以上の〈需要（量）の価格弾力性〉以外に〈供給（量）の価格弾力性〉などというものもありますが，考え方は同様なのでその説明は省略します。他にも，〈価格弾力性〉ではなく〈所得弾力性〉などという概念もありますが，これまた同様に省略します。各自考えてみて下さい。

4　供給曲線——需給法則〈Ⅰ〉の２つめ——

　価格の変化に対して供給量がどのように反応して変化するのか，ということを２次元の直交座標平面上に描き出したもの，それが供給曲線（供給関数）です。縦軸には独立変数としての価格P，横軸には従属変数としての供給量Xを取ること，需要曲線と同じです——横軸のXは，需要曲線上の点を表わす場合には需要量となり，供給曲線上の点を表わす場合には供給量となり，需要曲線と供給曲線とが交わる点を表わす場合には均衡取引量となります——。
　供給曲線は右上がりの曲線（直線）$S-S$で表示されます（**図2-4**）。
　価格が上昇すれば（$P_E→P_1$）供給量が増え（$X_E→X_1$），価格が下落すれば（$P_E→P_2$）供給量が減る（$X_E→X_2$），ということを**図2-4**は示しています。
　右上がりのこの供給曲線が描かれる理屈は，以下のように考えればいいで

図 2-4　供給曲線

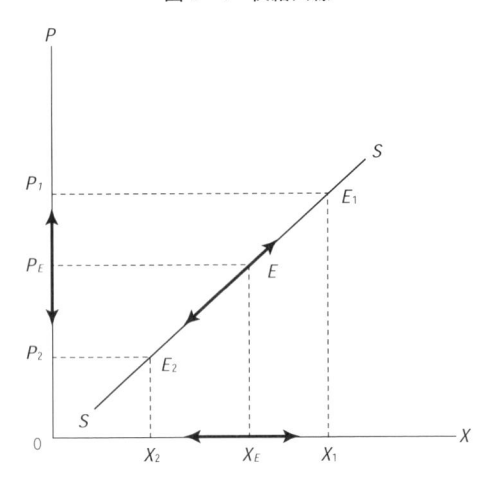

　しょう。
　企業行動の——ここで想定されている——規定的目的かつ推進的動機は最大限の利潤獲得です。さらなる利潤の増大が可能であるならば企業は積極的に供給を増やそうとするだろうし，逆に，供給を減らさなければ利潤の減少が予想される場合には躊躇することなく供給の削減を決断するのです。
　ある財の価格が上昇するということは，〈利潤＝価格－コスト〉ですから，当該市場における利潤増大の可能性が高まるということです。既存企業は利潤の拡大を求めてここぞとばかりに生産を拡大するかもしれません。今までは生産性が低くて（＝コストが高すぎて）市場に参加できなかった企業が新規に参入してくるかもしれません。市場全体には供給量増大傾向・圧力が産み出されることになります。価格が下落すれば，逆に，体力の弱い——生産性の低い——既存企業，つまり価格下落が利潤を喰い潰しコスト割れを引き起こすような企業，が市場から撤退＝脱落したり，比較的体力のある生産性の高い企業においても利潤減少の下で他部門への部分的もしくは全面的転進が図られる……などという具合に供給量減少傾向・圧力が生じてくるでしょう。
　価格の動向が諸企業に与えるであろう傾向的圧力の概要は——需要曲線と

同様——この程度の大雑把さで理解していれば，ひとまずはいいのではないか，と私は思っています。コストの形状がどうであれ——たとえば増産するときの追加1単位当たり費用（＝限界費用 marginal cost）が逓増（＝収穫逓減＝規模の不経済）しようが逓減（＝収穫逓増＝規模の経済）しようが——，価格上昇それ自体は利潤上昇圧力として作用し生産・供給をプラスに刺激し，価格下落それ自体は利潤下落圧力として作用し生産・供給にマイナスの影響を与える……そういった程度の傾向・圧力を右上がりの供給曲線は示したものである，という抽象レヴェルでまずは理解しておけばいいのではないか，ということです。

5　需要と供給の法則〈II〉

　需給法則〈II〉は，もちろん，需給法則〈I〉を土台＝大前提として導かれるものです。需給法則〈I〉における需要曲線と供給曲線とを2次元の同じ直交座標平面上に描写してみましょう。**図 2-5** となります。よく目にするグラフです。簡単に説明を加えておきましょう。

　これまでと同様に，縦軸を P（価格），横軸を X（「需要量・供給量」＝

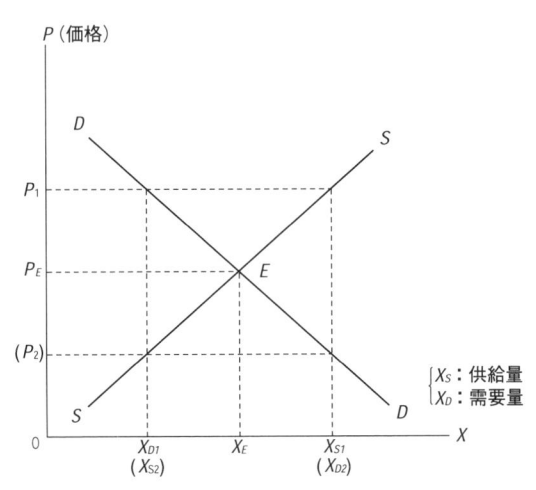

図 2-5　需給〈II〉

「需給量」）とします。

価格は P_E, P_1, P_2 の3つを想定します。

右下がりの $D-D$ 曲線が需要曲線であり，右上がりの $S-S$ 曲線が供給曲線であること，今までと同様です。

価格が P_E のときの需要量と供給量とは等しく X_E となります。X_E を均衡取引量，P_E は均衡価格，点 E は均衡点といいます。

価格の水準が均衡価格 P_E よりも高い P_1 にある場合を考えましょう。

P_1 に対応する需要量は X_{D1}, 供給量は X_{S1} です。$X_{D1} < X_{S1}$, つまり，供給量が需要量を上回っています。供給量過剰もしくは需要量過少ですから，価格には下落圧力が加わります。

1）クモの巣的調整過程

価格が P_2 まで一挙に下落すれば需要量が X_{D2} まで増大し，供給量 X_{S1} がすべて捌けるということになります。次期の生産はこの価格 P_2 を前提としてなされることになります。次期の供給量は X_{S2} となります。需要量は X_{D2} です。今度は需要量が供給量を上回り価格には上昇圧力が加わり，価格を P_1 まで引き上げても完売できることになります。ところが，そのまた次期の供給場面において価格 P_1 の下で，供給量が需要量を上回る状態が出現することになります……以降繰り返し……です。こういう過程を経て学習しながら徐々に均衡点に向かって生産が調整されてゆくことを想定するのが〈クモの巣的調整過程〉といわれるものです。図の上では，しかし，供給曲線と需要曲線との傾き如何によっては，〈クモの巣〉的軌跡をたどって均衡点に収束するプロセス（「需要曲線の傾きの絶対値＜供給曲線の傾きの絶対値」の場合）ばかりではなく，〈クモの巣〉的軌跡をたどって逆に発散していってしまうプロセス（「需要曲線の傾きの絶対値＞供給曲線の傾きの絶対値」の場合）や同じところをグルグル回り一向に収束もせず発散もしないという不安定なプロセス（「需要曲線の傾きの絶対値＝供給曲線の傾きの絶対値」の場合）——**図 2-5** はまさにそのグルグル回るプロセスをたどることになります（同一経路の上を周期的に循環するこのような「箱型」のプロセスは，「中立的に安定している」とか「第2種の安定」などと言われたりも

しています）——などが抽出されてしまうこともあります。自分で図示して確認して下さい。

2） ワルラス的調整過程

〈クモの巣的調整過程〉ではなく，しかし，〈ワルラス的調整過程〉と言われるもの——L. ワルラス（Marie Esprit Leon Walras, 1834-90）がその主著『純粋経済学要論』（1874-77年）において株式取引所を例に競争的市場の論理を展開したことにちなんでそのように呼ばれているもの——が，需給不一致を調整するパターンとして一般的にはイメージされ・言及されます。

現在の供給量（X_{S1}）と需要量（X_{D1}）とを前提として，価格が P_2 まで押し下げられる圧力は確かに発生します。

価格は P_2 へと，しかし，一挙に向かうのではない，と想定されるのです。

〈クモの巣的調整過程〉の想定では，生産された財は，とにかく，何が何でも，完売されるべく，その完売水準に対応する価格へと一挙に価格が下落すると想定されています。前提とされた供給量は固定され，その固定された過剰な供給量に過少な需要量を一致させるべく，つまりは固定された供給量の水準に対応するべく需要量を引き上げることを可能とする価格へと一挙に下落する，という想定です。供給量は一定で価格が動き，それに対応して需要量も完売できる水準へと動く，という構図です。

〈ワルラス的調整過程〉においては，供給量は動かしようのない固定されたものとは想定されていません。供給量過剰・需要量過少の状態下でジリジリと下がってゆく価格水準に逐一対応する形で供給量が減少してゆく，と考えられているのです。需要量も価格の漸次的下落に呼応しながら，もちろん，増大してゆきます。

〈ワルラス的調整過程〉における初発の供給量や需要量というものは，その価格の下でならばこれぐらい供給できる・これぐらい需要する……という，いわば，供給者たちや需要者たちの当該市場参加の可能性の言明（の総和）でしか本来はないのです。この調整過程の結果を受けて，需要量と供給量とが一致したところで実際の生産が遂行され市場に商品が供給されることになる，という想定なのです。

ここで出発条件として想定している価格 P_1 の下での供給量過剰・需要量過少という状態は，それゆえ，まだ現実化しているものではありません。価格 P_1 に対応して各企業が提示した供給量の合計が需要する側が提示した需要量の合計よりも多かった，ということを示しているのです。この水準で生産が実際に行なわれるならば，当然，商品は売れ残ることになってしまいます。どの企業も売れ残るよりは完売できる方が良いですから，もし価格を下げて需要量が増大し販売量が少しでも増えるのならば，それを望むことになるでしょう。ただし，これ以上価格が下落してしまっては費用さえ回収できないような生産性の低い企業はもちろん当該市場への参加を断念するでしょう。ブローカーのような役割を果たすたとえばアンテナ企業が——チョット無理がある・苦しい想定か……!?　——そのような意向を受ける形で，提示する価格の水準を徐々に下げてゆき，P_E の水準まで価格が下落したところで供給量と需要量とが一致するということが確認され，そのレヴェル——つまりは均衡価格水準——で生産可能な企業が実際の生産に着手する，という構図になります。〈ワルラス的調整過程〉においては，だから，調整過程そのものは単なるシミュレーションであり実際の生産が行なわれる際には需給一致が実現する，というのが本来のイメージなのです。
　逐一具体的現実的厳密緻密に考えれば，これは確かに，株式市場など一部の市場でのみ妥当する理論です。
　競争している諸企業が——需要する側も加えて——あたかも協議しているかのように，市場全体の需給一致点を模索し合い，需給一致点での生産をこんなにスムースに実現させる，などということは，逐一具体的現実的厳密緻密には考えられません。
　たとえばアンテナ企業が設定した価格である P_1 での試験的販売状況に基づいてイケルであろうと予想＝期待 expect した諸企業が，それぞれの思惑に則って当該市場に参加・参入してくる，つまりは実際に生産＝供給を開始してしまう，というのが現実の姿でしょう。その結果，もちろん，需要量は過少，供給量は過剰になります。売り切れなかった企業は最終的には価格を損益分岐点以下に下げてでもとにかく売ろうとはするでしょう。個々に見れば，生産＝販売開始時点から売り切るまでの間に P_1 という価格ですべて売

り尽くしたという企業もあれば，その価格では売り切れず，それ以下の価格で販売した企業も存在する，ということになります。

　価格下落の程度やバラツキも含めてのその具体的様相の濃淡がどのようなものであれ,，しかし，はっきりしていることは，P_1 の下での生産においては市場全体として価格には下落圧力が加わる，ということです。相当数の企業が P_1 よりは安い価格で買い叩かれる，ということを余儀なくされるのです。生産性の高い企業の中には余裕で持ちこたえられるところもあるでしょうが，生産性の低い企業の一部は利潤も得られず，固定費用（fixed cost　生産量がゼロになっても負担しなければならないが生産量が増加しても全く増加はしない費用：工場設備の維持費・償却費・管理費，長期契約の賃借料，借入金利息 etc.）も回収できず，さらには可変費用（variable cost　生産量が増加するにつれて増加する費用：原材料費，燃料・動力費，労務費 etc.）すら回収できないで，結局のところ，次回からの生産には参加できず，市場から撤退し・排除されることになるのです。生産性の低い企業においても，運良く先行して販売し，たとえば P_1 の水準で全量完売できるところもあるかもしれませんが，今回は辛うじて切り抜けられたに過ぎず，価格下落圧力がかかっている当該市場での次回も引き続きのエントリーは生産性を上げない限りは不可能になります。そして次ラウンド以降も，新たな——前回よりもおそらくは低い——価格水準の下で，このような試行錯誤が繰り返されることでしょう。

　需給一致に至る手続きの理論的具体相があまりにもエレガントであり過ぎるとはいえ，〈ワルラス的調整過程〉が，現実的具体的市場の傾向的在り様——需給不一致状態が価格の変動をもたらすという在り様——を反映し示していることは確かです。

　逐一具体的現実的厳密緻密に細かいことはある程度無視しても問題ないぐらいの期間における傾向抽出であると，それゆえ，理解したうえで，次のように大雑把な認識を保持しておけばいいのではないでしょうか——もちろん目くじらを立てなければ如何ともし難いほどナンセンスかつ犯罪的？　なものであるのならば妥協するわけにはいきませんが——。

　価格が P_1（均衡価格水準以上）のとき，供給量は需要量を上回り価格下

落圧力が作用し，価格の下落に伴って供給量は減少し需要量は増大します。その過程で，もちろん，生産性の低い企業は市場から排除されてゆくことになります。市場から排除されたくなければ，生産性を上げるべく不断の努力が必要となるのです。努力しない企業や努力しても他の企業との生産性の格差が開いてしまうような，つまりは利潤創出搾出能力において劣る企業は容赦なく撤退を強要されることになるのです。そういう過程の存在が，18世紀後半英国における産業革命を皮切りとして以降の資本主義的市場における絶え間のない生産性上昇＝生産力上昇の実現を可能としてきたのであり，今もその圧力は不断に作用しているのです。このような過程で排除される企業が，たとえば交通不便な地方に立地しており——それゆえの避けられない低生産性の存在——その地域の人々にとってかけがえのない産業であるような場合には，企業だけでなく，それら地域の消費者たちも市場から排除されることになる——競争激化の過程で廃止されるローカル鉄道やバスや航空路線等々を想起して下さい——などの問題も内在してはいます。光当たる発展の陰でやむなく打ち捨てられる地域や人々も存在している，ということです。

　価格が P_2（均衡価格水準以下）のとき，供給量は需要量を下回り価格上昇圧力が作用し，価格の上昇に伴って供給量は増大し需要量は減少します。その過程で，もちろん，その商品が生活のために必要であっても，買えるだけのおカネを十分保有していない需要者たちは市場から排除されてゆくことになります。市場から排除されたくなければ需要者たちは，頑張っておカネを稼ぎ続けなければなりません。おカネを稼ぎ続けることを諦めた人々は，市場の外で自給自足的に生きてゆくか，それとも，市場を補完する公共性の領域（生活保護等々の福祉の領域）で——〈一人前〉にあらざる人間としてその〈人格〉的劣等の刻印の下でココロに傷を負いながら——保護される形で延命してゆくしかないのです。それが嫌なら，とにかく，一生懸命働き＝稼ぎ続ける必要があるのです。資本主義社会の人々は，そのような意味において，絶え間のない〈向上心〉を要求され，それを保持していることが常識となっているのです。それ以前の社会やそれ以外の社会の人々よりも，断然ワーカホリックであり，そう在らざるをえないのです。日本人だけが，とりたてて，ワーカホリックに偏している＝嗜癖しているというわけでは，だから，ありません。

〈価格変動→需給変動〉というこの動きの収束地点は需給一致点に対応する均衡価格水準です。そこに必ず落ち着くという保証はもちろんありませんが，そこへ向かっての圧力が——様々な人々や事どもを吸収・撹拌・排出しながら——市場で作動することは紛れもない事実です。

……という程度でどうでしょうか。妥協できないヒトは無理して妥協しないでトコトン考えてみて下さい。

それにしても，競争が手段ではなく目的になってしまっている現代の社会，誰もがワーカホリックになることを目的(!?)として強要される市場競争原理＝効率至上原理＝自己責任原理が蔓延する——そしてそれゆえに社会的協同へと向かうベクトルが極力排除されてしまう——現代の社会が，身も心も豊かな社会の実現とそれに向かっての旺盛なチャレンジの簇生を可能にするとは，とてもじゃないが思えません。

6　需要と供給の法則〈Ⅲ〉

1)　「需要量」・「供給量」と「需要」・「供給」

今までと同様に縦軸を価格，横軸を取引量（需要量・供給量）とする2次元直交座標平面上において，需給法則〈Ⅲ〉を図示するとすればどのようになるのでしょうか。

需給法則〈Ⅲ〉は，需給法則〈Ⅱ〉を描いた図2-5のグラフ上に，通常は，描き出されます。

「需要増大⇒価格上昇圧力（価格下落阻止・緩和圧力）」を図示すれば，たとえば，どのようになるのでしょうか。需給法則〈Ⅱ〉における右下がりの需要曲線とは逆に，右上がりの曲線，として描かれるのでしょうか。図2-5のグラフ上にこの右上がりの曲線を描いてしまうと，今まで見てきた右上がりの供給曲線との区別がつかなくなってしまいます……!?　……どうすればいいのでしょうか。

種明かしをしましょう。

「需要」と「需要量」，「供給」と「供給量」とを厳密に区別するのです

……，と聞くと，ナンダ当たり前じゃないか？「生産と生産量」とか「消費と消費量」とか，「量」が付くか付かないかの区別はどのような言葉にだってあるんじゃないの？　……という疑問を持つ人もいるでしょう……が，日常的な言葉使いにおいては，これらの区別は必ずしも厳密ではありません。「生産が増える」ことと「生産量が増える」こと，「消費が増える」ことと「消費量が増える」こととを，日常的には，それほど厳密に区別して使い分けたりはしません。経済学においては，しかし，「量」が付くか付かないかで厳密に区別されるのです——ただし経済学者の日常的発言において，「量」付きの有無に関するこの厳密な言葉使いが，かえって無用な混乱を引き起こすような恐れがある場合には特に，いつでもなされているとは限りません……ので，そこのところは鷹揚自在に理解しておいて下さい——。

　経済学においては，「需要の増大・減少」と「需要量の増大・減少」とは，つまり，意味を異にしますし，「供給の増大・減少」と「供給量の増大・減少」とは，これまた意味が違ってくる，ということです。

　これは，〈需給法則〉を理解する際にとても大切なポイントです。

　ここを理解しておかないと，「価格が上昇すれば需要が減少する（価格上昇＝需要減少）と言うけれども，そもそも価格の上昇は需要が増大しているから発生するのであり（価格の上昇＝需要増大），何か矛盾しているのではないか？」などという初歩的ではあるがしかし決定的な誤解を持ったまま，面倒臭い！　どうせ経済学のプロになるんじゃないんだから……とばかりに経済学を忌避してしまう傾向を産み出してしまうのです。この点については後ほど改めて言及することにします。

　需給法則〈Ⅰ〉と需給法則〈Ⅱ〉においては「需要量」・「供給量」という具合に「量」付きの表現が使用されていますが，需給法則〈Ⅲ〉においてはこの「量」が外されています。「量」付きとそうでない場合との意味の違いは，需給法則〈Ⅰ〉と需給法則〈Ⅲ〉とでのその使われ方に端的に表わされています。

　需給法則〈Ⅰ〉における「需要量」・「供給量」の変動は当該財の価格変動の結果——価格の従属変数——ですが，需給法則〈Ⅲ〉における「需要」・「供給」の変動は当該財の価格変動とは一切関係なく発生し，当該財の価格変動は，〈Ⅰ〉とは逆に，「需要」・「供給」変動の結果——「需要」・「供給」

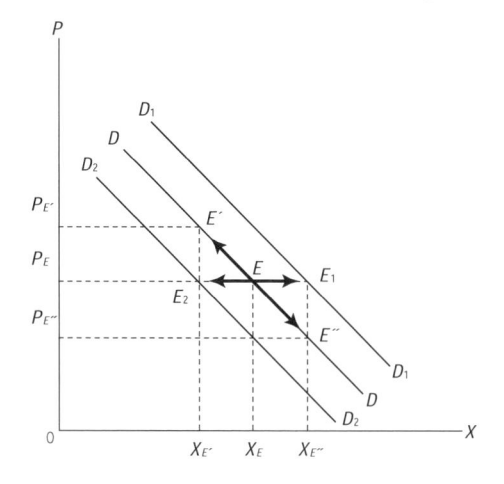

図 2-6 「需要量の増減」と「需要の増減」1

の従属変数——として示されています。

グラフを使って考えてみましょう（図 2-6）。

需要曲線は 3 本描かれています。

真中の需要曲線 $D-D$ において価格が P_E のとき需要量は X_E です。ここ——$D-D$ 曲線上でいえば点 E——を出発点として設定します。

X_E が $X_{E''}$ に移動するときに，「需要量の増大」と表現する場合と「需要の増大」と表現する場合とでは，その含意が異なる，ということです。同様に X_E が $X_{E'}$ に移動するときに，「需要量の減少」と表現する場合と「需要の減少」と表現する場合とでは，その含意が異なる，ということです。日常的にはどちらでもいいようなものですが，経済学ではそこを厳密に区別する，ということです——と言いつつも横軸は「量」付きで「需要量」と設定しているではないか!?　「真中の需要曲線 $D-D$ において価格が P_E のとき需要量は X_E です」と直前で述べているではないか!?　ここで言われている需要量って「需要」のことか「需要量」のことか，どっちのことなのか!?　……との疑問を持つ人もあるでしょうが，そしてそれに対する答えとしては〈「横軸を需要量とする」と言う場合の需要量とはここで区別している「需要」と「需要量」との両方を含意するのです〉ということになるのですが

……そこはマア「需要」と「需要量」との違いを認識した上での阿吽の呼吸！……とでも太っ腹に了解しておいて頂ければ幸甚……です……。

　X_E が $X_{E''}$ に移動する場合を考えてみましょう。

　2つのパターンを導き出すことができます。

　1つめは，価格が P_E から $P_{E''}$ に下落するというパターンです。需給法則〈Ⅰ〉の場合です。この場合，つまり，X_E から $X_{E''}$ への変化は「需要量の増大」と言表されます。グラフ上の点で表わせば，E から E'' への $D-D$ 曲線上での移動，ということになります。

　グラフをよく眺めれば X_E から $X_{E''}$ への増大のもう1つのパターンが見えてくるでしょう。

　E から E_1 への移動，ということです。E_1 において価格水準は P_E であり，E のときと同じです。価格に変化がないのに X_E が $X_{E''}$ へと増大するのです。価格の変動が原因となって X_E が $X_{E''}$ へと増大するという1つめのパターンとは全く異なる，ということです。この状態を「需要の増大」と言表するのです。

　このような「需要の増大」の原因として考えられるのは，たとえば，所得の変化です。一般的には所得が増えれば今までよりも多く買うことができたり，買うことのできる人が増えたりするでしょうが，逆に，所得が増加すると需要が減少してしまう財もあります——〈上級財〉や〈下級財〉についての前述の説明を思い出して下さい——。他財の価格や嗜好などの変化も需要の増大をもたらすことがあります——〈代替財〉や〈補完財〉についてのこれまた前述の説明を思い出して下さい——。

　E から E_1 への移動，つまり，「需要の増大」は，需要曲線の右へのシフト＝平行移動（$D-D$ 曲線 → D_1-D_1 曲線）として，一般的には表わされます。たとえば所得の増加は，当該財の価格がいかなる水準にあれ，等しく「需要の増大」——買うことができる人の増大——に帰結するであろう蓋然性の高さに依拠してそのように類推されるのです。平行移動でなければ，たとえば図2-7のように，$D-D$ 曲線と D_1-D_1 曲線とが交差してしまい，所得増加前の価格水準の如何によって「需要」が増えたり減ったりしてしまうからです。もちろん，需要曲線のこのような移動を所得の増加と共に示す財

図 2-7 「需要量の増減」と「需要の増減」2

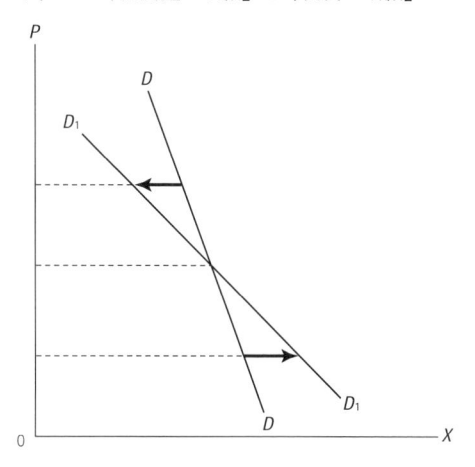

図 2-8 「供給量の増減」と「供給の増減」

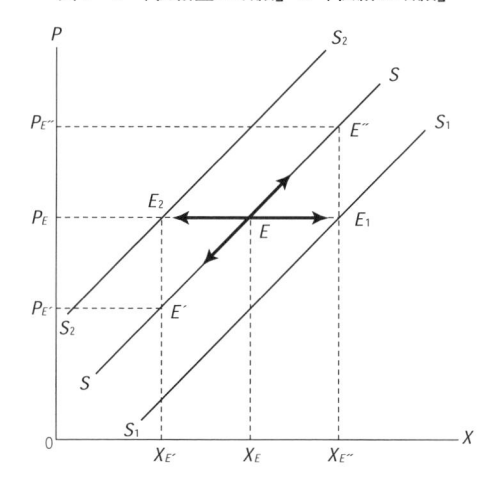

もなくはないでしょうが，一般的ではないと判断して差し支えないと思います。
「需要量」の減少と「需要」の減少との違いも同様です。

図 2-6 で言えば，X_E から $X_{E'}$ への減少には 2 つのパターンがある，ということです。価格上昇（$P_E \to P_{E'}$）による「需要量」の減少（$D-D$ 曲線

上での E から E' への移動）と，たとえば所得下落による「需要」の減少（$D-D$ 曲線から D_2-D_2 曲線へのシフトに伴う E から E_2 への移動），という２つのパターンです。

「供給量」の増減と「供給」の増減との違いも，同様に理解して下さい。

図 2-8 において，価格の変動に伴う $S-S$ 曲線上の動きが「供給量」の増大（$E \to E''$）・減少（$E \to E'$）であり，価格は変動せずに生産技術や生産に必要な投入要素の価格やの諸変数，つまりは生産＝供給コストが変化するのに伴っての供給曲線のシフト（$S-S$ 曲線→S_1-S_1 曲線，$S-S$ 曲線→S_2-S_2 曲線）によってもたらされるものが「供給」の増大（$E \to E_1$）・減少（$E \to E_2$）である，ということです。

2）需要と供給の法則〈III〉：図解

需給法則〈III〉の図解に入りましょう。

４つのパターンすべてについての説明は必要ないでしょう。「需要増大⇒価格上昇圧力（価格下落阻止・緩和圧力）」というパターンについてのみ見てゆくことにします（図 2-9）。後の３つのパターンはそこから類推して下さい。

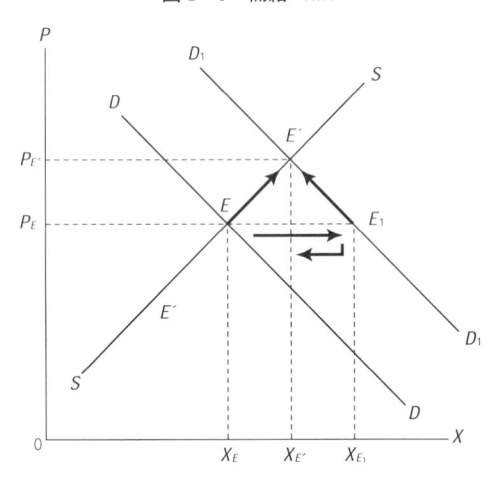

図 2-9 需給〈III〉

出発点は点 E とします。需給均衡点です。価格が P_E であり，それに対応する需要量は X_E で，供給量も同様に X_E です。需要量と供給量とは一致している，均衡取引量が実現している状態です。この状態から「需要」が増える——もちろん価格に変化はありません——，という想定です。

「供給」の変動は，図を単純化するために——それだけの理由です——，考えていません。供給曲線の位置は，だから，そのままです。

図 2 − 9 において，$D-D$ 曲線が D_1-D_1 曲線にシフトし，E が E_1 に移動します。

E_1 においてどういう事態が発生しているか，一目瞭然でしょう。

① 「需要増大」後——価格 P_E は不変です——の需要量 X_{E_1} は，明らかに，供給量 X_E を上回っています。需給法則〈Ⅱ〉から，価格上昇圧力が作動します。「需要増大⇒価格上昇圧力（価格下落阻止・緩和圧力）」というパターンとは，つまり，こういうことです。
② 価格上昇の過程で需給法則〈Ⅰ〉により，「需要量」は減少し，「供給量」は増大し，
③ 新たな需給均衡点である E'（対応する価格は $P_{E'}$，対応する取引量は $X_{E'}$）に収まればこの動きは停止する。結果，出発時点と比較して，価格は上昇し，取引量も増大する（インフレ＋好景気）。

ということです。

需給法則〈Ⅲ〉は，結局，需給法則〈Ⅰ〉・〈Ⅱ〉と別のものではなく，それらを含み込むことによって成立しているのです。3階建ての〈需給法則〉のこれが全容です。

少し前のところで私は，

「価格が上昇すれば需要が減少する（価格上昇＝需要減少）と言うけれども，そもそも価格の上昇は需要が増大しているから発生するのであり（価格の上昇＝需要増大），何か矛盾しているのではないか？」などという初歩的ではあるがしかし決定的な誤解を持ったまま，面倒臭い！ ど

うせ経済学のプロになるんじゃないんだから……とばかりに経済学を忌避してしまう傾向を産み出してしまうのです。この点については後ほど改めて言及することにします。

と述べておきました。

　ここで指摘している「初歩的誤解」について，その「誤解」の「誤解」たる所以が今はもう明示され，理解されるはずです。

　次のような発言を，たとえば，している人がいます。

「……価格が上昇すれば需要は減少するという命題にはひとつの矛盾が含まれている……。……価格の上昇ということ自体に需要の増加を前提としているのである。需要の増加傾向は価格を上昇させる。とすれば，価格の上昇はそのまま需要増加の反映として示されているわけであるから，価格の上昇が需要の減少になるという命題は誤謬であることがわかる。」（日高広志『「質的」経済学入門』西田書店，1990年，7-8頁）

　「価格の上昇ということ自体に需要の増加を前提としている」，というのは上記①のことです。「価格の上昇が需要の減少になる」，というのは上記②——厳密に言葉を使えば「需要」ではなく「需要量」ということになりますが——のことです。「価格の上昇が需要の減少になるという命題は誤謬である」との日高の言は，つまり，それこそ「誤謬である」ということになるのです。「価格が上昇すれば需要は減少するという命題には」，何らの「矛盾」も「含まれてい」ないのです。

　ここでの日高の疑問は，しかし，〈需給法則〉について深く考えようとする過程において，誰もが一度は思い当たるものではあるのです。日高の疑問そのものが，よく理解できないという人のために，言葉を換えて，その疑問の中身を明示しておきましょう。つまり，こういうことです。図2-9をよく見て下さい。③という結果のみを取り上げれば，価格は P_E から $P_{E'}$ に上昇し，そして需要量は X_E から $X_{E'}$ に増大しています。つまり，

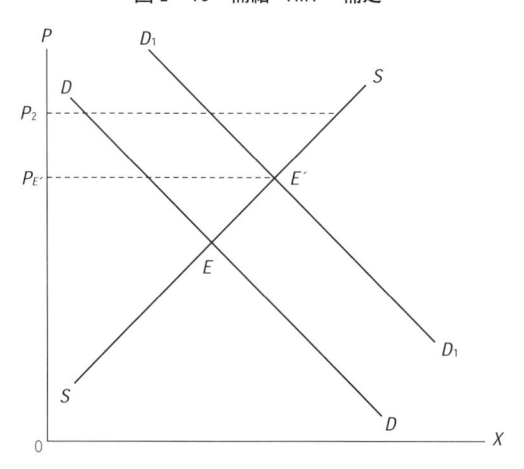

図 2-10　需給〈III〉・補足

価格が上昇した……にもかかわらず……需要量が増大している!!
価格が上昇すれば需要量は減少する……はずではなかったのか??

という疑問なのです。疑問としては，だから，真当かつ素直な疑問ではあるのです。しかし，やはり，図 2-9 の展開プロセス①②を考慮すれば，①の「需要」増大によって引き起こされた価格上昇が②の「需要量」の減少を引き起こすという形で，需給法則〈I〉の「価格上昇⇒需要量減少圧力」というパターンは作動していると見るべきでしょう。増大した「需要」の何割かが自ら引き起こした価格上昇の下で減殺される，ということです。

これに関連して，若干付言しておけば，出発点をここでは需給均衡点とそれに対応する均衡価格水準に置きましたが，出発点の価格水準を均衡価格以上や以下やに設定して色々なケースを考えてみて下さい。一例だけ挙げておきましょう（図 2-10）。

図 2-10 は，出発点を P_2 水準と設定しています。「需要」増大前から供給量が需要量を上回っており，価格下落圧力が作動しつつあるという状況です。ここで「需要」増大（$D-D$ 曲線の D_1-D_1 曲線へのシフト）が発生します。ところがこの「需要」増大によっても，供給量過剰・需要量過少状態

は持続します。つまり価格下落圧力は消滅したりはしないのです。これも，プロセスを無視した結果にのみ着目すれば，

「需要」が増大している「にもかかわらず」価格が下落している‼

という具合に〈需給法則〉に反した事態に見えてしまいます。

　しかし，プロセスをシッカリと観察すれば明らかなように，「需要」が増大することに起因する価格上昇圧力は確かに作動しているのです。作動はしているのですが，しかし，出発点における価格下落圧力がその上昇圧力を上回ってより強烈だったために，現象的には，価格は下落するという事態になっているのです。〈需給法則〉はこの場合，価格下落圧力そのものを打ち消すことはできなかったけれども，しかし，下落圧力を緩和するという形で作用しているのです。「需要」の増大がなければ点 E に対応する価格水準までへの下落圧力が作動するところを，点 E' に対応する価格水準（$P_{E'}$）にまでの下落圧力へと緩和する，ということです。プロセス無視の結果のみへの止目では〈需給法則〉の作用を見誤ってしまう，というこれも格好の一例ではあります。

　様々に出発点を変えて色々と考えて下さい。

　以上で需給法則〈Ⅲ〉の説明を終了します。
　残りの3つのパターン——「需要減少⇒価格下落圧力（価格上昇阻止・緩和圧力）」・「供給増大⇒価格下落圧力（価格上昇阻止・緩和圧力）」・「供給減少⇒価格上昇圧力（価格下落阻止・緩和圧力）」については，各々グラフ化して確認して下さい。そして，「需要」の増減（需要曲線のシフト）や「供給」の増減（供給曲線のシフト）の程度を様々に変えてみて，「需要」・「供給」の同時変動とその組み合わせの変化とによって需給の変動が価格水準に及ぼす影響をこれまた様々に確認して下さい。「需要」の変動率と「供給」の変動率とが等しい場合とか，出発点も考慮しながら，需要の増大以上に供給の増大率が大きいにもかかわらず価格が需給の増大前と変わらない場合とか……種々考えてみて下さい。

　たとえば，均衡点を出発点とする以下のような因果関係の存在をグラフを

描いて確認してみて下さい。そして，物価の持続的上昇＝インフレ，物価の持続的下落＝デフレ，均衡取引額増大＝好景気，均衡取引額減少＝不景気，というふうに大雑把に定義して，その組み合わせの意味する状態を経済的〈現在〉と照合しながら色々と想像・解読してみて下さい。

　　　需要増大率＞供給増大率　⇒　「均衡価格上昇＋均衡取引量増大」＝「均衡取引額増大」（「インフレ＋好景気」）
　　　需要増大率＜供給増大率　⇒　「均衡価格下落＋均衡取引量増大」＝「均衡取引額増？減？」（「デフレ＋好景気」？）
　　　需要減少率＞供給減少率　⇒　「均衡価格下落＋均衡取引量減少」＝「均衡取引額減少」（「デフレ＋不景気」）
　　　需要減少率＜供給減少率　⇒　「均衡価格上昇＋均衡取引量減少」＝「均衡取引額増？減？」（「インフレ＋不景気」？）
　　　需要増大率＞供給減少率　⇒　「均衡価格上昇＋均衡取引量増大」＝「均衡取引額増大」（「インフレ＋好景気？不景気？」）
　　　需要増大率＜供給減少率　⇒　「均衡価格上昇＋均衡取引量減少」＝「均衡取引額増？減？」（「インフレ＋不景気？好景気？」）
　　　需要減少率＞供給増大率　⇒　「均衡価格下落＋均衡取引量減少」＝「均衡取引額減少」（「デフレ＋不景気？好景気？」）
　　　需要減少率＜供給増大率　⇒　「均衡価格下落＋均衡取引量増大」＝「均衡取引額増？減？」（「デフレ＋好景気？不景気？」）

第3章

応用問題各種

1　貿易→為替相場

【例題⓬】
日本の対米輸入（ドル建て）が増大すると，円高圧力として作用するか，それとも円安圧力として作用するか。そのプロセスも明示して答えなさい。

　舞台の登場人物（経済主体）――ここでは日本の輸入企業と米国の輸出企業の2人（企業は〈法人〉であるから〈人物〉・〈2人〉という表現もあながち誤りとは言えないでしょう）――と，その登場人物たちが市場――ここでは外国為替市場――とどう関わるのか，どのような目的で市場を利用するのか，という2つの点を常に意識して推論を進めていくことが非常に重要です。経済主体と市場の連関図も描いておきましょう（図3-1）。

【模　解】
日本の対米輸入（ドル建て）増大→日本の輸入企業が支払わなければならないドル増大
　　　　　　　　　　　　　　　→日本の輸入企業による「**円売ドル買**」**増大**
　　　　　　　　　　　　　　　→「**円安**」**圧力**

図 3 - 1　例題❶❷

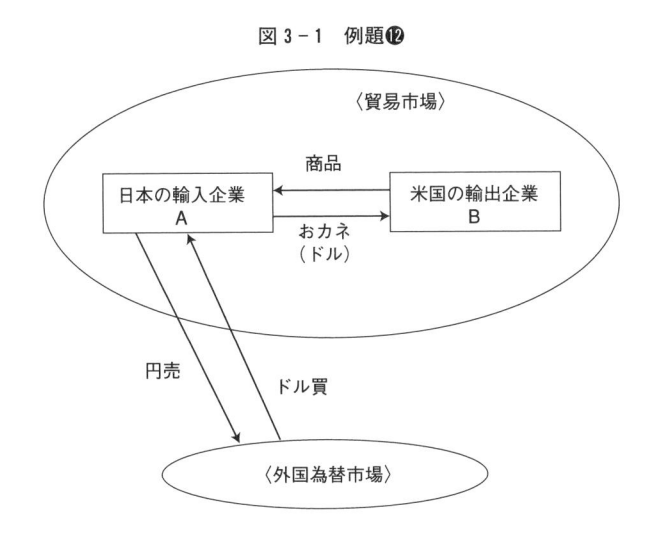

〈貿易市場〉

日本の輸入企業 A ←商品― 米国の輸出企業 B
　　　　　　　　おカネ
　　　　　　　　（ドル）

円売　ドル買

〈外国為替市場〉

　支払いのためのドルを――金庫の中の現金としてであれドル預金の残高としてであれ――日本の輸入企業が十分に保有している場合には，外為市場でドルを調達する――「ドル買（円売）」を行なう――必要はありません。この場合には，したがって，外為市場には何のインパクトも与えず，為替の相場にも何の影響も与えないのです。
　さらに細かいことになりますが，この日本企業が先月までは毎月恒常的に 1000 万ドル輸入し，その支払いのために外為市場で円を売って毎月 1000 万ドルを購入していたとしましょう。今月は輸入額が 500 万ドル増大し合計 1500 万ドルになったのですが，この増大分の 500 万ドルはたまたま保有していて，外為市場で購入＝調達するドルは相変わらず先月までと同額であるような場合，つまり円売ドル買は行なうにしてもその水準がいつもと変わらない，などというような場合には，「円売」の〈増大〉ではないので，もちろん，円安圧力は作用しません。価格に変動圧力が加わるのは需給それ自体が増減する場合であり，需要や供給が存在していてもその水準が不変であれば価格騰落の圧力は作用しないのです。「円売→円安」・「円買→円高」などと――これは間違っています！　――売買高の水準の変動を無視して円の価格の騰落の因果関係を誤って理解している人が後を絶たないため，分かって

いる人にとっては言わずもがなとは思いますが，念のために指摘しておきます。以下，特に断りはしませんが同様です。

　もう1つ付け加えておけば，日本の輸入企業は支払いのためのドルを調達する際に，ここでは円を売ってドルを調達する＝買うというふうに想定していますが，この当事者である日本企業がドル以外の余分な外国通貨，たとえばイギリス・ポンドを保有していて，それの処分も兼ねて「ポンド売（ドル買）」を行なって必要なドルを調達する可能性が全然ない，とはもちろん言えません。その場合には「円安」圧力ではなく「ポンド安」圧力が外為市場において作用する，ということになります。色々な状況を想定する柔軟性も忘れないで下さい。

　さて，どうですか。簡単にできましたか。

　外為市場も，もちろん，〈市場〉です。〈市場〉で取引される商品の価格は，つまり，直接的には〈需給法則〉によって変動します。リンゴの価格が，リンゴ市場で取引される商品——つまり，リンゴ——に対する需要と供給の動き＝増減とそれがもたらすバランスのズレによって変動することと同じです。外為市場で取引される商品は様々な国の通貨です。そしてその様々な国の通貨の価格であるレートはその様々な国の通貨に対する需要と供給の動き＝増減とそれがもたらすバランスのズレによって変動する，ということです。

　上の例題❷では，外為市場で取引されている円という商品の価格の変動方向が問われています。この変動方向は当然，直接的には，円という商品に対する需要と供給の動きとそれがもたらすバランスに依存して決まります。

　たったそれだけの問題です。

【例題❸】
日本の対米輸入（円建て）が増大すると，円高圧力として作用するか，それとも円安圧力として作用するか。そのプロセスも明示して答えなさい。

> 【模　解】
> 日本の対米輸入（円建て）増大→日本の輸入企業の支払う円増大
> 　　　　　　　（外為市場で円を調達する必要はない
> 　　　　　　　　⇒外為市場には何の影響も与えない）
> 　　　　　　　→米国の輸出企業の円収入増大
> 　　　　　　　→米国輸出企業による「**円売**ドル買」
> 　　　　　　　**増大**
> 　　　　　　　→「円安」圧力

　日本の輸入企業が支払いのための円を十分に保有していない場合には，日本の金融市場（たとえば銀行）で必要な円を調達します（たとえば借金するということです）。その調達額の増大は，日本の金融市場での金利の上昇を引き起こすかもしれませんが，外為市場への直接的なインパクトは存在しません。

　以上2つの問題を通じて，日本の対米輸入の増大は「円安」圧力として作用するということが明らかになりました――この「円安」と表裏一体にもちろん「ドル高」圧力が作用していますが，質問は「円高圧力か円安圧力か」ということですから，答えに直接は関係のない側面は捨象しました――。ここでは〈ドル建て〉と〈円建て〉というパターンしか示しませんでしたが，どの通貨建ての取引であっても――その強弱にはもちろん様々なヴァリエーションがあるとはいえ――結局は同じ圧力が生じることになるでしょう。確かめてみて下さい。ここで問題なのは，しかし，結果は同じ「円安」圧力であったとしても，そこへ至るプロセスに違いがあるということです。「円安」が何らかの〈政策的対応〉を要するものである場合に，その〈対応〉のスタンスの取り方に微妙な，もしくは大きな影響をこの違いは与えるかもしれません。
　以下の2つの問題も全く同様に考えてみて下さい。

【例題⓮】

日本の対米輸出（ドル建て）が増大すると，円高圧力として作用するか，それとも円安圧力として作用するか。そのプロセスも明示して答えなさい。

【模　解】

日本の対米輸出（ドル建て）増大→米国の輸入企業の支払うドル増大
　　　　　　　　　　　　　　　（外為市場でドルを調達する必要はない⇒外為市場には何の影響も与えない）
　　　　　　　　　　　　　　→日本の輸出企業のドル収入増大
　　　　　　　　　　　　　　→日本の輸出企業による「**円買ドル売**」**増大**
　　　　　　　　　　　　　　→「**円高**」圧力

【例題⓯】

日本の対米輸出（円建て）が増大すると，円高圧力として作用するか，それとも円安圧力として作用するか。そのプロセスも明示して答えなさい。

【模　解】

日本の対米輸出（円建て）増大→米国の輸入企業が支払わなければならない円増大
　　　　　　　　　　　　　　→米国の輸入企業による「**円買ドル売**」**増大**
　　　　　　　　　　　　　　→「**円高**」圧力

　日本の対米輸出減少や対米輸入減少などの場合も，それぞれ〈ドル建て〉・〈円建て〉などとして，考えてみて下さい。
　結果，とにかく，〈何通貨建て〉であれ，日本の輸出増大・輸入減少の場

合には円高圧力が作用し，輸出減少・輸入増大の場合には円安圧力が作用すること，が導出されるはずです——例外として**例題⓬**の解説内容をお忘れなく！——。

補論1　「購買力平価」について

　日本国内のタマゴ市場でタマゴが1個100円で売られており，米国内のタマゴ市場では同じ品質と大きさのタマゴ1個が1ドルで売られていたとしましょう。このとき，即時的に，ドル・円レートは，1ドル＝100円であると判断してはいけません。100円の購買力（対タマゴ購買力）と1ドルのそれとは，確かに，等しい水準にあります。購買力に照らし合わせてみれば，1ドル＝100円——これを購買力平価 purchasing power parity と言います——となります。これは，しかし，あくまでも外為市場の動きを無視して推定した理論値でしかありません。現実の円（ドル）相場は外為市場における円（ドル）という商品に対する需給の動きによって直接的には変動します。円（ドル）という商品に対する〈需給法則〉の作用にまずはしっかりと視点を定めて下さい。

　購買力平価には何の意味もないのか，と早とちりはしないで下さい。

　外為市場における〈需給法則〉を無視して即時的に1ドル＝100円であると判断してはいけない，ということです。この水準より上か下かに相場があるときに，日米間の貿易——この場合タマゴの取引——を通じて，外為市場にはこの購買力平価の水準にドル・円相場を動かしてゆく力が作動するであろうプロセスを考えることは十分に可能です。たとえば外為市場で1ドル＝200円という水準にドル・円レートがある場合に，米国のタマゴ需要者たちは1ドルを売り200円を買い，その200円で日本のタマゴ市場でタマゴ2個購入した方が米国のタマゴ市場で1ドルで1個購入するよりも明らかに得です——同一商品の価格差を利用するこのような取引は，本書「はじめに」でも言及しましたが裁定取引＝商品裁定 commodity arbitrage と呼ばれています——。このような状況においては米国のタマゴ需要者たちによる「ドル売円買」が増大して「円高ドル安」圧力が外為市場で作用する，ということになるでしょう。逆に，ドル・円レートが1ドル＝50円の場合，日本のタ

マゴ需要者たちは 100 円を売り 2 ドルを買い，米国のタマゴ市場からタマゴ 2 個を購入した方が得になり，日本のタマゴ需要者たちによる「円売ドル買」が増え「円安ドル高」圧力が発生する，ということになります。購買力平価より円安水準に円レートがある場合には円高圧力，購買力平価より円高水準に円レートがある場合には円安圧力が作用し，購買力平価がレート変動の重心となる傾向の存在が，つまりは，あぶりだされてくるのです。ただし，タマゴに対する需要の増減により日米のタマゴ価格が騰落し，購買力平価の水準そのものが変動する圧力も同時に作用します。論理の単純性と現象の複雑性とがここにも示されています。念のため。

このような市場＝経済プロセスを無視して，数学的にのみ辻褄を合わせてのシタリ顔はいけない，ということです。

補論 2　「内外価格差」について

「内外価格差」という問題について若干，補足＝注意を促しておきます。

1つめ。内外価格差は為替相場の変動によって発生し・強化されたり緩和され・消滅したりする現象です。上述の例で言えば，為替相場が 1 ドル＝200 円であれば米国の方が高価格の立場に立ち，1 ドル＝50 円であれば今度は日本の方が高価格となります。1 ドル＝100 円，つまり購買力平価の水準に為替レートがあれば「内外価格差」は消滅します。

それぞれの生産を取り巻く基本的条件——たとえば賃金や金利や地価や生産性や地理的・自然的条件等々——には何の変化もないのに，それらとは関わりないところで発生・強化したり緩和・消滅したりするこの「内外価格差」とは一体何なのでしょうか。円高圧力が作用すればするほど日本の物価はそれ以前よりもドルを尺度として測れば，つまりドル価格においては高くなるということであり，たとえば米国からの旅行者はドルの対円購買力が低下しているので日本の物価は高いと感じ，日本から米国への旅行者は円の対ドル購買力が高まっているので米国の物価は安いと感じる，という事態のことです。「内外価格差」問題で言われるところの〈日本の高物価〉とは，結局，円の価格が上昇するということと同義（＝メダルの裏表）であり，何のことはありません，円高ということです。

日本人が豊かさを実感できないのは日本国「内」の物価が「外」国（欧米）に比して高すぎるからだという議論，いわゆる世間を賑わしてきた「内外価格差」問題とは，結局，為替相場の変動問題にその多くを還元できるものであり，自国通貨の他通貨購買力を媒介とする他国の自国類似商品に対する購買力の問題であり，〈当該国の物価が不当に高すぎて当該国の消費者たちが不利益を被っている〉などという問題とは次元を異にするものです。「内外価格差」問題の本質＝実質は為替相場の変動問題の１つの現象でしかない，ということです。「内外価格差」問題というネーミングは，それゆえ，事の本質を曖昧にする不適切なものであると言わざるをえません。さらに言えば，日本の輸出が増大すればするほど円高圧力が作用するのであり，円高が購買力平価の水準を超えて昂進すれば当然日本の物価はドルを尺度とする価格において高騰しますが，初発の日本の輸出増大は日本の生産性が高くて物価が安く貿易商品にもそれが反映されていることの結果かもしれません。そうだとすると，「内外価格差」問題において，円高の下で，日本の物価は高すぎる・日本の消費者たちは高いものを買わされているのだ……云々という言説は，実際とは全く逆の〈虚偽〉を主張していることになります。

　「内外価格差」問題が取り沙汰されるときには，このような面があることも忘れないで，冷静に判断しなければなりません。

　２つめ。価格が高いか安いかは，換言すれば，当該国の物価が適切な水準にあるのかどうかは，他国との為替相場に依拠しての比較などではなく，当該国における生活者たちの所得や金利や地価や生産性や地理的・自然的条件等々と価格との関係においてまずは評価されるべき問題です。絶え間なく変動する為替相場などに依拠して云々するような問題ではない，ということです。たとえばコメが高すぎるのか安すぎるのか，という問題も，基本的には日本の自然的条件や，さらには一般の企業と比較してそう簡単には生産（＝農家それ自体）を海外に移転できないなどという点ををも加味しながら，農家も与えられた条件の中で・もしくは与えられた条件＝制約をなんとか改変しつつ頑張っているが生産性の上昇には限度があってこれ以上は安くできないのか，それとも規制に守られて消費者たちには苦い汁を吸わせて自分たちはほとんど何の努力もしないで美味い汁を吸っているのか，ということを，

為替相場の水準とはひとまず別の次元で問題にする必要があるのです。円高になって，急に，日本のコメは高すぎる，という大合唱がどこからか起こり，円安になってくると，その大合唱がピタッと止んでしまう，などというレヴェルの問題に振り回されないようにしなくてはいけません。次のような意見（＝事実報道）もあります。考える素材として引用しておきます。

「……アメリカの消費者米価は日本の三分の一ほどにとどまるが…流通の複雑さや政府の規制とは全く何の関係もない。まして生産コストなどもっと関係ない。なにしろ生産農家などアメリカも日本も昔から価格決定の蚊帳の外に置かれているのだから。／…なぜアメリカの米価が安いのかというと，それは誰も買わないから。にもかかわらずアメリカは毎年600万トンから，多いときには900万トンも生産する。これでは過剰在庫になるのも当然で，そのため援助米として大量に途上国にバラまいている。こんな商品に高い値段などつくはずがないのだ。」（黒井尚志『信じる者は救われない』フォレスト出版，1998年，43‐44頁）

補論3 〈越境する通貨〉の実務像

図3‐1で示したように，様々に存在する他の市場と同様に，とにかく，何はともあれ，〈外為市場〉という市場があるのだ，として話を進めています。市場社会においては生活に必要なほとんどのものが商品となっています。リンゴが食べたくなればリンゴが取引されている——売買されている——ところ，つまり，リンゴ市場に出かけていってリンゴを買ってきます。洋服でもパソコンでもなんでも，とにかく欲しくて・必要で……しかし手元にそれらがない場合には，それぞれが商品として売られている市場に出かけていって調達してくるのです。通貨も同じことです。必要な通貨が手元になければ，通貨を取引する市場である〈外為市場〉に出かけていって買ってこなければならないのです。例題⓬の場合には，日本の輸入企業が支払いのために十分なドルを保有していないという想定です。この輸入企業は当然，外為市場に行って必要なドルを調達してくる，ということになります。リンゴをリンゴ市場に買いに行くことと，本質的には，全く同じ行為です。様々な市場の連

関——ここでは〈貿易市場〉と〈外為市場〉との連関を見ています——の実質＝本質を単純明快に把握するためには，このような接近で十分です。

ただし，ありうべき誤解は正しておく必要があります。

次のような誤りにショッチュウ遭遇します。

日本が円を売ってドルを買うのだから，日本から円が流出し，円の供給量が減り，少なくなってしまった円の〈価値〉が増大し円高になる——〈価値〉という言葉は単純明快な認識を混乱させる元凶の大きな1つです‼ 〈価値〉という言葉を使用するのは市場分析においては禁止した方が良さそうです‼ ——，逆にドルは流入してくるので，ドルの日本国内での量が増え，ドルの〈価値〉が下落しドル安になる……という誤解です。さらに——〈恥〉ならぬ？〈誤り〉の上塗り？ になりますが——もっと単純に，日本はドルを支払うのだから日本からドルが減ってドルの〈価値〉が高まり，ドル高……なんてのもあります。この考え方に依拠すれば，ドルが流入する米国においてはドルの量が増え，ドルの〈価値〉が下落しドル安になります。ドル高（円安）とドル安（円高）という両立し難い結論を同時に導いてしまうのです。少し考えれば分かりそうなものですが……この手の誤解は跡を絶ちません。

ここには2つの混乱があります。

外為市場での取引の実際に関する知識の不足からくる不鮮明さ，これが1つめです。

2つめは，〈市場〉というものについての理解が全然！ なってない！……ということです。

以下，1つめの空隙を少し充填しておいて，節を改めて2つめを説明することにしましょう。

日本が「円売ドル買」をすることによって日本国内に存在する円の現金が減ったりドルの現金が増えたりするという状態や，日本がドルを支払うことにより日本国内にあるドルの現金が減ったりするなどという状況は——全くない……というのではもちろんありませんが——あまり一般的ではない，のです。

図3-1において，日本の輸入企業Aが，〈外為市場〉で，支払いに必要な

ドルを買うために円を売っています。このときのおカネの実際の流れを，最も単純明快な具体例で確認しておきましょう。

　外為市場の窓口になっているのは通常の場合，銀行です。ここでは日本の銀行Cとしておきます。AはC銀行の日本本店と米国支店とに預金口座を持っています。日本本店の口座はもちろん円預金であり，米国支店の口座はドル預金です。Aの日本本店にある口座から一定額の円が引き落とされC銀行の本店の預金勘定に振り込まれます。そしてこれを受けて，C銀行の米国支店ではC銀行の預金勘定から，本店で移動した円に見合った額のドルがAの口座に振り込まれるのです。これでAの円売ドル買は完了です。円は日本にある口座間を移動しただけであり，ドルも米国内にある口座間を移動しただけです。別に円やドルの現物が国境を越えて移動しているわけではありません。為替システムというのが，そもそも，そういうものなのです。為替とは現金の代替物＝代替手段のことです。小切手とか手形とか，そして預金口座も為替なのです。為替システムとは，遠隔地間での現金のやりとり（債権・債務の決済）を為替を使って代行しようというシステムなのです。ここでの説明においては，まさに預金口座という為替が実際の現金の受け渡しを代行したのです。円の現金とドルの現金とを直接交換する代りに，円口座とドル口座という為替の交換が行なわれた，とも言えます——まさに（外国）為替が交換される場という意味で（外国）為替市場という名前の由来が明示化されています——。C銀行の米国支店に米国の輸出企業Bが口座を開いているとすれば，米国支店ではAの口座ではなくBの口座にドルを振り込んでももちろんいいのです。こうすれば，Aがドルを買い，購入したドルでBに支払う，というプロセスが瞬時に行なわれることになるのです。

　……と，まあ，ひとまず説明しておきますが，ただし，現金通貨それ自体が国境を越えて移動するかしないか，ということにはそれほど目くじらを立てて神経質にこだわる必要はありません。現金通貨の直接的越境を伴わない為替システムの仕組みは理解しておいた方がしないよりはもちろんいいですが，かと言って，現金通貨本体が国家間を物理的に移動するとたとえ想定したとしても，外為市場の通貨交換市場としての本質を理解することは十分可能です。

第 3 章 応用問題各種

次の応用問題に進む前に，必要な限りにおいてではありますが，外為市場について，以下，若干詳しく見ておくことにしましょう．

補論 4　外国為替市場

市場を区別するということの重要性を認識するための……という範囲内において，外為市場について補足しておきます．

「……1995 年……年間世界貿易額は 5 兆ドル弱であるのに対し，同年 4 月［の――岡林（以下同）］……1 日の世界外国為替取引高は 1 兆 6000 億ドルである．年間外国為替取引額が 500 兆ドルと，モノの 100 倍にも達しているのである．／実際のモノの取引に必要な外国為替取引は世界貿易額の 5 兆ドル弱であるから，それにサービス活動やヒトの移動にともなうカネの流れを加えても年間 6 兆ドル程度が必要とされるにすぎない．それ以外のほとんどはカネを買うためにカネを売る，ないし，カネを売るためにカネを買う，という思惑的な投機取引である．だからモノの流れや国際収支が為替レートを決めるのではなく，投機的取引を中心とするカネの売買が為替レートを決めるのである．モノの生産による資本蓄積が成熟し，カネの蓄積つまり金融資本の蓄積が前面にでる社会になったのである．」（向壽一『金融ビッグバン』講談社，1997 年，30‐31 頁）

「……1997 年夏に起きた東南アジア諸国の通貨不安［の］……根本原因は東南アジアの実体経済にあり，それが過大評価されていたメッキがはげた――というのがおそらくポイントだったのではあるまいか．だが……投機が通貨不安を増幅したのは事実だろう．いまでは，一国の為替レートを決めるのは，その国の輸出入等，経常取引ではなく，国境を超えて動く巨額の資本取引だが，そこには多くの投機マネーが含まれる．／そういうマネーの視野は超短期的（数時間後？）だとされ，もしそういう超短期の視野しかないカネの動きで，一国経済の中長期にまで影響が及ぶとすれば……拝金主義の悪影響は，けっして無視できない．」（飯田経夫『経済学の終わり』PHP 研究所，1997 年，94‐95 頁，傍点原文）

私たちの生活に日々，本当に毎日，大きな影響を為替レートの変動は与えています・与え続けています。
　すでに前節で触れてはいるのですが，まずは，〈為替〉の定義から。

　　「……商品の輸出入時にその決済のために外貨が必要になる。しかし，個人の場合とは違って，外貨の取引金額が莫大なものとなり，とても現金を持ち運んで相手企業と決済することはできない。そこで，企業にとって簡便に決済が行なえるように，外国為替を使うわけである。」「企業が外国企業と貿易取引をする際に，商品と対価としての現金を同時に引き替えることはまれである。それは，現金の管理などにコストやリスクがかかるためである。そこで，外国為替を使って，銀行内の口座間でやりとりする方法が一般に使われる。」（伊藤元重＋伊藤研究室『円高・円安の企業行動を解く』NTT出版，1996年，84頁，101頁）

　〈為替〉とは，〈現金の代替物（代替手段）〉のことです。手形とか小切手や預金口座（預金残高）などがそうです。
　「預金（残高）」は現金の代わりになって商品の売買を実現します。電気代やガス代の支払いが口座振替で行なわれるときに，「預金（残高）」が〈現金の代替物〉として，つまり〈為替〉として，商品取引を実現していることにたとえばなる，ということです。
　上記引用文の「外国為替」という言葉の部分を〈現金の代替物〉に置き換えても十分意味は通じます。たとえば円預金の口座（残高）は円為替であり，ドル預金の口座（残高）はドル為替というふうに置き換えればいいのです。「口座間でのやりとり」はまさに為替の「やりとり」，つまり〈交換〉であり，為替の〈交換〉ですから，為替〈市場〉という表現も納得できます。そして，この「口座間でのやりとり」が円口座とドル口座との間での「やりとり」であれば，それは円為替とドル為替との交換であり，円とドルとの現金の直接的交換を代替する「外国為替市場」なのである，というふうにスッキリ整理できます。

以上は，あくまでも，〈為替〉という概念にこだわって考えてみたものですが，本質をザクッと見せるためには，しかし，次のように大胆に整理した方がいいでしょう。

　〈外為市場〉とは，異なった通貨と通貨とを交換（＝売買）する市場である，という非常にスッキリとした定義一本で押し通す，ということです（foreign exchange market ＝ currency market）。その〈通貨交換市場〉としての〈外為市場〉がたとえば貿易と関わって利用されるときに，現金通貨を直接的に介しての商品取引に伴うリスクやコストを回避・節約する手段として，外国為替ならびにそのシステム（外国為替を利用するシステム）が存在している，ということです。外国為替ならびにそのシステムそのものは異なった国民経済の間での財や資本の動き，つまりは国際分業の展開を円滑にするためのものであるわけです。

　「逆為替」とか「並為替」などというのは，〈通貨交換市場〉という単純な本質が若干実務的な様相をまとって複雑に現象したものです。

　日本と米国との貿易を考えてみましょう。日本の企業Ａ社が米国の企業Ｂ社に機械を輸出するとします。金額は100万ドルで，円レートは1ドル＝100円とすれば，1億円に相当します。Ａ社とＢ社との間で取引契約が交わされて，この舞台が回り始めます。輸入企業Ｂ社の信用性を保証する信用状（「LC」＝ Letter of Credit：商品が契約した通りの条件で正当に輸出＝船積みされたことが証明されれば，その代金は必ず支払うという保証書）が，Ｂ社の依頼を受けた米国の銀行Ｄによって発行され――日本の銀行Ｃを経由して，もしくは直接的に――Ａ社に送付されます。信頼関係の成立を確認した上でＡ社は，機械を米国に向けて船積みして送り出します。船積書類（運送荷物の受取書である船荷証券など）とＢ社を支払人としＣ銀行を受取人とする為替手形（たとえば手形の呈示を受けてから90日後に支払うという一覧後90日払いの額面100万ドルの外国為替手形）を振り出し，これらをＣ銀行に持ち込み，信用状の上で求められていた書類一式が揃っていることを確認してもらって買い取ってもらい，1億円の支払いを受けます（たとえばＣ銀行にあるＡ社の口座に1億円を入金してもらうのです）。Ｃ銀行は引き受けた手形と船積書類をＤ銀行宛に送付しＢ社からの代金取り立てを依頼しま

図 3-2　外国為替システム：逆為替（取立為替）

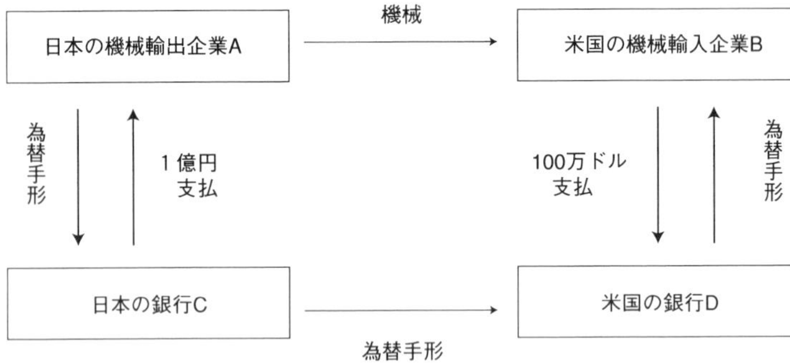

```
日本の機械輸出企業A ──機械──→ 米国の機械輸入企業B
    ↑                                ↑
為替手形  1億円支払        100万ドル支払  為替手形
    ↓                                ↓
日本の銀行C ──────為替手形─────→ 米国の銀行D
```

す。D銀行は輸入企業B社にこの手形を呈示して，100万ドルの支払い（たとえばD銀行にあるB社の口座からの100万ドルの引き落とし）と引き換えにこの手形と船積書類をB社に渡します。B社はこの船積書類と引き換えに機械を手に入れることができるのです。米国のD銀行はB社によって入金された100万ドルをD銀行にある日本のC銀行の預金口座に振り込みます。若干の先後関係のズレはあるにせよ，日米間の貿易という形を取った機械市場とそれを補完する外国為替ならびにそれを使った決済システムのひとつの舞台はこれですべて完了です。

　この取引形態は，商品を送る側＝販売する側が手形を振り出すことによって代金の取り立てを銀行に依頼し代行してもらっています。ゆえに「取立為替」と言われており，また，手形の流れと支払いの流れが逆になっているので「逆為替」とも呼ばれているのです（図 3-2）。

　　「貿易取引では，商品を送ったのに入金がないというリスクを考慮して，
　　こちらの為替のほうが一般に使われている。」（同上書，102 - 103頁）

　次に並為替と言われているもの。
　日米間の機械市場を補完する別の形での外国為替ならびにそのシステムは並為替＝順為替（送金為替・送金為替手形・支払指図書）と呼ばれているものです。手形の流れと支払いの流れが同一方向になっているので「逆為替」

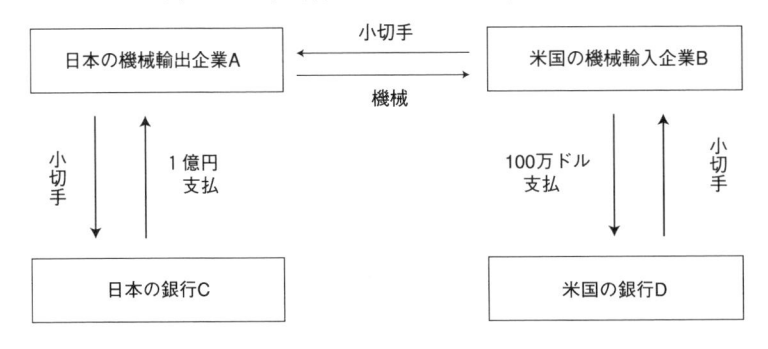

図 3 - 3　外国為替システム：並為替（送金為替）

```
          小切手
日本の機械輸出企業A ←――――→ 米国の機械輸入企業B
          機械

小   1億円              100万ドル   小
切   支払              支払      切
手                             手
↓    ↑                ↓       ↑

  日本の銀行C              米国の銀行D
```

に対して「並為替」と呼ばれているのです（図 3 - 3）。

　取引される機械の金額やドル・円レートは同じであると想定します。

　輸入企業のB社が米国のD銀行に100万ドル入金することと引き換えに送金小切手を作成してもらい、この小切手（並為替）を日本のA社に送付し、A社はこの小切手を日本の銀行Cに持ち込み・呈示し1億円の支払いを受けます。1億円をA社に支払ったC行の米国D行にある預金口座には100万ドルが振り込まれています。

　並為替については次のような説明がなされることもあります。

　米国のD銀行が自行にあるB社の口座から――もちろんB社の依頼を受けて――100万ドル引き落とし、自行にある日本のC銀行の預金口座にその100万ドルを入金し、同時に日本のC銀行に対して1億円を日本の輸出企業であるA社に対して支払ってくれとの支払指図書を郵送またはテレックスします。これを受けて、C銀行は自行の預金勘定から1億円引き落として同じく自行にあるA社の口座にその1億円を入金します。

　これでオシマイです。この場合には手形や小切手は介在してはいませんが、おカネの流れは並為替の図と全く同じです。

　ここでも付け加えておけば、

　　「貿易取引においては、いつも支払いの確実な相手と取引きするとは限らない［ので］…実際には、並為替は、貿易外取引や資本取引での送金

図 3-4　外為市場・本質図

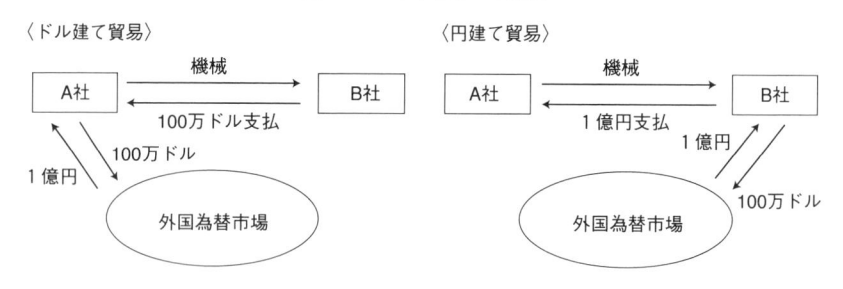

〈ドル建て貿易〉

A社 ←機械― B社
A社 ―100万ドル支払→ B社
A社 ←100万ドル― 外国為替市場
A社 ―1億円→ 外国為替市場

〈円建て貿易〉

A社 ←機械― B社
A社 ←1億円支払― B社
B社 ―1億円→ 外国為替市場
B社 ←100万ドル― 外国為替市場

などにおもに利用されている。」（同上書，102頁）

というのが常態である，とのことです。

　以上の外国為替システム両者の本質は，しかしながら結局は，〈通貨交換市場〉としての外為市場をあぶり出した上のようなすでに言及してきた図（図3-4）に収斂するのです。本質的な議論をする場合には，だから，細々とした詳細な実務レヴェルでの為替の諸現象態のことなど分からなくても一向に構わないのです。

　おカネを払うのは機械を購入したB社であり，おカネを受け取るのは機械を販売したA社なのです。そしてそれはあくまでも外国為替市場での出来事ではなく，機械を取引対象とする財市場としての貿易市場での出来事なのです。外為市場はその貿易財市場と重なって現象するとはいえ，貿易財市場とは区別された，通貨の交換のための市場なのです。ここを曖昧に重ねてほったらかしておくと外為市場が何やら複雑に見えてきてしまうのです。

　外為市場の中身は，銀行と一般の企業や私たち個人との取引が行なわれる〈顧客市場〉と，銀行同士での取引が行なわれる〈銀行間市場（インターバンク市場）〉という2つの市場から成り立っています。そこでなんだかややこしそうに見えてきてしまいますが，とにかく，外為市場とは自分が持っている通貨とは異なる外国の通貨を必要とする人々が集まって相互に融通しあう，そういう市場であると――細々としたことはバッサリと切り落として――シンプルに理解してしまうことが大切です。本質的な流れを見るには，それで十分です。

外為市場に関わる問題を取り扱うと，市場や主体やの基本的区別に全く頓着しない接近の仕方のトンデモナサがよくあぶり出されてきます。
　一例を挙げましょう。
　次のような問題を考えてみて下さい。

【例題⓰】
「円高というのは円の価値が上昇することである。日本の物価が下落すれば貨幣すなわち円の購買力は上昇する。貨幣の購買力の上昇は貨幣価値の上昇と言い換えてもいい。だとすれば，このとき貨幣である円の価値は上昇したことになるのだから，円高になったということである。」
このような考え方の誤りを指摘しなさい。

　実に様々な答えが返ってきます。市場や主体の区別に対する甚だしい混乱を呈している解答を1つだけ紹介しておきましょう。

【誤答例】
次のようなプロセスが正しい。
日本の物価下落→日本国内の需要増大
　　　　　　　→購買に必要な円の量が増大
　　　　　　　→円買増大
　　　　　　　→円高

　この誤答例のどこがどう違っているのかを説明できますか。
　とにかく，市場の区別が全くできていません。これでは経済問題をマトモに料理はできません。こんな理解をしていたら，絶対に経済を考えることが嫌いになるでしょう。請け合います。
　日本の物価が下がって，たとえば日本の消費者（＝家計）の購買意欲が刺激されて国内の様々な財市場において需要が増大する，ということはひとまず良しとしましょう。そして，手持ちの資金では足りないほど購買意欲が高

まることもありえますから，購買に必要な円の量が増大するという点についてもまあ良いとしましょう。
　で，問題は次です。
　「円買が増大する」というのです。
　ここでは円を買う主体についての理解が相当曖昧なまま放置されています。誰が円を買うのでしょうか。文脈から素直に考えれば，当然，日本の消費者（＝家計）を念頭に置いているはずです。で，日本の消費者はどこで円を買うのでしょうか。
　このように答えた人は自分がその立場に置かれたら，つまり手持ちのおカネ（＝円）では足りなくなったら円を買うのでしょうか。どこで買うのでしょうか。通貨が売買される市場は外為市場ですから，この人は外為市場へ出かけていって円を買うのでしょうか。引き換えに提供する（＝売る）円以外の通貨は持っているのでしょうか。
　上の**誤答例**の提出者がそんなことを考えた形跡は全くありませんし，多分そんなことは考えてもいないでしょう。
　市場についての基本認識が全然ないのです。
　おカネ（＝円）が実際に足りなくなりどうしても必要であるという場合，この人はきっとおカネを，借りるでしょう。企業でなければ株式を発行したり債券を発行したりというわけにはいかないでしょうから銀行なりサラ金なりから借金するということになるでしょう。つまりは日本の金融市場から足りないお金は調達する，というのが常識的行動でしょう。日本の消費者が日本の財市場から商品を購入するための資金を，この場合「円」を，わざわざ外為市場で調達するなどということは——全くとは言えないのですが——ほとんどありえないことだと思います。
　市場や主体について日常的な感覚で考えればどうということもない問題をなぜ間違ってしまうのでしょうか。普段は自分もそれにしたがって行動しているであろうはずの基本的な〈文法〉をすっかり忘れてしまっていることが，問題を難しくしてしまっているのです。
　例題❶に戻って，その誤りを指摘しておきます。

「円高というのは円の価値が上昇することである。日本の物価が下落すれば貨幣すなわち円の購買力は上昇する。貨幣の購買力の上昇は貨幣価値の上昇と言い換えてもいい。だとすれば，このとき貨幣である円の価値は上昇したことになる」

ここまでは決して間違ってはいません。

「のだから，円高になったということである。」

これが誤りです。厳密に言えば，

「のだから」

という，この判断が誤っているのです。

「円の価値」という言葉を，その持つ意味の多様性を無視して無節操にスライドさせながら使用していることが，この誤りの原因です──「円の価値」，つまりは「価値」などという多義的で曖昧な言葉を使わなければこういう間違いはおそらく発生しないのでしょうが……──。「円の価値」，すなわちここで言うところの「円の購買力」という言葉には意味が３つあるのです。〈対国内（商品）購買力〉と〈対国外（商品）購買力〉，そして〈対他通貨購買力〉，の３つです。日本の物価下落の結果として上昇する「円の価値」とは，円の〈対国内（商品）購買力〉のことです。円高の結果として上昇する「円の価値」とは，円の〈対他通貨購買力〉のことです。問題文の，「のだから」という誤った判断は，この２つの「円の価値」の混同に起因しているのです。

【模 解】
「円の価値」という言葉が持っている〈対国内（商品）購買力〉と〈対他通貨購買力〉との区別，つまりは，国内財市場と外為市場との区別が全くできていない。

こんな曖昧かつ，それゆえに混乱した理解に依拠して市場に関する出来事

を理解しようとしても，ゴチャゴチャになって，もうヤメタ‼ というふうにお手上げ状態に陥るであろうこと明々白々です。単純明快に理解できるはずのことを自分でわざわざゴチャゴチャにしておいて，イヤになってしまっている……そういうことです。

　しつこいようですが，もう少し問題を出してみましょう。

【例題⓱】
円安の直接的原因を2つ挙げなさい。

　こちらが用意している答えは，

【模　解】
外為市場での円売増大もしくは円買減少。

です。

　この問題に対して，「円の供給が増大する」と答える人がいます。決して間違ってはいません。しかし，私としては，この人は本当に理解しているのかどうか，ここで言うところの「供給」とは外為市場での話だということをトコトン理解しているのかどうか……チョット不安になります。

　次のような質問を続けて出してみます。

【例題⓲】
「日本において民間に出回る貨幣——もちろん「円」——の量が増大した。つまり通貨（＝円）供給量が増大した。供給が増大した商品には価格下落圧力が加わるのであるから，この場合，「円安」圧力がかかる。」
以上の文章は正しいでしょうか，間違っているでしょうか。

　どうですか。

　この質問に対して，残念ながら，「正しい」と答えてしまう人が結構いるのです。市場メカニズムの作動する場に対する理解が曖昧なのです。〈円レ

ート〉の騰落，すなわち〈円の価格〉の騰落は，〈円〉が売買されている市場——外国為替市場——における〈円〉という商品の需要と供給の水準によって左右されます。日本において，たとえば減税などがあって，人々の可処分所得が増大し，それに伴って国内に出回る貨幣（＝円）の量が増大した——これが貨幣供給の増大だというふうにピンとこない人は政府が円紙幣を大量に印刷してヘリコプターで空中から散布したと想定しても構いません——としても，それ自体は円レートとは直接的には何の関係もないのです。つまり，

【模　解】
外為市場において円の供給量が増大したのではない，つまり，円売が増大したのではないから，円相場に即時的＝直接的な影響を与えることはない。

ということになります。

　例題⓱に対して「円の供給が増大する」と答えた人は，〈外為市場での円供給の増大〉と〈外為市場とは異なる生産物市場や生産要素市場において需要として動き回るものとしての円供給の増大〉とを明確に区別しているのでしょうか。

　前項「補論3〈越境する通貨〉の実務像」で提出した2つめの問題——「〈市場〉というものについての理解が全然！　なってない！」……という問題——に，やっと，戻ってきました。

　誤答例を1つに絞って考えてゆきます。

【誤答例】
日本の対米輸入増大（ドル建て）→日本の輸入企業が米国の輸出企業に対して支払うドルが増大
　　　　　　　　　　　　　　　→日本国内のドル流出
　　　　　　　　　　　　　　　→日本国内のドル減少
　　　　　　　　　　　　　　　→ドルの供給減少

→ドル高＝円安

　どうですか。
　供給が減少すれば価格上昇圧力が作用する，という文言だけを杓子定規に覚えていて当てはめた，というところでしょうか。
　基本的なことを再（々々……？）確認しておきます。
　供給や需要の増減を価格との関連で問題とする場合には市場を特定しなければなりません。ただ漠然と需要や供給の増減を云々するのではなく，どういう市場でどういう商品の需給が増減したのかを明示しなければダメです。
〈リンゴの供給が増えてリンゴの価格に下落圧力が加わった〉
という場合には，普通は省略してしまいますが，当然，リンゴ市場での出来事を指しています。
　ある年のリンゴの収穫高が前の年よりも多かったとします。すべてのリンゴ農家が前年を上回った分を家族や親戚や知り合いの人たちにあげちゃったらどうでしょう。リンゴ市場に出回るリンゴ商品の量——これが〈リンゴの供給量〉と普通言われているもののことです——は結局は前年と変わりありません。とすれば，この場合には，リンゴ市場においては価格下落圧力は加わらないことになります。つまり，市場とは関係のないところで供給されるものの量がいくら増えたところでそのこと自体は，〈供給増大⇒価格下落圧力〉という図式で言うところの〈供給増大〉ではないのです。もちろん，市場を通さないで供給されたそういうリンゴを手にした消費者たちが，スーパーなり八百屋さんなりから購入するリンゴの量を前の年よりも減らしたときには，リンゴ市場において——商品としての——リンゴに対する需要が減少することになり，リンゴの価格を押し下げる圧力として作用することになります。この場合は，しかし，〈需要減少⇒価格下落圧力〉という図式が作動したということであり，〈供給増大⇒価格下落圧力〉という図式による価格の下落ではないのです。市場への供給と市場を通さない供給とを——「市場への」とか「市場を通さない」とかという形容詞をいつもいつも神経質に付加する必要は無論ありませんが，頭の中では常に——しっかりと区別することを絶対に忘れないで下さい。

この誤答例においては，ドルの供給が減ったと結論づけているのですが，一体どこの市場でそうなったのかという点については意識化しておらず，ただ漠然と，「日本国内」で……と述べているにすぎません。

これでは全然ダメです！　米国内ではドルが流入し，ドル供給が増えてドル安になるという論理をも同時に認めざるをえなくなります。日本ではドル高，米国ではドル安……!?　こんなことは決して起こりえません。

さらに言えば，この誤答例ではドル高を導き出してから「＝円安」という答えを最終的に引き出していますが，「円高・円安どちらの圧力が作用するでしょう」と質問しているのですから，ドル高を導き出してから，それに続けて「＝円安」，という答え方は迂遠にすぎます。もっと直截に，外為市場における円という商品の需給動向から「円安」という解答を引き出してこなければなりません。

何はともあれ，市場の区別，シッカリとしてやって下さい。

補論5　固定相場制と変動相場制——輸出入変動の影響プロセスの違い

【例題⑲】
固定相場制の場合，好況下での日本の対米輸入の増大は政府による景気引き締め政策を不可避とする。そのプロセスを明示しなさい。

1871年5月10日，新貨条例の発効と共に誕生した日本の通貨である円は，1897年10月1日の金本位制採用までその相場は変動しながら下落しつづけますが，以降1917年9月12日の金本位制停止までの19年間は1ドル＝2円近辺での小幅の変動に留まり，固定相場状態にあったと言えます。

金本位制の下での為替相場の変動の仕組み——事実上の固定相場状態——の一端を紹介しておきます。

金本位制とは，通貨の一定単位と純金量との結び付き（＝兌換比率）を法律で固定し，同時に銀行券兌換の自由（加えて金輸出入ならびに金鋳造・熔解の自由）を保障する制度です。日本の場合，1897年以降の金本位制の下で，純金750 mg＝1円と定めました。これを法定平価と言います。1円紙

幣（＝日銀券）は，日本銀行に持参すればいつでも，この法定平価に基づく純金を含む1円金貨と交換できる（＝兌換できる）ことが保証されているということです。米国の法定平価は純金 1505 mg ＝ 1 ドルでしたから 1 ドル ≒ 2 円となり，これを金平価と言います。外為市場では，しかし，金平価でのドル・円レートとは関係なくドルと円の需給でレートが変動します。仮に 1 ドル＝ 2 円から 1 ドル＝ 4 円への金平価以下の円安が生じた場合，1 ドルで純金 1505 mg を手に入れるよりも 4 円に換えて純金 3000 mg を手に入れたほうが断然お得です。ドル売円買が殺到するでしょう。強力な円高圧力が発生し，結局，ドル・円レートは金平価である 1 ドル ≒ 2 円へと引き寄せられることになります。金平価以上の円高になったときには，以上と反対の円売ドル買が発生しこれまた結局は金平価の水準にドル・円レートは引き寄せられるのです。詳しくは，金の国内外への流出入に伴う〈通貨流通量の増減〉・〈物価の上昇下落〉・〈輸出入の増減〉による外為市場での円売買高の変動という動きが起こりますが，その説明は省略します。考えてみて下さい。

さて，先に進みましょう。

1917 年の金本位制停止以降は変動相場制となりましたが，1930 年 1 月 11 日に旧法定平価に基づく金平価である 1 ドル＝ 2 円の水準で金本位制に復帰します。が，1931 年 12 月 13 日金本位制をわずか 2 年足らずで再停止し変動相場となり第 2 次大戦中の為替管理を経て，戦後へと突入します。第 2 次大戦後 1949 年 4 月 25 日から 1971 年 8 月 27 日までの 22 年強と 1971 年 12 月 18 日から 1973 年 2 月 12 日までの 1 年強の期間は固定相場制を採用していました。1973 年の 2 月 13 日からは変動相場制に本格的に移行し現在に至っています。

1949 年以降の長期にわたる固定相場制といっても，たとえば 1 ドル＝ 360 円でキチッと固定されていたわけではありません。

異なったおカネ（＝通貨）を使用している諸地域・諸国家の間での商取引＝貿易というものがある以上，通貨を交換する市場である外国為替市場の存在は不可避的であり，そして通貨が交換される以上，つまり各通貨の〈需要＝買い〉と〈供給＝売り〉との増減に基づく需給のバランスの変動がある限り，通貨の価格であるレートの変動もまた不可避的です。固定相場制の時

代においても——金本位制の下でもそうであったように——, 当然, 為替相場の変動は絶対に避けられないし, 実際に変動したのです。

実際にレートが変動していたのに, では, 固定相場制とは一体全体どういうものなのでしょうか。

相場の変動幅に枠を設けた, そういうことです。厳密に言えば, だから, 変動幅固定相場制とでも命名した方がいいのかもしれません。

基準レートは1ドル＝360円とし, それを中心として上下の許容変動幅を設定したのです。1949年から1963年までは上下0.5％, つまり361円80銭～358円20銭, 1963年から1971年までは上下0.75％, つまり362円70銭～357円30銭, 1971年から1973年までのいわゆるスミソニアン体制の下では1ドル＝308円を基準＝中心として上下2.25％, つまり314円93銭‐300円3銭が変動許容幅として設定され, この枠内での為替レートの変動であれば放任されたのです。

どのようにして変動のこの枠内への押し込み状態が維持されたのでしょうか。

米国を除くシステムへの参加国による外為市場への介入の義務づけ, これがその方法です。

1ドルが361円80銭の上限を超えてドル高（円安）状態になると日本政府（日銀）がドルレートを下げて枠内に押戻すべくドル売（円買）介入を行ない, 逆に358円20銭の下限を超えてドル安（円高）状態になればドル買（円売）介入をし枠内へ向かってのドル高状態を誘導しなければならない, たとえばそういうことです。ドル・円レートに誘導の必要性が発生した場合には日本が, ドル・マルクレートの場合はドイツが……というふうに, 米国以外の各国の介入が義務づけられたのです。米国に課せられた義務は金1トロイ・オンス（31.10g）＝35ドルのレートでいつでも外国公的機関保有のドルと金との交換に応じるということでした。随時, 一定価格での金との交換性を保持しているのだ, ということによってドルはその信用性の裏付けを与えられていたのです。〈金の代替物〉＝〈金為替〉として国際通貨たりえているのだというこのような形式のゆえに, このシステムは〈金為替本位制〉とか〈金＝ドル本位制〉などと呼ばれていました。圧倒的な生産力と金保有

量とを背景に援助という形で世界中にドルはばら撒かれました。戦争によって荒廃した各国はこのドルによって米国から復興に必要な資材を調達したのです。その過程でドルは国際決済通貨というポジションを得たのです。アメリカン・ウェイ・オブ・ライフ（アメリカ的生活様式＝大衆消費社会）への庶民の羨望に基づきながらそれを満足させる方向で戦後経済の回復を推し進めつつあった，そして，そのために米国の生産力に頼らざるをえなかった各国にとって──自国通貨と国際通貨とが一致することの多大な旨味を享受する米国にとってだけではなく──ドルの購買力を安定させることは必要だったのです。

　ドルの価値を安定化させるためのこの方策は，しかし，同時に各国経済にとっては両刃の剣でもありました。国民経済を活性化させるためには必要不可欠であった固定相場制維持のための介入義務が，時にはその国民経済にダメージを与えざるをえない状況を産み出すこともあったのです。

　例題は，このような状況の可能性を問うものです。

【模　解】

好況→日本の対米輸入増大
　　　→「円安ドル高」傾向（ex. 1ドル＝360円⇒1ドル＝363円）
　　　→政府＝日銀による「ドル売円買」介入
　　　→外貨準備高減少
　　　→外貨準備高の減少を食い止めるために輸入を抑える必要性増大
　　　→景気引き締め政策（→不況）

　このような問題点は，しかし，事前に十分予想できたことです。国内経済を犠牲にしての固定相場制の維持というこの事態への米国以外の各国の不満が，ですから，固定相場制の崩壊と（自由）変動相場制への移行を直接的に用意したのではありません。

　この不況下での各国の頑張りと，不況であるがゆえにその頑張りが対米輸出の増大となって現れ，さらにその対米輸出の増大が各国の立ち直りと高度成長を産み出し，その高度成長が固定相場制の下ではさらなる対米輸出の増

大へと発展的に連続していってしまうその必然性と米国の利害との衝突の新たな次元での発生が変動相場制への転轍の不可避性の基礎を準備してゆくことになったのです。米国にとっては適度に頑張ってくれれば良かったのでしょうが，アメリカ的な生活様式において示される目の眩むような大量消費の〈豊かさ〉を目指してしゃにむに頑張る人々に対して，そのような都合の良い節度を期待することは，調子のよすぎる幻想でしかありませんし，実際に幻想でしかありませんでした。

　このような幻想は今も，〈先進国〉の〈後進国〉との関係において再生産されているように思います……。

> **【例題⑳】**
> 固定相場制が変動相場制に移行せざるをえなかった理由・原因を述べなさい。

> **【模　解】**
> 生産力の発展（＝生産性の上昇＝コストの引き下げ）に基づく日本の輸出製品の価格の引き下げが対米輸出の増大を引き起こし，日米経済摩擦が激化し始めたため，それを緩和する目的で固定相場制から変動相場制に移行した。

　固定相場制の下でのドル・円レート１ドル＝360円で考えていきましょう。日本の企業の輸出製品１単位当たりのコストを300円，輸出価格をドル建てで１ドルとすると，輸出に伴う円収入は１単位当たり360円となり，利益は60円となります。ここで，日本企業が頑張って生産性をアップさせて１単位当たりのコストを150円にまで引き下げた，としましょう。輸出価格が１ドルのままであれば円収入360円とコスト150円との差額である利益はなんと210円にまで増大します。輸出価格に変化はありませんから，つまり購入する側の負担という面から見れば何の変化もないのですから，この場合は輸出量は一定でしょう。この状態でも無論いいのですが，他社との競争の下で油断していると先に出し抜かれて遅れを取りシェアを奪われてしまうとい

う危険性の存在が市場競争の常態でもありますから、この輸出企業は長期的な地位強化をも狙って価格引き下げを実行するかもしれません。こちらの可能性の方が高いでしょうし、実際にも日本企業はこちらの道を選択したのです。価格引き下げの許容幅は、全体的な経常利益やこの商品の質やそれに基づく需要の価格弾力性や……などを勘案して総合的に判断されるでしょう。たとえば、半額の 0.5 ドルにまでへの引き下げが可能であると判断されるかもしれません。その場合には、1 単位当たりの円収入は 180 円となり、コストの 150 円を差し引くと、1 単位当たりの利益は 30 円への減少ということになります。ここまでの大幅な価格引き下げが実行されれば、しかし、この商品の輸出量は相当大きく増加する可能性が高まるでしょうし、全体的な利益増加は 1 単位当たりの利益減少などを補って余りある、という状況の現出もまた可能です。日本の高度成長期における対米輸出の増大はこのような形で基本的には遂行されていったのです。

そして、貿易摩擦が発生し、大幅なドル安圧力という事態が起こったのです。

固定相場制の下においても、もちろん、先述したように、貿易がある限り外国為替市場というものは存在しており、相場も変動していました。その変動幅が米国以外の先進諸国の介入義務によって一定の枠内に維持されていただけ、ということです。ドル買を各国政府が行なうことによって、固定相場制で合意されていた枠を越えてのドルレートの下落を食い止めていたのです。各国政府の手元には、買い支えによって購入したドルがひとまずは増えていきます。ドルレートの下落幅が軽微なうちは——米国の生産力がダントツでトップである限りは——、しかし、ドルという購買力の手元での増大は歓迎すべきものであり、民間企業の輸入原資としてのドル需要に対応しつつ外為市場に供給されるというルートを通じて、実際に米国製品に対する購買力として発動されるという良好な循環＝還流サイクルを描いていました。

各国が復興を成し遂げ、経済が成長軌道に乗り始めると、しかし、購買力としてのドルの出番も徐々に減少し、各国の余剰生産力が対米輸出ドライヴによる貿易摩擦という形で噴出しだすと、ドルレートの落ち込み幅も大きくなり、買い支えた結果としての大量のドルが滞留し始めます。しかも、その

ドルはそれ自体の力によってではなく，他力によってその購買力を維持しえている，そういうなんとも頼りない存在という様相を強めていきました。ヨーロッパの各国は，特にフランスは，このように弱体化しているように見えるドルを，米国政府の所有している金と——もちろん「金1オンス＝35ドル」の公定価格で——交換する動きを強めていきました。金の市場価格が公定価格を超えて上昇するという，いわゆる〈二重価格〉の落差が拡大するにつれ，公定価格でのドルと金との交換要求の勢いはさらに加速していきました。ドルと金との交換性の保証は固定相場制を支える一翼でしたが，米国の保有する金量が激減してゆくと，この保証能力は当然落ちていきます。1971年8月15日，米国は結局，ドルと金との交換を停止せざるをえなくなったのです（ニクソン・ショック）。固定相場制の片翼は，もぎ取られました。固定相場制という飛行機に乗っていた世界経済は，そのままでは墜落してしまいます。変動相場制という飛行機への乗り換えは，世界経済を墜落・炎上させないためには避けられないことだったのです。

【例題㉑】
変動相場制に移行すると日米間の経済摩擦は緩和されると予想されたのですが，その理由を述べなさい。

今まで解いてきたことを応用すれば，この問題に対する解答は一目瞭然です（例題㉕〜例題㉗を先に解いてから考えた方がいいかも知れません）。

【模 解】
日本の対米輸出増大は，〈ドル建て〉であれ〈円建て〉であれ，（自由）変動相場制の下では，必ず円高圧力をもたらす。円高は，そして，輸出減少・輸入増大圧力をもたらし，米国との貿易摩擦緩和圧力となる。そういう市場の力の作動＝実現が，期待された。

変動相場制への移行が，実際には，日米の通商＝貿易摩擦の解決へと即効で直結はしませんでした。円高圧力が作動し，円高状態は確かに実現しまし

た。日本企業は，しかし，円高圧力以上の生産性上昇によりコストを低下させ，輸出減少圧力を封殺してしまったのです。しかし，結局は，さらなる円高圧力と政治的駆け引きの介入によって，さらには変動相場制下での為替変動からの解放を志向した主要国の企業の多国籍的グローバル化と情報化の国際的進展の下での主導産業の変転＝拡散を経ての新たなるビッグビジネスによる統合化をめぐる競争の激化とによって，つまりは，国家を越えての合従連衡が進み国家間経済摩擦の様相も単純なものではなくなりつつあります。国家間摩擦や勤労生活者たちの苦労は，決して消えたわけではありませんが，別の次元に転移しつつある，ということです。そして，外為市場そのものにおいても，貿易に伴う通貨交換に対する需要＝実需よりも財テク（＝財務テクノロジー＝資金の効率的運用＝利殖）目当てのおカネの目まぐるしい動きに伴う需給の変動が圧倒的に多く——実に後者の大きさは前者の100倍もあると言われています（前項「補論4　外国為替市場」参照）——，輸出入を通じての為替相場の変動が各国の輸出入や価格水準の不均衡状態を是正してゆくというプロセスの圧力を大きく減殺させてしまっているのです。

2　金利→為替相場

【例題㉒】
日本の貨幣市場での金利の下落（たとえば日本にある民間銀行の金利の下落）は円高圧力として作用するか，それとも円安圧力として作用するか。そのプロセスも明示して答えなさい。なお，預金金利と貸出金利は同一方向に連動するものとする。

【模　解】
日本の金利下落→財テク資金を日本で運用するプラス材料が相対的に減少する
　　　　　　　→財テク資金を日本から他国に移動する——円預金を解約し外為市場で他通貨に換えて他国の銀行に預金し直

> す——圧力増大
> → 「円売（他通貨買い）」増大
> → 「円安」圧力

　この模解のパターンだけではなく，もちろん，もっと色々と類推できます。
　たとえば，金利が下がって借金しやすくなったのですから，企業も消費者もおカネをドンドン借りまくって輸入が増えて「円安」というプロセスもありうるでしょうし，逆に，預金する方からすれば金利が下がって利子収入が減り消費意欲が減退して輸入も減少し「円高」圧力がかかる，などという事態も想定可能でしょう。

3　景気→為替相場——財政政策と金融政策——

　景気と為替相場との連動態様は，上述してきた貿易（輸出入）・金利などとの連動態様と重なります。景気と為替相場は，基本的には，これらの動きを媒介として結びつくのです。
　景気良好で企業や家計の所得が増えて国内需要が増大しつつある状況であれば，企業による原材料の輸入や懐具合の良くなった消費者たちによる嗜好品などの輸入が増大したり，所得の増加傾向を担保としてのローンによる消費需要の旺盛化に起因する貨幣需要の増大によって貨幣市場での金利が上昇したりするという事態が起こりえます。輸入増大，金利上昇……，これらすべての事態と為替相場との連動プロセスの類推は，今まで考えてきたことそのものですから，皆さんにとって決して難しいものではないでしょう。
　ただし，何度も述べているように，為替相場変動，たとえば円レート変動の直接的原因は外為市場での円に対する需要と供給の動きです。経済の実体的動きを先読みして行動しようとする人々の主観的な思惑にのみ基づく円の投機的売買が，相場には，当然，影響を与えます。日本の景気が良くなると判断すれば円が強くなるのではないかと類推し円の値上がりによる為替差益を期待しての円買——さらにはそういう円買が増えて円高になるのではないかと予想しての先回りの円買，さらにはさらには円のそういう思惑買が増え

るのではないかと期待しての先走り・先手必勝？　の円買……∞——が，輸入・金利の実際の動きとは関わりなく，ドッと増えるなどという事態も，もちろん考えられます。輸入・金利の実際の動きにだけ注意を払っていては円レートの動きの原因が読み取れない，ということも，つまりは，ありうる，ということです。人々が，特に，大量のおカネを動かすことのできる人々・機関投資家たちがどのような心理状態にあるのか，彼らの心理状態を規定しているものは何なのか，という心理ゲームのレヴェルにまで分析の錘鉛を降ろさなければ見えてこないものもある，ということは念頭に置いておく必要があるでしょう。

　で，ちょっと総括問題を１つ。

【例題㉓】
政府による不況対策が結果として円安をもたらすとすればどのようなプロセスが考えられるか。２つ挙げなさい。

　政府の不況対策とは一言でいうと何でしょうか。
　不況とはどういう状態かということを考えれば，答えは自ずと明らかです。
　不況とは，商品の売れ行きが芳しくない状態が，多くの市場において，国民の大多数の生活にとって相当マイナスの影響を与える程度にまで蔓延している事態を指し示しています。売れない，ということですから，つまりは，企業の投資需要も家計の消費需要も全般的に冷え込んでいて需要と供給の縮小スパイラル状態にはまり込んでいるという状況です。企業も家計もおカネがないか，あってもその回転＝循環が極度に悪化しているということです。これを——もちろん好況に持っていくという方向で——解決するための対策は，当然，企業や家計の所持するおカネを増やすか，おカネのめぐりをよくしてやることです。いわゆる〈内需拡大政策〉です。
　〈内需拡大政策〉は２つに大別されます。財政政策と金融政策の２つです。
　財政とは，政府の収入と支出のことです。財政政策とは，つまり，財政——政府の収入と支出——を操作することによって有効需要を創出＝拡大する，そういう政策のことです。

支出を操作して有効需要を新たに創り出し拡大してゆくとは，たとえば，政府支出を増やすことです。公共投資を遂行して新しい公共事業をドンドン発注する，ということです。公共事業を発注すれば，それを受注した企業に当然おカネが流れ込みます。そのおカネの一部は，当該企業に原材料を供給している別の企業に流れていきます。そういう企業間のおカネの流れは様々に拡がってゆくでしょう。さらに，当該企業に雇用されている従業員たちに支払われるであろう給与もまた，様々に支出されて拡がってゆくことでしょう。有効需要とは，端的におカネのことなのです。有効需要の創出とは，それゆえ，新しいおカネの使い途を開拓し，おカネを実際にドンドン使える状況を創り出すことなのです。公共投資の拡大だけでは，だから，ありません。社会福祉関連支出の拡大でもいいですし，各種補助金の拡大でもいいのです。企業なり消費者なりの手元に使用可能な資金＝おカネができるだけ潤沢に出回るような方策を財政支出と連関させて実現していこう，とするものが不況対策としての財政政策の本質なのです。

　政府収入を操作して有効需要を新たに創り出し拡大してゆくとは，支出の場合と結果的には同様の状態――企業・消費者による資金の潤沢な保有・費消状態――を創り出してやることです。企業や消費者がおカネをドンドンと使えるような・そして使いたくなるような状況を創り出してゆく，ということです。法人税・所得税・消費税などの徴収額・率を軽減すること，つまり減税するということも１つですし，配偶者控除を増やす――これも一種の減税ではありますが――とか，各種の公的な手続きにかかる手数料を引き下げるとか，これまた，様々にありうるでしょう。

　以上，財政政策による不況対策の概要を指摘してきました。結局，政府支出を拡大するということであり，一方，収入は――減税などを考えれば一目瞭然だと思います――減少するということです。このことは何を意味しているのでしょうか。収入は減るのに，支出は増える……，そうです，一般家庭における家計の場合と全く同様です。赤字への接近ということであり，そして，実際に赤字になるという事態の発生です。不況対策としての財政政策は一般的には，それゆえ，〈赤字財政政策〉と呼ばれているのです。

　この〈赤字財政政策〉は，どのようにして維持されてゆくのでしょうか。

家計を考えてみて下さい。皆さん自身の場合——たとえば〈学生〉という〈身分〉であれば——おカネが足りなくなる，という状態に陥ったら——もちろん人それぞれでしょうが——親から〈貰う〉（〈借りる〉という名目で？）ことによってその場を凌ぐ，という形を選択する人も結構多いはずです。しかし，そのようなレスキュー策は，親の世話になっているという特殊な状況下にあるからこそできるのであり，社会＝世間一般では，つまり，経済的に自立して営まれていることによって市場経済の一大〈経済主体〉たりえていると思念されている一般的な家計にあっては，身内からおカネを贈与してもらうという赤字脱出方法は，まさに〈自立〉的主体であるとみなされている限りにおいて，典型的なものであるとは言い難いでしょう。では，どうするのでしょうか。借金する……のです。金融市場を通じて遂行されるこの方策こそがまさに市場を構成する主体に最もふさわしいものであり，これが代表的なものである，と言えるでしょう。

　政府も同じです。政府も，企業・家計（・外国）と並ぶ，三（四）大経済主体の１つです。他の経済主体からおカネをタダで貰ってばかりいるようでは，自立した経済主体とは言えません。それに企業や家計からおカネをタダで貰うということは，増税と同じことですから，不況対策からは程遠いものと言わざるをえません。他国から貰うという手もありますが，貿易を捨象した国民経済に焦点を絞るという前提に反しますし，貰ってその場を凌いだとしても国民経済の根本的活性化にはつながらないでしょう。

　で，とにかく，政府の〈赤字財政政策〉の下での支出増大・収入縮減という方策は，借金によって支えられ維持されてゆくのです。誰から借金するのかというと，もちろん金融機関という企業をも含めた国民全体がその対象です（さらに実際は外国をもその対象に含むのです）。そして，その借金の〈利子付き借用証書〉が国債と言われるものです。赤字を補塡するために発行される国債は赤字国債と呼ばれています。（外国をも含む）民間が国債を購入すること——政府におカネを貸すこと——を赤字国債の民間引受（市中公募）と言います。この経路は，民間で眠っているおカネ（遊休貨幣）を政府経由で有効に利用し活性化させるものです。国家全体のおカネの量が絶対的に増えるわけではありません。人体にたとえれば，輸血をするのではなく，

血の巡りを良くして元気にさせる治療法，とでも言えるのかもしれません。が，あくまでも借金に基づいていることを考えれば，諸手を挙げて万万歳と言うわけには，もちろん，いかないでしょう。もう1つ，日銀引受，というものがあります。日銀が国債を購入する，つまりは政府におカネを貸すのですが，その元手であるおカネはどこから出ているのかというと，つまりは，日銀券を増刷するということになります。まさに，新しくおカネを創り出すのです。完全に外部からの輸血ということになります。この方法は，一歩誤ると，トンデモナイことになります。血と間違えて色は赤いが実体は単なる水でしかないものを輸血？　してしまって，血の濃度を薄めてしまうことになるかもしれない，ということです。人体にとって，水を血管内に注入されたら致命的でしょう。経済の場合はどうでしょうか。想像してみて下さい。国債の日銀引受は第2次大戦後——戦時中の日銀引受乱発の経験を踏まえて——法律で厳しく制限されていますが，民間で引き受けられた国債が担保となって日銀から民間金融機関を通じて結局は増発された紙幣が民間市場に流れ込む，というルートも存在しており，まあザル法と言うべきかもしれません。

　政府はこの借金をどうやって返すのでしょうか。返すあてもなく借りているなどと，まさか政府がそんなことをするわけがない……とひとまずは考えたい……ですよね!?

　景気が回復してきて，税収が増大すること，これを見込んでいるのです。好況になれば，企業も家計も所得が増え，消費支出も増えるでしょう。そうすれば，法人税や所得税や消費税やの金額が自然に増えてゆくであろう，ということです。そして，増えた税収から借金を返せばいいや，という計画です。まあ，この理屈は分からなくはないですよね。実際は，しかし，いったん膨らんだ財政支出規模とそこに絡まってくる有象無象の利権集団＝組織＝体質を縮小することの困難さが，つまりは好況期の増収分がこれら有象無象の利権集団によって喰われてしまい，当初の理屈の実現を不可能にしていってしまうのです。

　次に金融政策について説明しましょう。

　金融とは，余っているところから必要とされているところへとおカネを融

通＝循環させることです。金融政策とは，だから，財政政策の中の国債の発行に基づく方策とその趣旨において似ています。おカネの動き＝流れを活発化させることによる有効需要の創出＝拡大，つまりは滞留して流れが悪くなっている血液の循環を良くしようという方策だからです。ただし，借金に拠らないでそれを実現しようとするものです。

　代表的なものは，民間の銀行への日銀の貸出金利である公定歩合の引き下げであり，それと連動しての民間の金利の下落誘導という試みです。貸出金利の下落は，おカネを借りやすくします。企業にとって借入金利はコストですから，コストは安ければ安いほどいい，つまり，借入金利は低ければ低いほど投資収益率を高めます。企業にとっての投資環境は良好になるわけです。消費者にとっても，ローンの金利が低くなるのですから，消費しやすい環境が生まれる，ということです。おカネの動きは活発化する可能性を高めるでしょう。

　これ以外には，預金準備率の引き下げによる民間銀行の信用創造の拡大誘導などによって民間に出回るおカネの量が増大し，そしてスピードが加速化し，需要が増大して経済に活気が出てくる……というふうに期待される政策があります。

　この預金準備率の引き下げによる民間銀行の信用創造の拡大誘導について少し説明しておきましょう。

　銀行は預金を引き受けてそれを貸し出すことによって利鞘を稼いでいます。預かったお金を，しかし，すべて貸し出してしまうのではありません。すべて貸し出してしまったら，銀行には現金が一銭も残らない，という状態になります。現金を引き出す人々は常に存在しているのですから，それでは困ります。預金額の一部は銀行に残しておく必要があります。本来は個々の銀行の裁量に任せておけばいいことなのでしょうが，もしも取り付け騒ぎなどが起きれば場合によっては大きな社会問題にもなりかねず，地方自治体も含めた政府としては〈勝手にやればいいんじゃないの〉とマルッキリ傍観しているわけにもいきません。できるだけ事前に防止できる方策だけでも最低限あれば実施しておこう，というわけでこの預金準備率が定められているのです。この率が10％であれば，銀行は預金額の10％を日銀に当座預金（無利子）という形で保管しておくという義務を背負わされるのです。この率が，たと

えば10％から5％へと引き下げられれば，銀行の貸し出すことのできる金額が増え，民間に出回るおカネもそれだけ増えることになります。まさに需要増大効果があるのです。正確を期して付言しておきますと，銀行は，経験的に必要と判断される手元準備と日銀預け金口座に義務づけられている法定準備という2種類の現金準備を保有している，ということになります。念のため。

銘記しておかなければいけないことがあります。預金それ自体もおカネ（「預金通貨」）として商品の売買を媒介します。預金があるということは，それを担保に信用買いができるということでもありますから，預金であるからといって，眠っているおカネとして考えてはいけません。預金残高もおカネの一翼を十分に担いつつ有効需要の役割を果たすことができるのです。ただし，預金者がただ預金しているだけで何の需要行動もそれを元にして起こさない場合も，もちろんありえます。それはしかし，現金を保有していても同じことです。1億円を現金でタンスの中にしまい込む場合だってありうるでしょう。そして，預金残高という形での1億円であればタンスの中の1億円よりも，銀行という貸し出しのプロフェッショナルによってより有効に貸し出される可能性が高まりますから，需要誘発効果は，このような場合，現金よりも預金の方が大きいということもありえるのです。とにかく，預金もそれ自体で現金と同様もしくはそれ以上の需要を産み出しうる存在であることを忘れないで下さい。

預金準備率の引き下げ効果を数値例で確認しておきましょう。

Aさんが1億円の預金口座をB銀行に新たに開いたとしましょう。Aさんは，もちろんこの1億円の預金を前提にして様々に需要効果を発動するでしょう。預金準備率が10％であれば，B銀行は預金額1億円の10％である1000万円を預金準備額として手元に残し，90％にあたる残りの9000万円を，たとえばCさんに貸し出すことができるのです。Cさんがこのおカネを現金で手元に保有して費消すれば，その場合，Aさんの1億円の預金が産み出す需要は，ひとまずはAさんの預金残高1億円とCさんに貸し出された9000万円との合計である1億9000万円ということになります。しかし，Cさんが借りた9000万円をB銀行に——別に他の銀行でもいいですよ，効果は同じです——預金したらどうでしょうか。Cさんにとっては現金で持とうが預

金残高という形で持とうが需要効果を発動することの——〈現金取引以外はお断り〉という売り手とは売買関係を取り結ぶことはできませんが，そういう事態を除けば——大きな障害にはなりませんし，B銀行はこの預金額の90％である8100万円を新たに貸し出すことができるのです。たとえばDさんがこれを借ります。Dさんは新たな需要発動力を手に入れるのです。ここまでAさん，Cさん，Dさんの3人を合計すれば2億7100万円の需要誘発効果可能金額が産み出されたことになります。さらにDさんがB銀行に借りた8100万円をB銀行に預金すれば，B銀行はこの90％である7290万円をまた新たに貸出可能状態になる，ということです。これは理論上は無限に続きます。その結果——無限等比級数の収束公式に従えば——，Aさんの最初の1億円は最大限見積もって10億円，つまり信用乗数10倍の需要誘発可能性効果を産出することになるのです。これが信用創造（＝預金創造）と言われているものです。

　預金準備率が5％であれば，当然，Cさんへの貸出可能金額は95％の9500万円になります。10％のときと比べれば500万円多く貸し出せる，つまり，500万円多く需要を創り出せる，ということです。そして信用創造の無限連鎖を考慮すれば，需要誘発効果の程度の差はもっと大きく開きます。最終的に誘発される有効需要の総額は20億円（信用乗数20倍）になり，預金準備率10％の場合とのその差，実に10億円になります。

　さて，長い前置きでしたが，模解を示しておきます。

【模　解】
①不況対策（財政・金融政策）→内需拡大（景気回復）
　　　　　　　　　　　　　　→輸入増大
　　　　　　　　　　　　　　→日本の輸入企業による「**円売（他通貨買い）」増大**
　　　　　　　　　　　　　　→「円安」圧力
②不況対策（金融政策＝公定歩合の引き下げ）
　　　　　　　→民間の金利下落
　　　　　　　→財テク資金を日本で運用するプラス材料が相対的に減

少する
→財テク資金を日本から他国に移動する──円預金を解
　約し外為市場で他通貨に換えて他国の銀行に預金し直
　す──圧力増大
→「**円売**（他通貨買い）」**増大**
→「**円安**」圧力

　今までとは逆方向の規定プロセス，つまり為替相場の変動が金利や景気などに与える影響を以下，見てゆくことにしましょう。

4　為替相場→金利

【例題㉔】
円安が予想されると，それに則った市場参加者の行動によって日本の金利は全般的に上昇圧力が強まる。その圧力の中身を明らかにしなさい。

　これも〈需給法則〉の純然たる応用問題です。
　金利というのは，貨幣市場で決定される貨幣の価格です（……正確には，貨幣市場における貨幣の価格は〈元金＋金利〉と定義すべきですが，それを踏まえた上で，ここでは貨幣価格＝金利ということでアバウトに考えていくことにします……）。貨幣市場とは貨幣が商品として取引される市場です……と言うと何やら持って回った表現になってしまいますが，要は貨幣が貸し借りされる市場のことです。貸付価格・借入価格が，すなわち金利ということです。この価格＝金利の変動もまた取り扱われる商品である貨幣の需給によって規定されることは，他のすべての市場と同様です。ということは，商品であるところの貨幣に対する需要が増えるか供給が減少すれば価格＝金利上昇圧力となり，貨幣に対する需要が減るか供給が増大すれば，価格＝金利下落圧力が作用する，ということになるのです。貨幣市場での貨幣に対する需要とは借りたいという動きであり，貨幣市場での貨幣の供給とは貸した

い（有利に運用＝財テクしたい）という動きのことです。

具体的な数値をイメージしながら考えていきましょう。

貨幣市場——ここでは銀行を念頭に置いて下さい——での貸出金利が日米共に年10％で，現在のドル・円相場は1ドル＝100円であり，1年後にはこの水準が1ドル＝200円になる，つまり円安ドル高になることが確実であるとします。

①日本人で今100万円が必要である人は日本の銀行で借りるのと，米国の銀行で借りるのとでは，どちらがいくら（何円）有利であるか，まずはこれを考えて下さい。ただし，日本の銀行では円で借り円で返し，米国の銀行ではドルで借りドルで返す，と想定して下さい。返済は共に1年後とします。

日本の銀行で100万円借りると，貸出金利が年10％ですから，1年後の返済額は，元金100万円に利子10万円を足した110万円となります。

米国の銀行で借りるとどうなるでしょうか。1万ドルをまず借りて，現在のドル・円レートである1ドル＝100円の下で，この米銀で借りた1万ドルを売って必要な100万円を買えば，さしあたっての金策は成立します。1年後の返済時には，貸出金利年10％ですから，1.1万ドルを用意しなければなりません。この返済額1.1万ドルを手に入れるためには，レートが1ドル＝200円に変動していますから，220万円が必要になります。

総括しましょう。

日本で借りた場合には，100万円借りて110万円返します。米国で借りた場合には，結局，100万円借りて220万円返さなければならないということです。日本で借りた方が110万円も有利である，ということになります。

次に，同様の条件下で，今1万ドル必要な米国人の場合はどうか，どちらで借りる方がいくら（何ドル）有利か，これを考えて下さい。

細かい説明は上と同じですから省きます。米国で借りれば1万ドル借りて返済時には1.1万ドル用意しなければなりません。日本で借りれば100万円借りて1万ドルに交換し，返すときには110万円に相当する0.55万ドルを用意すればいいのです。実質的には金利がマイナスになります。おカネを借りるだけで利殖ができてしまう状態です。で，結局，日本で借りる方が（1.1万ドル－0.55万ドル＝）0.55万ドル有利である，ということになります。

借りる立場に立てば，すなわち，円安傾向が明らかである——と予想される——場合には，日本で借りた方が有利になる可能性が高まる，ということです。もちろんこの結果は貸出金利が日米同じであると想定しているから出てきたものであり，日本の金利がベラボウに米国より高ければまた異なる結論が導出されるでしょう。しかし，その場合でさえ，円安という傾向は日本の金利のベラボウさを緩和する圧力として作用し，安全性等々を加味して日本で資金を調達しようかという動きを強める推力になる可能性は十分あります。円安傾向という事態そのものは，それゆえ，日本の貨幣市場における貨幣需要を増大させる圧力として作用すると言っていいでしょう。

貨幣需要の増大は，貨幣価格つまりは金利上昇圧力として作用することになります。

②今度はおカネを貸す（＝預金する）側の立場に立ってみましょう。

預金金利は日米共に年10％で，為替相場の変動幅は同じであるとします。

まず日本人で100万円預ける場合，日米どちらの銀行に預けた方がいくら（何円）有利か，を考えて下さい。

日本で100万円預ければ1年後には110万円になって返ってきます。米国の銀行に預けるには，100万円を現在のレート1ドル＝100円に従って1万ドルに替えて預けます。1年後には1.1万ドルになります。その時のレートは1ドル＝200円ですから1.1万ドル＝220万円となり，日本で預金した場合に戻ってくる金額110万円よりも110万円も得である，ということです。

次に，米国人で1万ドル預ける場合，どちらの方がいくら（何ドル）有利か，を考えて下さい。

米銀で預ければ1年後には1.1万ドルになります。日本の銀行に預ける場合には，1万ドルを現在のレートで100万円に替えて預けます。1年後に110万円となって戻ってきますが，その時のレートでは110万円は0.55万ドルにしかなりません。これでは明らかに元本割れを起こしてしまっていてオハナシになりませんが，一応比較すれば米国で預けた方が0.55万ドル有利である，ということになります。

結局，預ける立場に立てば，円安が予想される場合には，日本の銀行には預けない——日本の金融市場では財テク＝運用しない——方がいい，という

ことになります。もちろん，金利の高さ等々にも依存はしますが，円安傾向そのものは日本の貨幣市場への貨幣の供給を減少させる圧力として作用することは明らかです。

　貨幣供給の減少は，貨幣価格つまりは金利上昇圧力として作用することになります。

　①と②とを合体すれば，

> 【模　解】
> 円安傾向が予想される場合には，日本の貨幣市場においては貨幣需要が増大し貨幣供給は逆に減少するので金利上昇圧力が作用する。

ということになります。

　蛇足になるかもしれませんが，上の考え方の応用問題を1つ。
　新聞を読んでいたら次のような記事が載っていました。

> 「［中国人民元の切り下げの可能性が強まっているとの思惑が広まる中で］……「人民元建ての借り入れを増やして将来の切り下げリスクを回避したいが，協力してもらえないか」。邦銀の香港支店には広東省などに進出する日系企業からこんな相談が相次いでいる。厳しく管理されている人民元を調達するには邦銀の保証が要るからだ。」（滝川盛幹「世界経済／忍び寄る負の連鎖」『日経』1998年8月19日）

　元レートが下落すると予想される場合，「広東省などに進出する日系企業」は円で資金を借りるのではなく元で借りた方が良い，という判断が示されています。なぜ，そうなるのか……上の例題を考えるプロセスが頭に入っていれば，難なく，この理屈は理解できるはずです。
　こう考えれば分かるだろう……という一例を以下に示しておきますが，まずは，自分で頭を捻ってみて下さい。

「広東省などに進出する日系企業」をAとします。中国で必要な資金は1000万元で，これを投資して1年後には倍の2000万元を稼ぎ出すプロジェクトをAは計画しています。現在の元・円レートである1元＝20円が将来――1年後には――1元＝10円になる，と予想されており，借金の金利は日中共に年10％，返済は1年後とします。

中国で借りる場合には，1000万元借りて，1年後に1100万元返します。Aは2000万元稼ぎ出していますから利益は900万元――そのときの元・円レートで9000万円――になります。

日本で借りる場合には，まず2億円を借りて，外為市場で現在のレートに則ってその円を売り1000万元を買い，プロジェクトを立ち上げます。1年後に2億2000万円返さなければなりませんが，1年後のレートを前提すれば，そのためには2200万元用意しておかなければなりません。ビジネスがもたらしてくれる収入は2000万元です。利益どころか損失が発生してしまうのです。

以上，人民元の「切り下げリスク」の中身は判明しました。

5　為替相場→景気

【例題㉕】
円高が原因となって日本経済が不況になるとすれば，どのようなプロセスが予想されるか。2つ挙げなさい。

具体的な数値例で考えていきましょう。
円高の程度は，1ドル＝200円から1ドル＝100円になった，とします。
まずは，〈日本の対米輸出企業A社〉の立場に立って見てゆきます。

① 〈ドル建て〉輸出の場合
円レートが高くなる前，対米輸出企業A社は，輸出商品1単位当たりコスト150円で生産しており，輸出価格は1ドルであった，とします。1単位当たりのドル収入は当然1ドルで，1ドル＝200円ですから，1単位当たりの

円収入は200円です。利益はこの円収入200円からコストの150円を引いた値である50円，ということになります。

ここで，円レートが，1ドル＝100円に跳ね上がったのです。突然……朝，起きてみたら！　……と考えて下さい。A社にとってはまさに〈寝耳に水〉の驚きです。

A社にとってどのような事態が引き起こされるのでしょうか。

円高になる前の状態のまま──つまり円レート以外は何も変わっていない状態──では，利益の大幅な減額という事態がもたらされること，これは避けられないでしょう。

1単位当たりの輸出価格は1ドルです。1ドル＝100円になってしまっていますから，円収入は当然100円です。円高前の収入は200円でした。円収入は1単位当たり100円の減少です。その上，生産コストは150円です。とすると……そうです！　利益は，と言うと，これは収入の100円からコストの150円を引いて「－50円」，つまりは50円の損失＝赤字になってしまうのです。

A社としてはなんとか打開策を講じなくてはなりません。

考えられる打開策は，ひとまず，5つです。

1つめ。輸出価格の引き上げです。

たとえば1単位当たり1ドルから2ドルへの引き上げです。

1単位当たりのコストは相変わらずの150円ですが，輸出価格を2ドルに引き上げれば，1ドル＝100円ですから，円収入は（2ドル＝）200円となります。この円収入の水準は円高になる前と全く同じです。そして，それゆえ，利益額も円収入の200円からコストの150円を引いた50円となり，これまた円高前の水準を維持できることになります。パススルー（為替転嫁）率100％と言われている状態です。（逆に1ドルのままで据え置けばパススルー率0％となります。）

この場合，しかし，輸出価格の上昇によって当該輸出品に対する需要量が減少する可能性があります。需要の価格弾力性が小さくて，需要量減少の程度が軽微で，総体として円高前の利益水準が維持できれば・もしくは許容できる範囲内にとどまるのであれば──ここでの例の場合には1ドルから2ドルへの価格引き上げにもかかわらずたとえば需要の価格弾力性がゼロで需要量が全然減

少しないなどというときには──全く問題はありませんが，需要量の落ち込みによって大幅な利益額の減少，最悪の場合には損失＝赤字が発生するようならば，Ａ社は安易に輸出価格の引き上げを断行するわけにはいきません。しかし，何らかの手を打たないと上述したように損失＝赤字の発生は避けられません。

そこで次に考えられるのが，２つめの策としてのコストの引き下げです。たとえば１単位当たり150円から50円への引き下げです。

新技術の導入による生産性の引き上げを遂行しつつ，賃金引き下げや人員削減などの合理化を押し進め，さらには労働密度を高めるなどの労働強化や下請け・孫請けからの仕入れ価格の引き下げの断行……等々，ありとあらゆる──他者への多少の犠牲をも厭わない──企業努力が要求されます。

もちろん，そう簡単には実現できるものではありませんが，とにもかくにもＡ社は企業努力の甲斐あって，１単位当たり150円から50円への引き下げに成功したとしましょう。

輸出価格は相変わらず１ドルのままです。需要量は，当然，維持できています。円収入は減少して１単位当たり200円から100円になります。しかし，コストが50円に下がっていますから，１単位当たりの利益額は収入の100円からコストの50円を差し引いた「＋50円」であり，円高前の水準をキープしています。

これが実現すれば，もちろん，万万歳！ です。

円高などの状況の変化に対する対応策としてだけではなく，１単位当たりの利益を増大し，さらには多少の価格引き下げを実行して自社の販売量を増やす可能性を拡大するために，企業は日常的にコストの引き下げを図っていますが，もちろん，これは日々努力していても，いつもスムーズに進行するというものではありません。ましてや，緊急時にいきなり，というのは難しいものです──〈火事場の馬鹿力〉ということもなくはないですが──。

価格引き上げもコスト引き下げも，どちらもうまくいかない，となれば次なる３つめの方策は，（輸出先）現地生産への切り替えです。

円高後にいきなり現地生産に切り替えるというのではなく，円高前にＡ社は円高リスク回避＝軽減対策として輸出先＝米国での現地生産戦略を採用していた，としてその利点を見てみることによって現地生産の特徴を浮き彫り

にしておきましょう。

　現地＝米国での生産コストは1単位当たり0.75ドルで販売価格は日本国内で生産し輸出する場合と同じく1単位当たり1ドルであるとします。利益は販売価格からコストを差し引いて1単位当たり0.25ドルとなります。円に換算した利益額は円高前であれば，1ドル＝200円ですから，50円ということになり，日本国内で生産し輸出しようが，米国内で生産し現地販売しようが，この場合，どちらでも同じ利益水準を確保できる——「無差別」である——，ということになります。

　ところが，円高が発生すると事態は，輸出する場合と輸出先現地生産とでは，明らかに差が出てきます。

　輸出の場合は，今まで見てきたように，円高の発生と共に——それ以外の状況が不変ならば——A社の利益は1単位当たり「－50円」，つまりは50円の損失＝赤字という事態に陥ってしまいました。

　現地生産・販売の場合にはどうでしょうか。

　円レート以外の状況が不変であるのならば，コストは相変わらず0.75ドルで価格は1ドルで1単位当たりの利益は0.25ドルです。注目すべきは，円での利益額でしょう。円高後の円換算した利益はいくらでしょう。0.25ドルを1ドル＝100円のレートで換算すると，25円となります。

　輸出していれば50円の利益水準から一転して50円の大赤字への転落ですが，現地生産していれば利益幅は減少しますが大赤字への転落は避けられます。さらに価格を引き上げるにしても，1.25ドルまで上げれば1単位当たりのドル利益は0.5ドル，つまり円利益は50円となり円高前の利益を確保できます。輸出の場合は2ドルまで価格を引き上げなければ円高前の利益は確保できないのですから，その有利・不利の差は歴然としています。方策の1つめや2つめを今後追求してゆくとしても，大赤字の下でのそれら方策の遂行と，減少したとはいえまだ利益が存在しているという状態の下でのそれら方策の遂行とでは，その戦略的ゆとりの程度において，輸出と現地生産とのこの違いは決定的とも言える影響をその後の企業の命運に対して及ぼすでしょう。

　円高傾向が長期的に続くかもしれないという状況下では，それゆえ，輸出依存度が大きい企業ほど，リスク分散対策として，輸出先現地生産戦略を展

開してゆかざるをえないことになるでしょう。

　ということで，現地生産に踏み切っていなかった企業も，突然の円高に見舞われれば，今後の戦略的選択肢として現地生産を考慮せざるをえなくなることは了解して頂けたと思います。

　4つめ。輸出をやめて（もしくは削減して），国内市場を開拓する（もしくはウェイトを移してゆく）戦略への転換です。イキナリこれは無理でしょう。とはいえ，考えられる方策の1つではあります。

　5つめの方策は，廃業，です。従業員たちにとってはヒドイ話ではありますが，最悪の場合の選択肢としてありえます。

②〈円建て〉輸出の場合

　A社が輸出を円建てで行なっているような場合には円高の衝撃はどのように現れるのでしょうか。

　円高の程度はこれまでの想定と同様に，1ドル＝200円から，一夜明けてみると，1ドル＝100円になっていた，という円の価格の2倍高という事態で考えていきましょう。

　生産コストも同様に1単位当たり150円とします。

　輸出価格，これがこれまでの想定と異なって1単位当たり1ドルではなく，200円になります。A社からの輸入企業はドルではなく円で支払い，A社はドルではなく円で販売代金を受け取る，ということです。

　円高前のA社の1単位当たりの収入金額は200円で，コストは150円ですから，利益額は1単位当たり50円ということです。

　ここで，ある日突然，2倍の円高に見舞われるということです。

　どうなるのでしょうか？

　……そうです。A社にとっては，何も変わりはないのです。輸出価格は円建てですから，円が高くなろうが安くなろうが受け取る金額は契約通り1単位当たり200円のままなのです。ひとまず，突然の危機的状況は回避できるのです。……しかし，あくまでも，「ひとまず」の回避でしかありません。輸入する米国企業の側に立って考えてみて下さい。彼らは円高前は輸入商品1単位につき1ドルを用意し，それを外為市場で200円と交換して（「ドル

売円買」を遂行して）支払いを行なっていました。円高後は，しかし，１単位当たり200円という支払金額を外為市場で調達するために，１ドルではなく２ドル必要になってしまうのです。これは価格が実質的には上昇していることを意味しています。ドル建ての場合にはＡ社にとっての円高対策の５つの選択肢の中の１つであった価格の引き上げが，円建ての場合には自動的にバックグラウンドで実行されてしまうのです。結局Ａ社は，円高のもたらすであろう危機的状況を，円建て取引にしていたからといって根本的には回避できないのです。「ひとまず」というのは，そういうことです。Ａ社はコストの引き下げによる円建て価格の引き下げや——米国の輸入企業などの支払い負担増大（１ドル→２ドル）を元の状態に戻すためには円建て価格を100円にまで引き下げる必要があります——，現地生産戦略や輸出から国内市場への転換戦略や，さらには廃業等々の様々な取るべき今後の諸方策が，ドル建て輸出の場合と同じく，重要な検討課題として浮上してこざるをえないのです。

【模　解】
①円高→輸出価格上昇
　　　→輸出量減少
　　　→（輸出商品＋関連部門の）生産量減少
　　　→「設備投資・雇用・所得」減少
　　　→不況
②円高→輸入品価格下落
　　　→輸入品と競合する国産品の売り上げ減少
　　　→（国産品＋関連部門の）生産量減少
　　　→「設備投資・雇用・所得」減少
　　　→不況

　輸出価格が上昇する当該輸出商品もしくは安価になった輸入商品と競合する国産品，これら２つのものの質的競争力が非常に高い場合または元々価格が相当低くて多少の価格上昇や競合製品の値下げなどには動じることがない

というような場合，つまりは，それらに対する需要量は減少せず，輸出量の減少や国産品販売量のじり貧という事態は惹起されずに不況へのプロセスは発生しないかもしれません。あくまでも不況圧力がかかる，ということであり，それが現実化するかどうかは企業・産業の歴史的段階や商品のライフサイクルをも含めた特殊＝具体的な状況次第だ，ということです。

　他にも色々な不況への可能プロセスが考えられるはずです。頭の体操をして下さい。

　円高は以上のように不況をもたらす原因になります——厳密に言えば，原因になる可能性がある，ということです——。実際に不況になるかどうかは，しかし，日本の企業・産業の〈力〉の布置の在り様次第です。競争社会であれば当たり前のことです。生産性が高く，差別性（個性）・必需性が高く——需要の価格弾力性が小さい——魅力のある商品であれば，円高がもたらすであろう不況への衝撃を吸収してなおかつさらなる発展を遂行してゆくでしょう。しかし，ただ価格の安さにのみ依拠して競争力を保持しえていたような状態の中で発展性なく自足しているような企業・産業にとっては——輸出中心＝依存企業・産業であれ国内中心＝依存企業・産業であれ——，円高はまさに致命的衝撃として立ち現れる可能性が大でしょう。前者のような企業・産業が主導するような方向へと国民経済のダイナミズムが起動していれば，円高不況によって主要な企業・産業が日本国内から脱出してしまっての空洞化の下で国民が苦悶する状況は避けられるでしょう。とまあ，これは形式ばった御託宣ではありますが，〈自由〉競争社会の常態として決して間違っている指摘ではありません。

　ただし，突然の円高が不況要因であることはその通りですから，その円高の原因をよく見極めて，当然の動きであるのかそうでないのかを常に判断し続けると同時に，私的＝個別企業や私的＝個々人のガンバリズムに基づく対応とは異なったレベルで，つまりは社会＝協同システムのレベルにおいて，〈円高→不況〉がもたらす生身の生活への衝撃を無化する方途の可能性を切り開いてゆくことは大切です。なんでもかんでも競争社会なんだからショウガナイ，ノリキルシカナイ……ではただ振り回されるだけです。弱肉強食・

自然淘汰で，とにかく適応したものたちだけが生き残り適当に棲み分けてゆくのだ，滅びてゆく企業・産業があったとしてもそれは当然のことであり，生き残ってゆくダイナミズムが日本の社会の根底にさえあれば必ず発展はあり，空洞化の心配など無用だ……，振り回されてもショウガナインダカラ，ガンバルシカナイノダ……などとの達観ばかりでは，人生あまりにも味気というものがありません。

〈時流〉の奴隷として振り回されるなどということのない社会を構想する，そういう生き方の自立的ダイナミズムを獲得したいものです。

【例題㉖】
円高になっても日本の輸出商品の輸出価格が上昇しない場合というのはどのような時か。（現地生産に切り替える，などというような答えは除く。輸出はあくまで続行するという前提で解答を導出すること。）

【模　解】
①輸出価格を引き上げる必要がないほどにまで，日本の輸出企業が生産コストを引き下げた場合。
②利益の減少幅が輸出企業にとって許容範囲内にある場合。
③円建ての場合。

以上3つぐらいが考えられる解答ですが，他にも思い付きましたか。
最後の「円建ての場合」に関しては，すでに言及したように，輸入する側にとっては実質的には価格上昇に等しいものですから，正確には，価格が上昇しない場合には含まれないとした方がいいかもしれません。

【例題㉗】
円高が原因となって日本経済が好況になるとすれば，どのようなプロセスが予想されるか。2つ挙げなさい。

不況圧力が加わる，というプロセスと重なる面があります。同じ事態が異

第3章 応用問題各種　99

なった影響を持つ，ということです。
　〈対米輸入企業B社〉の立場に立って円高を考えてみます。
　円高の程度は，前と同じく，1ドル＝200円から1ドル＝100円になった，ということで考えていきましょう。

① 〈ドル建て〉輸入の場合
　米国の対日輸出企業の輸出製品1単位当たりの関連数値は次のようであると想定します。生産コストは1ドル，輸出価格は2ドル，ゆえにドル収入は2ドル，利益は収入からコストを差し引いた1ドル。
　日本の対米輸入企業B社は輸入商品1単位につき400円用意して，外為市場で2ドルを調達し，そして支払う，ということになります。
　円高後，米国の輸出企業には，コスト・輸出価格・ドル収入・利益に関して，差し当たり何の変化もありません。
　日本の輸入企業B社は，輸入価格が2ドルのままで1ドルが200円から100円になったのですから，1単位を購入するために必要な2ドルを調達するために用意しなければならない円が400円から200円に減少することになり，実質的な価格下落という恩恵に浴するということになるのです。B社にとっては円高の恩恵が即効性をもって実現することになります。

② 〈円建て〉輸入の場合
　米国の輸出企業の輸出価格が1単位当たり400円とします。400円の円収入を外為市場でドルと交換して手にするドル収入は，円高前は1ドル＝200円ですから，2ドルとなり，生産コストの1ドルを差し引いて，利益は1ドル，ということです。円高後は，しかし，1ドル＝100円となり，1単位当たりの収入である400円を売ってドルを買えば，ドル収入は一挙に円高前の水準の2倍である4ドルになり，さらに利益は生産コストの1ドルを差し引くと，なんと！　円高前の3倍である3ドルに跳ね上がることになるのです。米国の輸出企業にとっては，円高の恩恵は円建て取引の場合に即効性をもって実現するわけです。
　日本の輸入企業B社にとっては，差し当たり，何の変化もありません。輸

入価格は相変わらずの400円です。米国の輸出企業が以前の2倍に膨れ上がった収入や3倍にも増大した利益の一部を犠牲にして価格引き下げを断行してくれれば、事態は日本企業にとって好転してゆくことになるでしょう。商品の需要の価格弾力性次第では、当然、日本側の需要量が増大して長期的かつトータルで見れば米国企業にとっても売上高や利益のより一層の向上につながるかもしれません。

【模　解】
①円高→輸入品価格下落
　　　→輸入品と競合する国内製品の価格下落
　　　→国内物価下落
　　　→国内需要増大
　　　→好況
②円高→原材料・エネルギー関連の輸入品価格下落
　　　→企業の生産コスト下落
　　　→利益増大
　　　→生産拡大
　　　→好況

6　市場と景気循環

　資本主義社会（市場競争が全面化する社会）は、人々の不安とその増幅を糧として成長するという面を持っています。その増幅装置として景気循環があります。以下、〈需給法則〉と景気循環との関係を簡単に観ておきます。
　景気循環に必然性はあるのでしょうか。好況は必ず不況になり不況は必ず好況になる、もしくは、好況はそれ自体の中に不況の芽を孕み不況はそれ自体の中に好況の芽を孕んでいる……資本主義社会においてそれは避けることのできない必然である……、という理解がありますが、それは本当に正しい認識なのでしょうか。

【例題㉘：景気循環に関する誤解】
以下の考え方の誤りを指摘しなさい。

「好況」とは「需要量＞供給量」の状態であり，価格が上昇し，需要量は減少するが供給量は増大し，その結果，「需要量＜供給量」となって，つまり商品の売れ残りが発生し「不況」になる。しかし，「需要量＜供給量」という「不況」状態は価格の下落を生み出し，需要量は増大に転じ供給量は減少するので結局「需要量＞供給量」という「好況」状態へと再び反転してゆくのである。「需要量＞供給量」（＝「好況」）→価格上昇→「需要量＜供給量」（＝「不況」）→価格下落→「需要量＞供給量」（＝「好況」）→価格上昇→「需要量＜供給量」（＝「不況」）→価格下落→……∞，という無限のこの繰り返し過程が景気循環の不可避性＝必然性を示しているのだ。

景気循環は必然的であるという主張に関連してよくある誤解です（**例題❿**に対する本書 19‐20 頁――第 2 章 2 節――の**誤答例**と同様の誤りです）。

【模　解】
需要量と供給量の乖離から発生する価格メカニズム（需給法則〈Ⅱ〉）は，「需要量＞供給量」状態と「需要量＜供給量」状態との循環的往復運動を説明するものでは全くない。需給一致点という均衡点へ向かっての収束運動を示しているだけである。「需要量＞供給量」状態において発生する価格上昇圧力が誘発する需要量減少・供給量増大という動きの行く着く先は，あくまでも，「需要量＝供給量」状態であり，その需給一致点を越えて「需要量＜供給量」状態へと向かうなどというようなプログラムは内蔵されてはいない。「需要量＜供給量」状態において発生する価格下落圧力に関しても同じことである。

資本主義社会は〈無政府〉的競争の世界（K. マルクス：Karl Marx, 1813-

図 3-5　景気循環 1

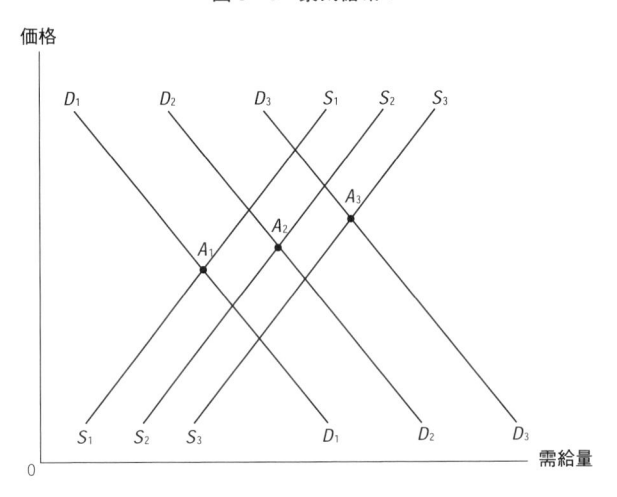

[図：縦軸「価格」、横軸「需給量」。需要曲線 D_1, D_2, D_3 と供給曲線 S_1, S_2, S_3 が描かれ、均衡点 A_1, A_2, A_3 が右上に向かって移動している。]

83）だから均衡地点への収束がそんなに上手く成就するわけではなく，需給均衡点に向かう運動はほとんどの場合その均衡地点を突き抜け上下にブレル可能性を持っている，というのは事実だとしても，価格メカニズム（需給法則〈II〉）それ自体は均衡点が変動の重心であることを説明するものであり，景気循環という変動それ自体の必然性を説明するものではないのです。

　もう一度振り出しに戻りましょう。

　景気循環に必然性はあるのでしょうか。

　「好況」と「不況」について，まずは，確認＝定義しておきます。

　本書「第2章」の最後尾に付加しておいた需要変化率と供給変化率の組み合わせパターンを思い出して下さい――「需要量」・「供給量」と「需要」・「供給」との違いをも同時に思い出して下さい――。

　典型的な「好況」とは，それらの組み合わせのなかの「需要増大率＞供給増大率」（「均衡価格上昇＋均衡取引量増大」＝均衡取引額増大）状態が持続することです。図 3-5 において「$A_1 \to A_2 \to A_3$」というふうに価格と取引数量が引き付けられる重心である均衡点が移動してゆく状態です。典型的な「不況」とは「需要減少率＞供給減少率」（「均衡価格下落＋均衡取引量減少」＝均衡取引額減少）状態が持続することで，「好況」とは全く逆に図 3-

図3-6 景気循環2

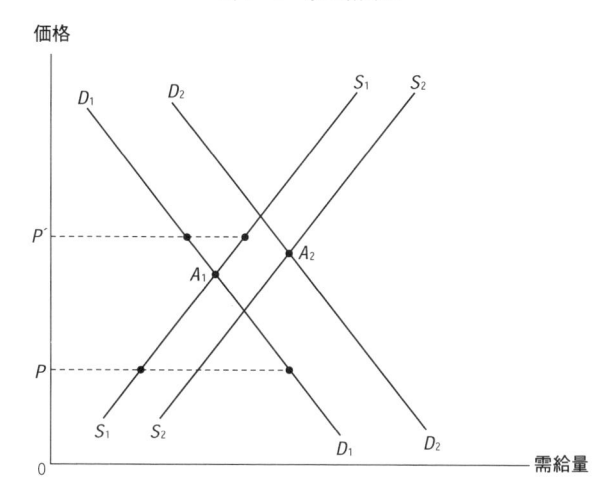

5において「$A_3 \to A_2 \to A_1$」というふうに価格と取引数量が引き付けられる重心である均衡点が移動してゆく状態です。

よく見られる単純な思い込み＝誤解をもう1つ確認し，封じておきます。

上記**例題㉘**においては，「需要量＞供給量」状態をもって「好況」，「需要量＜供給量」状態をもって「不況」，と位置づけていますが，これは誤りです。

「好況」過程で「需要量＞供給量」状態が存在する可能性はもちろんのこと，「需要量＜供給量」状態が存在する可能性もまた充分ありえます。**図3-6**において，需要曲線が D_1—D_1 から D_2—D_2 へと，供給曲線が S_1—S_1 から S_2—S_2 へとシフトしつつある「好況」的状況下で，価格 P に対応する「需要量＞供給量」状態もありうるし，価格 P' に対応する「需要量＜供給量」状態もありうる，ということです。価格 P 状態（＝「需要量＞供給量」状態）や価格 P' 状態（＝「需要量＜供給量」状態）が，逆に，「不況」過程のワンシーンとして存在する場合もまたありえます。

「好況」と「不況」の判別に際しては，あくまでも需要変化率と供給変化率との組み合わせの動態的在り様に着目しなければなりません。「需要量＜供給量」状態だから「不況」である，とか，「需要量＞供給量」状態だから

「好況」である，などと安易に断定しないようにくれぐれも注意して下さい。

景気循環の必然性に話を戻しましょう。

図3-5において，「$A_1 \to A_2 \to A_3$」から「$A_3 \to A_2 \to A_1$」へ，そしてまた「$A_1 \to A_2 \to A_3$」へ，さらにまたまた「$A_3 \to A_2 \to A_1$」へ……という振り子運動の不可避性——もちろん厳密にではなく上下へのブレを含んだ傾向——が論証できれば，景気は必ず循環するものなのだ，と言うことができます。つまり，「需要増大率＞供給増大率」状態の持続が「需要減少率＞供給減少率」状態へと不可避的に反転し，そして「需要減少率＞供給減少率」状態の持続が「需要増大率＞供給増大率」状態へとこれまた不可避的に反転してゆく……というような傾向の連なりを説明することができれば，景気循環の必然性を語ることができる，ということです。

資本主義社会において需要と供給の動向を左右しているのは企業です。

需要主体や供給主体としては，つまり経済主体としては，企業の他に家計や政府（地方自治体を含む）が存在します。しかし，家計を構成する多くの人々は企業に雇われていますから，企業が支払う賃金の多寡によって，もしくはそもそも企業が彼ら（彼女ら）を積極的に雇用するかどうかという事情によって，彼ら（彼女ら）の需要（＝消費）や供給（＝労働力供給・貨幣供給・土地供給等々）の規模は大きく左右されます。家計の需要や供給の動向は企業の動向に左右されるということです。政府はどうでしょうか。市場での行動に関して企業活動に大きく依存している家計と比べれば，企業に雇用される存在ではない政府の方が——その活動資金たる税金の徴収先として企業活動に結局は大きく依存しているとはいえ——その行動の企業からの自由＝自立度は大きいと言えるでしょう。政府の市場での積極的行動（＝需要・供給）が景気の循環を不可避にしているとは，しかし，言えません。政府の行動は，景気循環に関わる限りで言えば，不況を消滅させ・好況を永続させ……ということまでは無理だとしても，循環の振幅——特に好況から不況へ落ち込む傾斜——をなだらかにし・不況を短期化し・好況をできるだけ長期化させるために行使されるものだからです。つまり政府という経済主体の活動は景気循環の必然性を引き起こすものではなく，それに対するカウンター・ポリシーとしての性格を持つものです。資本主義社会において景気

循環にもしも必然性があるとすれば，それゆえ，企業の需要・供給動向，つまりは投資行動の性格によって結局は根拠づけられるはずです。

　企業の投資行動の性格を規定する目的は，できるだけ多くの利潤（＝「最大限利潤」＝「極大利潤」）を獲得することです。追加投資をすることによって得られるであろうと期待される利潤（＝「限界利潤」）がプラスであれば総利潤を増加することができますから，企業は投資に踏み切ります。「限界利潤」がマイナスであれば総利潤が減少してしまいますから，投資を躊躇するでしょう。

　企業のそういう投資行動が景気循環の不可避性にどのように繋がるのでしょうか。

　好況局面を考えてみましょう。好況は不況を果たして孕んでいるのでしょうか。

　個々の企業は，市場全体を計画的に統括するものではありませんし，また計画当局のような政府機関の指令に従ってそのビジネス活動を遂行しているのではありません。市場動向に対する個々の思惑＝自主的判断に基づいて勝手に生産し供給し需要するのです。〈無政府〉的と，先述したように，マルクスはこれを形容しました。市場競争から脱落しないためには，他者＝他社より早く・速くそして多く生産し，早く・速くそして多く売り捌くことが要請されます。需要の動きが活発化しているときに，その需要を逸速く獲得することが当該企業の――まさに a going concern 継続企業：「終わりというものが予定されていない企業」（友岡賛『株式会社とは何か』講談社，1998年，86頁）としての――命運を決することになるのです。〈我が社は今まで通りそこそこの利益を上げて従業員の生活もそこそこ安定していればいいので生産＝供給を拡大して事業規模を大きくしたくはない，現状維持でいい……〉などと〈欲〉のないことを言っていると，事業規模を拡大して〈規模の経済性〉などを実現しコストを引き下げた意欲的・戦闘的な他社との競争に相当高い確率で敗北し，市場からの撤退，つまりは倒産というような悲劇的な事態を引き寄せることになってしまうのです。市場競争に参加する以上，そして市場競争に参加しなければ市場社会で生き延びることはできない以上，ノンビリを決め込むというわけにはいかないことが多いのです。

好況過程で主導的に増大する需要とは，実は，このような競争を必死で展開している企業の投資需要（＝たとえば機械・原材料・労働力・土地・おカネに対する需要）なのです。消費者の消費需要ではなく企業の投資需要の拡大が好況過程を牽引してゆくのです。この拡大する投資需要に対して供給するべくさらに投資需要が拡大してゆく——「投資が投資を呼ぶ」——という状態，これが「需要増大率＞供給増大率」状態の実相です。「投資が投資を呼ぶ」という投資需要の相互刺激拡大過程が，消費需要の動向から自立してどんどん膨化していってしまうのです。自立するといっても，最終消費需要を無視して永遠に膨らみ続けることはできません。最終的には，消費需要——外国からの消費需要も含みますがここでは無視します——のための投資なのです。消費需要が全く存在しないのに投資需要のみが自足的に存在できるなどということはありえません。ところが，投資需要そのものが労働力に対する需要を含んでいます。労働雇用拡大や賃金上昇を通じての消費需要増大をも含み込んでいるがゆえに，この投資需要の自立的そしてゆえに過剰な膨化という実相は，すぐには顕在化せず進行していくのです。しかし，労働力を吸収し尽くして完全雇用の壁にぶち当たったとき「好況」に暗雲がただよい始めます。雇用される労働者数はもはやそれ以上拡大はしませんから，消費需要の伸びも頭打ちになってきます。もちろん，完全雇用下で労働市場の需給がタイト化しますから，賃金が急激に上昇し消費需要の伸びの低迷に歯止めがかかるような現象が一時的には生まれます。しかし，「好況」過程での金利（均衡金利水準）や価格（均衡価格水準）の全般的上昇が実は企業のコスト負担を潜在的には増加させている状況においての賃金の急激な上昇は，企業の利潤を急激に侵食することになります。利潤の減少を食い止めるために賃金上昇は頭打ちにならざるをえません。最終消費需要の伸びが結局は頭打ちになり，投資の過剰膨化が露出し，生産設備の過剰や売れない商品在庫を抱えて企業は苦しむことになるのです。賃金を引き上げ消費需要を伸ばして投資過剰状態を緩和しようとしてもそれは企業の存立生命線である利潤の下落をもたらしてしまい，不可能です。消費需要が伸びないと投資の過剰が露出してきて，これまた企業の存立生命線である利潤が減少します。これはダブルバインド（＝二律背反）状況です。企業の投資意欲は衰え，急激

な縮小過程に突入します。「需要減少率＞供給減少率」状態＝「不況」への反転が，つまりは，開始されることになるのです。

簡単な数値を使って例示してみましょう。

最終消費財市場で競争する企業が10社あるとします。消費財需要が10単位増加するとき，これら10社が我先にこの増大する消費需要の獲得に乗り出します。それぞれの企業が他社よりも少しでも早く・速くこの追加10単位の消費財需要を我が物とするために投資を拡大するのです。市場全体でみれば，10単位の消費財需要増大に対して（10社×10単位＝）100単位の供給増大が対応することになるわけですが，事態はそれで，つまり単なる供給量過剰状態（→価格下落→需給一致均衡）で打ち止めになるのではありません。100単位の追加消費財を生産するためには，新しい消費財生産用機械と新規雇用労働者が必要になります。たとえば消費財1単位を生産するために消費財生産用機械1台と労働力0.1人が必要であるとすれば，消費財生産用機械100台と労働力10人——労働者1人の実質＝実物賃金は消費財1単位とする——に対する新たな投資需要が発生します。消費財生産用機械100台に対する投資需要に対して，消費財生産用機械を提供する別のたとえば10社が競合し，消費財生産用機械（100台×10社＝）1000台の増産が遂行されることになります。ここでまた新たな投資需要——消費財生産用機械を生産するための機械やそこに張り付く新規雇用労働者に対する需要——が発生し……という鼠算式投資需要拡大過程の進展が，極端に言えば，なされてしまうということです。この投資需要拡大過程で雇用される労働者もどんどん増加していきますから，家計の消費需要も増えていきます。つまり初発で現われている消費財の供給量過剰状態は投資需要の拡大過程で薄められるか，場合によっては供給量過少状態をも生み出したりするでしょう。この投資需要拡大過程は，だから一見すると，拡大する投資が実現するであろう最終需要の供給増大に対して最終消費需要拡大を自ら生み出すことに基づく拡大循環（＝「好況」）の様相を呈します。最終的には，しかし，完全雇用状態の下で雇用労働力の限界に突き当たり過剰投資を打ち消してきた消費需要増大に歯止めがかかり，消費需要を大きく超えての過剰投資傾向の側面が顕著に現われるようになってきます。この局面において，過剰投資を乗り切ろうと

して消費需要を喚起したくても，そのための手段は賃金の引き上げしかありません。が，賃金引き上げは利潤を食ってしまうという意味での壁に突き当たり，拡大循環は縮小循環へと反転してゆくのです。

　以上，「好況」過程を推し進める企業の投資行動それ自体が「不況」への芽を胚胎していることが確認されました。「不況」過程は完全雇用状態を緩和し均衡価格水準・均衡金利水準を下落させることによって企業のコスト負担を軽減させます。もちろん企業自身もコストを切り下げるべく生産性の上昇を追求するでしょう。生産性上昇の過程で新たな投資需要＝市場も開拓されるでしょう。そしてまた新しい「好況」過程が進行してゆくことになるのです。

　市場競争の中で生きていかざるをえない企業の投資行動の総和が「好況」状態を生み出すと同時に「不況」状態をも生み出すのです。膨らむときは鼠算式に膨らみ，しぼむときはこれまた鼠算を逆走しながらしぼんでゆくのです。労働者＝家計は，この世界では徹底的に受身です。個々の企業もまた，結局は自らの首を絞めることになるかもしれないが競争に生き残るためにはそういう道を歩むしかない，という意味においては受身なのかもしれません。

　現実には以上のような景気循環過程が純粋に100％展開することほとんどないでしょう。貯蓄等々の資産余力があり企業依存度が少ない家計もあるでしょうし，企業においても余力タップリとそうでないものとがあるでしょうし，生産性の上昇（＝コスト引き下げ）努力も絶え間なく行なわれるでしょう。需要動向や競争企業の動向を見通す技術の改善，そして新たな需要創出などの努力も日々怠りなく遂行されているでしょう。政府の介入も，当然，あります。

　とはいえ，しかし，市場競争が本質的に保有している〈無政府〉性は消えることはありませんし，その体質がもたらす景気循環の必然性が消滅することは決してありません。もしくは，この景気循環をもたらす体質は景気循環とは異なる形をとって現われることもあるかもしれません。景気循環を考えることは，色々と私たちの思考を刺激してくれそうです。

第4章

利益追求型人間類型
——〈需給法則〉を支える人間たち——

1 「魔法の石」

【例題㉙】
それを所有しているだけで1年間に1億円手に入る，そういう魔法の石がある。この石に値段をつけるとすればいくらが妥当か。前提条件を1つだけ付加して，誰もが納得せざるをえない適当な価格水準を導出しなさい。ただし，物価は将来にわたって安定しているものとする。さらにもう1つ，この石の取引に実際に参加する人たちがやり取りするおカネは，さしあたりは使う予定のない余裕資金である，としておく。

　この問題が解けない人は——他の面ではもちろん分かりませんが少なくとも——市場の構成メンバーとしては未熟です。
　市場の中で行動する人間——「経済人・経済主体」homo oeconomicus——を律する考え方の最大公約数的特質を考える問題です。
　「誰もが納得せざるをえない」という上記例題の文言は，〈誰もがその利害得失に照らし合わせてみて文句のつけようがない〉という意味です。
　ここでは値段——「魔法の石」の〈資産価値〉——が問題となっていますから金銭的な，ゼニカネで明示することのできる，利害得失に限定して考える必要があります。仮に石が売りに出されるとして，販売者はその値段以下では売りたくない，購買者はその値段以上では買いたくない，そういう金銭

的利害得失の妥協点を推理する問題です。

　類似問題を1つ，まずは解いてみましょう。
　〈現在の10億円と1年後の12億円のどちらかを選択する〉という問題です。今すぐ10億円もらうのと，1年後に12億円もらうのとではどちらを選びますか，ということです。実際にこのような状況に出くわしたら，それこそ個々人の置かれている状態・環境の差によって様々な解答＝選択が存在することでしょう。1年後などは自分も社会もどうなっているか分からず不安なので，とか，おカネがないので差し当たり今もらえる10億円の方を選択するという人もいれば，今はおカネには不自由していないので絶対額の多い1年後の12億円にする，という人もいるでしょう。ここでは，しかし，皆さんとりあえず今必要なものを購入するためのおカネには全く不自由していない，社会不安も自分の生命に対する不安も全くない，としておきましょう。おカネに対する窮迫感＝切迫感の程度とか社会の安定度に対する信頼の程度差とか自分の将来に対する自信の有無などという特殊＝個人的な事情を排除した上で現在の10億円と1年後の12億円との価値の大きさの違い，もしくは同等性を〈客観的〉（＝〈理性的〉？）に判断してもらいたい，ということです。
　さて，皆さんは両者の価値を比較するにあたってどういう物差しをあてて考えますか？　もちろんこの場合は金額という尺度で測るでしょう。単純に考えれば12億円の方が10億円よりも大きいのだから，12億円の価値の方が大きいということになるでしょう。これは，しかし，単純すぎて誤る可能性がありますよね。今＝現在という時点での10億円と12億円との比較ならばそう判断して全く差し支えありません。文句なく今12億円を貰っちゃった方が得です。でも，10億円と12億円との間には1年間という時間が介在しているのです。時間によって変化する何事かを，もしくは，時間と関わる何事かを考慮する必要があります。
　物価の変動，まずはこれです。1年後に物価が2倍になってしまうとすれば，明らかに現在10億円もらってそれ相当の商品を購入しておいた方が得です。1年後に12億円手に入れたとしても，その12億円でその商品を購入

することは不可能になるからです。当該商品は値上がりして 20 億円になってしまっているからです。場合によっては，売っ払っちゃえば——中古品とかナントカという問題は捨象します——20 億円手に入るのですから，1 年後に 12 億円貰う方を選択したときと比較すればその差は歴然としています。いわゆるバブルの時代——経済企画庁によれば戦後第 11 循環目に当たるこの平成バブル景気の上昇の出発点である谷は 1986 年 11 月，そしてピークである山は 91 年 4 月ということになっていますが，東証平均株価のピークは 89 年末の 3 万 8915 円，地価のピークは 90 年の秋でした——にはたとえば首都圏においては土地の値段が 1 年間で 3 倍に上昇しました。こんな状況が予測できる場合には値上がりするであろう商品を事前に買い込む動きが活発化し，そういう動き自体がまた値上がりを助長するなどということが起きるわけです。

　では，物価は変わらない，とするとどうですか。あと何を考慮しなければいけないでしょうか。

　思いつきましたか。

　金利……ですよね。

　仮に銀行の現行の預金金利（平均的投資収益率）が年 30 ％——現在の日本の実際の銀行預金の年利率はモチロンこんなに高くはありませんが計算の単純化のためにこのように設定しておきます——だとしておきましょう。皆さんは今 10 億円を貰いますか？　それとも 1 年後に 12 億円を貰うことにしますか？

　この場合は今 10 億円を受け取った方が得です。しかし，その 10 億円で 10 億円相当の消費財を買ってしまっては，ナンニモなりません。というよりは，そんなことをしてしまったら 1 年後に 12 億円を受け取ることに比べて明らかに損です。物価は変わらないのですから 1 年後に 12 億円貰って 12 億円相当のより高価で質の良い消費財を購入した方が断然お得です。では，その受け取った 10 億円をどう処理すれば 1 年後の 12 億円より有利だといえるのでしょうか。

　銀行に預ける，財テクする，そういうことです。年利 30 ％ですから 1 年後には 10 億円が 13 億円に増えているはずです。どう考えても現在 10 億円

頂いておいた方が得ですよね。

　次のような，計算がなされるのが一般的です。

　１年後の12億円の〈現在価値〉は，現在銀行に預ければ１年後には利子を付けて12億円となって戻ってくるところの元金に等しいのですから，12億円を「１＋0.3」で割り算してやれば，その商である約９億2300万円となります。これを１年後の12億円の〈割引現在価値〉と言います。現在の10億円の〈割引現在価値〉は当然10億円ですから，今の金利の下での〈現在価値〉を比較することによって，その優劣＝損得も明らかになる，ということです。

　こういう行動を取ることが〈合理的〉であり〈理性的〉であると，たとえば経済学は想定するわけです（経済合理性）。しかし，もちろん，この経済合理性という判断基準は机上の空論ではなく，まぎれもない現実の市場社会の常識です。金融ビジネスに携わる人々・おカネの有利な運用をめぐって血眼になっている人々は常に現実に，そしてほとんどの場合，瞬時にこのような損得判断をするように競争の中で強要され訓練され習慣づけられているのです。それでも数え切れないほどの損失を経験するわけです。相当なストレスが溜まるでしょう。外国為替のディーラーなどの大半は30歳代半ばまで持たないという話もあります。それほどのおカネも情報も持っていないし，またそれほどの気力？　をも持ち合わせてはいない私たち（私だけか!?）のような人々はもっとラフにドンブリ勘定で適当にやっていますから，厳密に〈合理的〉＝〈理性的〉にいつでも振る舞うというわけではモチロン当然ありません。そういう理由で経済学の想定している人間の行動類型はあまりにも厳密に〈合理的〉でありすぎて現実離れしている，という批判もあります。しかし，どんなラフな人（私）でも損はしたくないのですから，傾向としては〈合理性〉へと向かう力が内在し作用しているはずだ，といって決して間違ってはいないのではないかと思います。ただその力がそうスンナリとは，あらゆる状況・場において100％実現・貫徹するわけではない，という程度で理解・許容しておけばいいのではないでしょうか。〈合理性〉の仮定に対して，「厳密すぎる」，とあまりに厳密に（過剰に）反応し過ぎても仕方がありません。人間＝社会を100％──そもそも変動常なき人間＝社会には不動

の100％など存在しません──説明することなど所詮不可能なのですから大まかな傾向を指摘することでひとまず良いのではないでしょうか。矛盾した傾向の指摘も多々あるかもしれませんが，それは理論の矛盾というよりは人間＝社会そのものの有している矛盾であるということもままありうることなのです。

　さて，最初の問題，魔法の石の妥当な値段＝資産価値を求める問題に立ち返りましょう。
　もう解けますよね。
　「物価は将来にわたって安定している」のですから，付加すべき前提条件は1年間の金利（平均的投資収益率）の水準でしょう。適当に設定して解答を導き出して下さい。
　ここでは年利10％と想定して，以下考えていくことにしましょう。
　仮に，この石に20億円という値段が付いたとしましょう。売り手と買い手の立場に立ってそれぞれ考えてみましょう。
　その前に，1つ注意！があります。
　「この石の取引に実際に参加する人たちがやり取りするおカネは，さしあたりは使う予定のない余裕資金である。」という前提を問題で付加しておきました。魔法の石の所有者が緊急に20億円の現金がどうしても必要であるということになれば，この石の所有者は，この石が20億円の現金と同様の流動性（換物性＝商品購買力）を持っていない限りは，差し当たり必要な20億円と引き換えにこの石を販売することになる可能性が出てきますし，さらに，その緊急に必要な金額が仮に8億円であれば8億円で売ってしまうかもしれません。石をそのまま持ち続けていても，1年間で現金は1億円しか手に入らないのですから，どうしても現金が必要であればそういう動きが生まれることは否定できなくなります。買う方にしても，たとえ3億円という値段であったとしても，持っているその3億円が生活のため，もしくはビジネスのために今すぐどうしても使わなければならないおカネであるのならば，当然，この魔法の石を購入することはないでしょう。以上のような諸事情は現実の世界では往々にしてありうることです。これらの諸事情が現実の市場においてなんらかの作用を及ぼすことは確かです。しかし，アレもコレ

もと特殊な条件（＝支流）を増やしていってしまっては大きな流れ（＝本流）を，結局は見失うことになります。
　以下の推論は，それゆえ，ひとつの，しかし強力な傾向として貫徹する，ということになるのです。
　話を元に戻しましょう。
　年利10％の下でこの石に20億円という値段が付いたとします。
　もしあなたがこの石の所有者であり，売り手であるとしたら，その20億円という価格設定に対してどのように反応しますか？　20億円で喜んで売りますか？　それとも売るのは損だからもっと高い値段を要求しますか？　当然，金銭的損得計算をすれば，売り！　ですよね。20億円で販売して，手に入れたその20億円をたとえば銀行に預ければどうなりますか？　年利10％なのですから，1年間で2億円の利子がつきます。石を売らないで持ち続けていても1年間で1億円しか手に入りません。明らかに売って銀行に預けた方が得です。では買う立場に立てばどうですか。当然，20億円などという値段でこの石を購入なぞしたら大損です。石なぞ買わないで購入資金として持っている20億円を銀行に預けて，1年間で2億円の利子を受け取った方が得でしょう。20億円という価格設定では，つまり，売り手と買い手との損得が一致しないので交渉不成立に終わってしまうことになるでしょう。売り手にとっては得ですが，買い手にとっては損，ということですから売買が成立するわけがありません。
　では，5億円という値段の場合はどうでしょうか。もうクドクド言いません。売り手にとっては損，買い手にとっては得，です。当然売買は成立しません。
　ここでもう1つ注意を喚起しておきましょう。
　5億円を所有していて，この魔法の石をその所持金と引き換えに手に入れるという選択にはヤハリ納得できない，という人が中には依然として存在しているかもしれません。その理由は次のようなものです。

　〈1年間当たりの収益獲得力は魔法の石の方が5億円よりも確かに大きい。石は1年間で1億円をその所有者にもたらしてくれるが，5億円は金利10％から算出される5000万円しかその所有者にもたらしてはくれないか

らである。しかし，やはり，私は買わない。どうしてかというと，石は石であり，5億円という現金ではないからだ。1年間にもたらされる利益＝収益は石の方が上回るとしても，本体同士の価値を比較すれば，石よりも5億円の方が大きいことは一目瞭然ではないか。たとえば1年間で比較すれば，石と現金1億円を所有している状態と5億円と利子の5000万円を所有している状態とでは明らかに後者の方が4億5000万円も多いではないか……。〉

　このような考えをどう思いますか。
　前提としてさしあたり緊急に現金は必要ない，と想定しています。ですから，ここでは，いま現在，手元にある現金の大きさは問題とはなりません。ここで比較の対象となっている石は資産価値を持ったものであり価格がゼロのタダのイシコロではありません。「たとえば1年間で比較すれば，〈石と現金1億円を所有している状態〉と〈5億円と利子の5000万円を所有している状態〉とでは明らかに後者の方が4億5000万円も多いではないか……」とは，だから，決して言うことはできないのです。石は資産価値を持ったものですから，妥当と認められる水準の価格で売ることができるものなのです。つまり，この石は，もちろん現金と同等の流動性（＝直接的な商品購買力）を保持してはいませんが，タダの石なのではなくて，現金の一定額に換算でき，そして，いつでも現金化できる，そういう石なのです。
　さて，それでは，この魔法の石は一体いくらに換算できるものなのでしょうか。
　結局，妥当な価格というのは20億円と5億円との間……，というふうに考えを詰めていけば，10億円という水準に落ち着くはずです。
　この10億円という水準よりも高い価格の下では，売り手は得をし買い手は損をすることになり，逆に，10億円未満の水準では売り手が損をし買い手が得をすることになるのです。10億円以外の価格設定の下では売り手と買い手の利害が相反してしまい売買が成立しないのです。
　市場力学的に展開すれば20億円の場合には売り手にとっては利益が大きいですから売り圧力＝供給圧力が強まり，逆に買い手にとっては利益があり

ませんから買い減少圧力＝需要減少圧力が強まるということになります。つまり需要圧力より供給圧力の方が大きいということですから当然——つまりは〈需給法則〉に則って——価格には下落圧力が加わります。5億円の場合にはこれと逆に供給圧力よりも需要圧力が強まりますから価格上昇圧力がかかるということになるのです。10億円に向かっての求心力が，市場においては作用するのです。この10億円という価格水準は，それゆえ，市場価格の変動の重心ということになります。

この10億円を計算で求める場合には次のようになるでしょう。

$$1 \text{億円} \div 0.1 = 10 \text{億円}$$

　一定期間——ここでは，1年——で得られる収益額をその同じ一定期間の収益率の世間相場で割る，という計算です。この式で求められる価格——この場合は10億円——を，〈収益還元価格（ファンダメンタル・ヴァリュー，ファンダメンタルズ価格）〉と言います。

　この式の元になるのは次のような方程式です。

$$(\quad) \times 0.1 = 1 \text{億円}$$

　（　）の未知数は，年利10％のとき，それを所有することによって1年間に1億円の利益（インカム・ゲイン income gain）をもたらしてくれる元本を表わしています。

　インカム・ゲイン（＝資産性所得＝財産所得）とは所有していることによって得られる利益のことであり，キャピタル・ゲイン capital gain（＝資本利得＝譲渡所得）とは売ることによって得られる利益＝値上がり益のことです。もう少し厳密に言えば，インカム・ゲインとはその所有物が一定の利益（＝付加価値）を生むことに貢献したということの証であり，その所有物の生産要素としての貢献度に応じた分け前＝報酬なのです。魔法の石は，だから，現実の世界ではやはり魔法の石でしかない——持っているだけで経済的利益（＝付加価値）の産出に何の貢献もしない場合にはインカム・ゲインの発生は原理的にはありえない——のです。キャピタル・ゲインは値上がり益ですからその実体は経済的利益（＝付加価値）の産出に対する貢献とは何の

関係もありません。値上がりそのものはもちろん単に善悪の問題ではなく，基本的には需要増大もしくは供給減少というベクトルが作動し需要量過剰もしくは供給量過少状態が発生することによって生じます。そこから得られる利益は，需要量過剰もしくは供給量過少状態というものが自然発生的なものであれば，ひとまずは——濡れ手で粟 an easy profit だとはいえ——容認せざるをえないでしょう。それが，しかし，意図的に追求されたり，そういう〈濡れ手で粟〉的収益を元にして収益還元価格が算定されて横行すれば価格メカニズムによる社会的再生産のバランスの維持は必ず攪乱されることになるでしょう。

2 労働力という商品について①

　それともう1つ考えておきたいことがあります。
　この収益還元価格というのは，結局，経済的収益＝貨幣的利益を産み出すものにのみ価値＝商品価値を認めるという市場社会の〈常識〉的現実を確認し・容認している概念です。収益還元価格の考え方それ自体は十分に合理的（＝市場合理的）なものでした。皆さんもその理屈を，現実的にも妥当なものとして認めざるをえなかったと思います。
　収益還元価格の考え方に基づけば，収益を生まないものは価格がゼロになります。たとえばあるモノがどんなに費用をかけて生産されたとしても，それが商品として市場に出回っても，利益＝貨幣的利益を生まなければ無価値だということです。
　利益がなくても，しかし，価格がついて売られそして買われているのではないか，という反論もあるでしょう。利益が出なくても，投資した資本のいくばくかを回収するために，売られそして買われることは確かにあるでしょう。しかし，それはもう二度と市場に出回ることはないでしょう。商品としては完全に不良品だった，商品の供給としては失敗であった，ということになります。この場合，不良品であることを確定する〈ひとまず〉の主導権は販売側にあります。買う方は，安ければそれでいい，ということもあるでしょう。販売者に利益があろうがなかろうが，買う側にとって〈ひとまず〉は

どうでもいいことです。売る方は、しかし、利益が全くないということになれば、そのような商品の取り扱いは中止するでしょう。買う側が今後も引き続き――たとえば当該財が消耗品などである場合――購入したいのであれば、こういう事態は購入する側にとっても結局は「どうでもいい」などとは言っていられないということになります。利益があるということは売る側にとって必須の要件ですが、買う側にとっても、少なくとも時間を置いての２回以上の繰り返しの購入が必要な財であるのならば、売り手側が利益を算入して価格付けすることを認めざるをえないという意味で、生活を持続的に維持してゆくにあたっての必須の要件である、ということになります――〈ひとまず〉という限定はそういうことです――。

　もう一度、確認します。収益還元価格の理屈とその現実的妥当性は皆さん、納得しましたよね。収益＝貨幣的利益を生まないものの価格はゼロだ、ということです。収益を生まないものは市場経済的には無価値である、ということです。これはすべての商品に当てはまります。商品であるためには利益を生むということがその存在の必須の要件である、ということです。

　雇われて働いている給与所得者の場合、彼ら・彼女らの労働力（＝労働能力＝〈体力・気力・知力の可能態・潜勢態〉）も商品です。労働市場で売買される商品です――〈時間決めで売買〉＝〈レンタル〉されていると言う方が正確かもしれませんが――。この労働力も商品である限りは、利益を生まなければその商品価値（＝雇用価値＝雇用される能力 employability）はゼロだ、ということです。労働力も、それが産み出す利益＝収益があってはじめて価格という〈商品印〉を身にまとうことができる、ということです。

　あなたが人を雇って事業を始める場合を想定して下さい。

　人件費として１億円用意しているとしましょう。１人当たり年俸 500 万円で 20 人と契約＝雇用するとします。一般的・平均的金利が年 10 ％だとすると、契約に基づき被雇用者たちが１年間にわたって提供してくれた労働の結果としてあなた（の会社）が１億 500 万円の収入を得たとしたら、あなたは満足するでしょうか。〈市場人〉としては、当然、不満を持つはずです。人を雇って事業など始めないで、用意していた１億円を銀行にでも預けておけば１年後には、年利 10 ％ですから、１億 1000 万円が手元にあることになり

ます。もしも，あなたが雇用する人々の産み出すであろう収益があらかじめ合計500万円であると分かっていれば，20人に支払う（＝投資する）給与額は年間で5000万円——1人当たり年俸250万円——以下ということになるでしょう。この労働者たちがもしも1年間で彼らの給料分に相当する1億円しか産み出さない——あなたの（会社の）年収入は1億円——とすれば，もはやあなたは彼らを雇って，つまり1億円を労働力商品に投資するというビジネスをやることを諦めるでしょう。そのとき，その20人の労働力は商品としては価格ゼロであって，価値のない不良品としてこの労働市場から排除される，ということになるのです。

　雇用者＝企業のためにどれだけの収益を確保させることができるのかということが，一般的・平均的収益率という要因と並んで，労働力商品の価格水準を決定する非常に大きな要因なのです。収益をもたらさないとなれば，たとえ賃金分を再生産する能力（自己維持能力）があっても——市場社会から解放された自由な目で見ればそれ自体小さくはない能力だとは思いますが——，雇用する側からはとても賃金など払う気になどなれない，ということです。

　雇用される賃金労働者＝給与生活者たちの置かれているこのような立場——社会における位置——は，トニモカクニモどこかに就職して一生懸命働かざるをえない……ただ働くだけではなく，会社に利益をもたらさなければ意味がない！　会社は慈善事業じゃないんだからねぇ！　……などと日々執拗に促迫・強要される……自らの労働の意味を自分の来し方行く末なども考えながらユックリと吟味する暇もなく……結局それしか能がないんだからショウガナイ……などと半ば冗談・半ば本気で……半ばカラ元気・半ばホントにモーレツ気分で……トニモカクニモ自分を納得させながら稼ぎ！　稼ぎ！　稼ぎ！　……と頑張らざるをえない……そういう地点に人々を誘導しているように思いますが，考え過ぎでしょうか。

3　労働力という商品について②

　ついでに確認しておきます。
　①魔法の石のもたらす収益は魔法の石の所有者の得るところとなること，

そして，魔法の石の所有者が魔法の石を売れば，魔法の石がもたらす収益はもちろん石を買った新しい所有者に移るということは，誰もが同意するでしょう。収益は，それを産み出したモノ，にではなく，その所有者に帰属する，という構図です。
　②所有物を自由に処分する権利を所有者は持っていること，魔法の石の所有者が自分の所有物である魔法の石を売ろうが売るまいが，床の間に飾っておこうが物置の中に放り出しておこうが，ハタマタ叩き壊そうが……自由であること，これにもおそらくは同意する・同意せざるをえないでしょう。
　以上①と②は，労働力という商品，そしてその所有者，については当てはまるのでしょうか。
　先に，次のように私は述べていました。

> 雇われて働いている給与所得者の場合，彼ら・彼女らの労働力も商品です。労働市場で売買される商品です──〈時間決めで売買〉＝〈レンタル〉されていると言う方が正確かもしれませんが──。

　この文章を読んだとき，疑問を感じた人は，おそらく皆無に近い，と思います……ということは，「雇用労働力が商品であること」を誰もが認めている，ということです。
　「労働力という商品の所有者」についてはどのように考えますか。
　労働力は当の労働者たる人の所有に属する……のでしょうか。
　雇われる前ならば，疑問の余地なく誰もが認めるでしょう。
　雇われた後は，しかし，どうなのでしょうか。
　たとえば今の日本の社会において，会社の販売収入・収益は会社のものであって雇用労働者たちのものではありません。これを認める人は──つまりほとんどの人は，ということですが──，雇用者＝企業の提供する賃金という名の購買代金と引き換えに労働者が雇われた時点で──労働力を雇用者＝企業に販売した時点で──労働力の所有権は，販売者である労働者から購買者である雇用者＝企業へと──もちろん雇用契約期間の間だけですが──移転している，ということを認めていることになります。労働力が貢献するこ

とによって産み出された収入・収益はその労働力の所有者に帰属する，はずだからです。労働力は，雇用後は，雇用者＝企業の所有物となることは，ですから，皆が認めていることなのです。①については，つまり，現在の社会において，日常的に意識しているかどうかは別として，合法的〈常識〉となっているのです。②については，しかし，どうでしょうか。労働力の所有者である雇用者＝企業は，その労働力の自由処分権を手に入れている……理屈では，そうなるはずです……が，取引＝売買対象として１つの商品というモノになっている＝物化しているとはいえ，労働力は単なるモノのようには自由に処理できない……のです。人間は労働力を自分の生身の身体から分離して単なるモノのようには販売・購買できないからです。生身の人間から労働力だけを取り外してやり取り・処分はできないからです。雇用者＝企業としては〈常識〉に則って労働力を自由に処理・処分したいでしょうが，雇われているとはいえ生身の人間としての賃金労働者は勝手気ままに処理・処分されてはたまったものではないでしょう。摩擦や軋轢や矛盾がこの圏域では発生してきます。

　K. マルクスは，この辺りの問題を〈労働疎外＝搾取〉論として探究＝展開しました。〈疎外＝搾取〉とは，自分の労働そして生産物とそれが支え・創り出す〈社会〉が自分を振り回し抑圧する——しかも自由対等な交換を通じて合法的に——，という状態を指します。完全なるモノのレヴェルにおいて〈常識〉と化している①や②の論理が孕んでいるこのような問題は，商品関係が生身の人間・自然関係を律しようとするときにはいつでもどこでも形を変えておそらくは絶え間なく産出され続ける問題であるでしょうから，皆さんもジックリと考えてみて下さい。

　以下，マルクスの考え方——と私が勝手に解釈しているもの——の内容の一端を，超単純化して，無理矢理の接木ではありますが，示しておきます——本書それ自体が無理矢理の接木の連続ですからマアイイカ！　気分でご容赦あれ——。

　１人の猟師がいます。彼は山に入って１日８時間かけて狸を10匹仕留めていました。１匹の値段は１万円，総額10万円の収入になりました。この10万円は猟師の８時間労働に対する報酬であり社会の評価です。

ある日を境に，状況が変化しました。山に地主が現われたのです。それまで山は誰のものでもありませんでした。地主は8時間の使用料として5万円を要求します。猟師はそれに従わざるをえません。従前のように勝手に入山すれば不法侵入として罪に問われることになったからです。彼は依然として8時間で狸を10匹仕留め，それらを1匹1万円，総額10万円で売ることはできました。彼の実収入は，しかし，販売収入の10万円から山の使用料5万円を差し引いた残りの5万円に減少してしまいました。彼の8時間労働に対する報酬＝評価は半減したことになります。彼自身は何も変わってはいません。

　さらに状況が変化しました。今度は7万円の資本金を所有している資本家が登場します。彼はまず地主と山の使用契約を結びます。5万円で8時間分の使用権を手に入れるのです。地主としては猟師と契約するよりも即金での収入が確保される資本家との契約を選好します。困るのは猟師です。資本家が猟師に提案します――2万円の賃金で君を雇おう，と。山の所有と利用とから排除されている猟師は，この資本家の提案を結局は受け入れざるをえません。さもなければ彼は生きていけないからです。2万円前払いで受け取って賃金労働者となった猟師は山に入って8時間で狸を10匹仕留めますが，狸とその販売収入の10万円はもはや彼のものではなく資本家のものです。資本家は7万円の資本を回収し，さらにそれを上回ること3万円の利潤を手にすることになるのです。猟師の8時間労働に対する報酬＝評価は2万円へと減少したことになります。地主との取引きにおいては，獲物の販売金額の一部を猟場である山の使用代として地主に渡さなければならないとしても，獲物の第1次的な所有権はまだ猟師のものでした。資本家の登場以降は猟師は賃金労働者として雇われる身になるのであり，最終的な獲得物のさらなる減少だけではなく，獲物の第1次的な所有権は資本家のものとなってしまうのです。で，ここでもまた，しかし，彼自身は何も変わっていません。

　猟師は相変わらず8時間で10匹の狸を仕留めているのに，彼の労働に対する報酬＝評価は変化していくのです。〈必然性〉という名のこの社会的変化に乗っかっていく＝振り回されることによって転位するしか猟師の生きてゆく術，生の連続性を確保してゆく術はないのです。猟師はそのような交換

の場で生きていかざるをえないのです。彼自身の労働そして生産物とそれが支える〈社会〉の彼自身との関係の在り方は，今の私たちの〈社会〉との付き合い方と共通する面を持っている気がします……が，どうですか。

閑話休題。
市場社会において，その構成メンバーである人々に典型的な行動様式＝〈合理的〉行動様式は，とにかく損をしないことであり，できれば得をすることです。損得の物差しは貨幣（量）です。上記の猟師でさえ，短期的に見れば，できるだけ損が少なく得を多く，という行動様式をとってはいるのです。
この単純な原理を使っていくつかの問題を解いてみましょう。

4　株価と金利

【例題㉚】
額面が 5 万円で年配当率が額面の 5 ％の株式がある。平均的・一般的な金利が年 10 ％であるとき，この株式の妥当な価格（時価）を求めなさい。

簡単でしょう。
この株式のこの時点での収益還元価格を求めればいいのです。
この株式の 1 年間の収益額を，まず計算します。株式を所有していることによって得られる収益とは配当金のことです。額面の 5 ％ですから

$$5 万円 \times 0.05 = 0.25 万円（= 2500 円）$$

となります。
1 年間で 2500 円の収益をもたらしてくれるこの株式を，あなたならいくらで売りますか。魔法の石のケースと同じですが，繰り返しを厭わないで少していねいに考えてみましょう。

たとえば2万円という値段であればどうですか。もしくは3万円であればどうでしょう。

　2万円なら売らないでしょう。どうしても今2万円という現金が必要だという事情にない限り，この株式の所有者は売りはしないでしょう。売って手に入れた2万円を銀行に預けても1年間で10％の金利ですから，2000円の収益しか生みません。株式を持ったままで1年間に2500円の配当金を受け取る方が利益は大きいからです。つまり供給圧力は非常に弱い，ということです。逆に，買い手（需要）は殺到しますね。差し当たりは使う予定のない2万円であるのなら，銀行に預けて1年間に2000円の利子を受け取るよりは，株式を購入して1年間に2500円の配当金を貰った方が明らかに得だからです。ということは，供給圧力よりも需要圧力が強いわけですから，この株式の価格には上昇圧力がかかるでしょう。

　そしてたとえば，3万円の値段がついたら売った方が得でしょう。売って手に入れた3万円を銀行に預けて利子の3000円を1年間にもらった方が株式の年2500円の配当金よりも明らかに有利だからです。つまり，3万円という値段の下では供給圧力が需要圧力を上回り，価格下落圧力が加わることになります。

　この株式の価格は，今までのところ，2万円だったら上昇し，3万円であれば下落する，ということが判明しました。こう考えてゆくと，2万5000円以上では価格下落圧力が加わり，2万5000円未満では価格上昇圧力が加わる，ということになり，結局は

【解　答】
　2万5000円

という水準が落ち着くべき重心＝妥当な価格であるということになります。
　収益還元価格を求める公式で計算すると，次のようになります。

$$2500 円 \div 0.1 = 2 万 5000 円$$

　さて次に，上記の数値例のままで

【例題㉛】
金利が10％から5％に下落したら，株価の水準はどうなるでしょうか。配当率は相変わらず額面の5％であるとする。

　金利の変動と株価との関係は新聞紙上などにおいてもよく取り上げられます。さてどうなるのでしょうか。直感的には，株価には上昇圧力がかかるだろう，と予測できます。金利が下がってしまうということは，たとえば銀行に預金しても，手に入る利子額が減る，ということです。株式の配当金の水準は変わりませんから，株式を所有する方が銀行におカネを預けるよりも相対的に有利になる可能性が高まります。財テク目的で資金を運用している人々が，銀行からおカネを引き出して株式を購入するべく株式市場に移動してくる可能性が高まるということです。株式市場において需要増大圧力が高まれば，〈需給法則〉からいって当然，価格上昇圧力がかかるわけです。つまり，株価上昇圧力が作動する……というふうに直感的には言えるだろうということです。

　しかし，理論的にどのくらいの上昇圧力がかかるのか，という形でこの直感的結論をしっかりと示し・補強しておく必要があるでしょう。

　金利が変化しただけです。株式の額面価格は変わりません。額面価格というのは額面に印刷された価格であり，どのように経済状況が変化しても決して変化しません。

　この株式の時価は，つまり，現在価値と言われるものはいくらに変化するのでしょうか。

　簡単ですよね。

　例題㉚では金利が10％のときの株価（時価）を求めました。同じ考え方で金利が5％のときのこの株式の価格つまり収益還元価格を導出すればいいのです。収益である配当金は以前と変わらずの〈額面額×0.05〉で1年間で2500円です。金利が年5％のときに利子という形で2500円の利益＝収益を手に入れるためには，元金としていくら必要でしょうか。

　そうです。

$$2500 円 \div 0.05 = 5 万円$$

　つまり，1年間に2500円をもたらしてくれるこの株式は，現時点（の金利状況）において銀行に預ければ1年間に2500円をもたらしてくれるところの元金5万円と，その収益力において等しい——そういう意味でこの株式の資産価値は5万円と等価である・5万円に匹敵する——，ということになります。
　金利が下落すれば，結局，

> **【解　答】**
> 株価（時価）には上昇圧力が加わる。

ということです。
　〈需給法則〉のところでの説明を踏まえて，正確に言えば，

株価変動の重心が2万5000円から5万円へと移動する

ということです。
　蛇足になるかもしれませんが，この「正確に言えば」ということの説明をしておきましょう。
　金利が下落する直前の株価が，もしも7万円であったとします。この場合は，金利が下落して株式市場において株価上昇圧力が加わったからといって，株価が7万円という水準を超えて上昇するということを意味してはいません。現実の株価は，逆に下落するでしょう。だからといって，金利が下がれば株価上昇圧力が加わる，ということがマチガイであるということにはなりません。金利が10％のときに実際の株価が7万円であれば，このような水準の株価には，そのときの重心である2万5000円に向かって激しい下落圧力が加わっていたでしょう。そこで金利が5％に下落したとしても，重心は依然として7万円よりは低い5万円に移動しただけですから，この7万円という株価の水準には下落圧力が加わったままです。ただし，重心が上昇した分だけ上昇圧力が加わりましたから，株価の下落の勢いは弱められた，ということです。仮に金利が下落する直前の株価が5万円であれば，金利が下落して

いなければこの株価には2万5000円に向かっての下落圧力が作用することになりますが、金利が下落して重心が5万円になれば下落圧力はこの上昇圧力によって相殺され、5万円という株価水準はそこでバランスする、ということになるのです。

　状況が変化する前の株価がどのような水準にあるのかによって、たとえば金利下落の結果としての株価上昇圧力は、そのまま株価を上昇させる——もしくは加速させる——形で現実化することもあれば、株価の下落圧力を緩和する・弱めるという形で現実化することもある、ということです。

　整理しておきましょう。

　金利が下落すると株価には上昇圧力が作用し、金利が上昇すると株価には下落圧力が作用する、ということです。後者については、各自、確認しておいて下さい。

　〈金利の変動が株価に与える影響〉をみたついでに、逆の関係、つまり〈株価の変動が金利水準に与える影響〉についても触れておきましょう。

【例題㉜】
額面5万円で年間配当率が額面の10％の株式がある。この株式の現在の時価が額面通りの5万円であり、銀行の預金金利は年10％であったとする。このとき、株価が4万円に下落したら金利には上昇・下落、どちらの圧力が作用するか。

　一見すると、もしくは初めて見ると、何だか難しそうに感じるかもしれませんが、皆さんにとってはおそらく察しが何となく？　つくでしょう。

　理屈は単純です。

　価格が下落した後の、この株式の利回りはどうなっているでしょうか。価格は4万円ですから、もちろん4万円で購入できます。そして配当は、というと、額面の10％であり、額面価格は5万円で当然変化しませんから、年5000円となります。つまり、4万円を投資して1年間で5000円の見返りがあるのですから、年利回り——キャピタル・ゲインは考えないものとします

——は 12.5 ％です。

　貨幣市場——銀行——ではどのような動きが始まるでしょう。

　あなたが銀行におカネを預けているとすると，そして損得勘定に基づいて厳密に行動する〈合理的経済人〉であるとすれば，どうしますか。銀行に 4 万円預けているとして金利は年 10 ％ですから，1 年間で得られる利子額は 4000 円です。株式を購入すれば 4 万円に対して年利回り 12.5 ％で 5000 円の配当があります。明らかに，株式を購入した方が得です。もちろん，利子額と配当金額との比較だけで即座に銀行預金を解約して株式の購入のための資金とする，などということは現実にはありえないでしょう。株価の下落がインカム・ゲイン狙いの株式投資の魅力を高める一助となることは，しかし，確実です。株価の下落は，貨幣市場から株式市場への資金移動を促す力として作用する面を持っている，ということです。貨幣市場から資金が出てゆくことを促進する，ということです。貨幣市場からの資金の流出は，貨幣市場への貨幣商品の供給が減少することを意味します。貨幣商品の供給減少は，〈需給法則〉に則って当然，貨幣商品の価格の上昇圧力となります。貨幣商品の価格とは金利——より正確には〈元金＋金利〉——のことでした。

　株価下落の結果として，つまり，

> 【解　答】
> 金利上昇圧力が作用する。

ということになります。

　逆に，株価の上昇は金利下落圧力として作用するのです——確かめてみて下さい。

　例題❸➊も例題❸➋も，実は，収益還元価格を求める公式からアッと言う間に解答そのものは求められます。

$$収益還元価格 ＝ 収益 ÷ 金利$$

でした。この収益還元価格を株価（＝理論的に妥当な株価）に置き換えればいいのです。

$$株価 = 配当金 \div 金利$$

となります。

　株価は金利が上昇すれば下落圧力が加わり，下落すれば上昇圧力が加わる，ということが一目瞭然です。

　さらに，この式を金利において解けば

$$金利 = 配当金 \div 株価$$

となります。

　金利には株価の上昇・下落に反比例して動く圧力がかかること，これまた一目瞭然です。

5　地価と金利

　地価にも収益還元価格というものがあります。〈その土地を経済的に有効利用することによって得られる収益〉と〈世間一般の平均的収益率（たとえば金利）〉とに基づいて算定される土地の価格です。ここでいう収益とは，キャピタル・ゲインではありません。購入価格より高い値段で販売することによって手に入れる利益ではありません。あくまでも「経済的に有効利用する」——なかなか微妙な表現？　ではありますが——ことによって獲得する利益です。工場やショッピングセンターやオフィスビルを建てることによって土地が何らかの経済財生産のために利用され，その結果供給された商品の売上高（厳密には付加価値）の一部が地主の手元に地代として入ります。経済的に有効利用された見返りとしてのこの地代が，収益還元価格で言うところの収益になります。経済的に全く有効利用されない土地は，それゆえ，経済財の生産に寄与することに根拠を有する収益を生み出すはずがないのですから，収益還元価格という考え方から類推すると，価格はゼロになって然るべきだ，ということになります。何の利用もされないままに放置されているような土地が，転売を重ねながら価格が上昇していくなどという事態は，このような考え方からすれば，〈非合理〉極まりない，ということになります。

「1つの数字を日本不動産鑑定協会で聞いた。/「千もの市町村で，公示地価や固定資産税の標準地の値段がゼロになる」/賃貸ビルなどを建てた場合の収入から地価を逆算する収益還元法で土地を鑑定すると，利用価値のない土地に地価はつかない。国土庁が95年の公示地価からこの方法を重視する姿勢を打ち出したのを受け，試しに全国の地価を洗い直したら，こんな結果が出そうになった。/「これを表に出すわけにはいかない」。結局，収益還元法による算定は途中でやめ，これまで通り，「隣がいくらだからこの土地の値段はこれくらい」と決める取引事例法を基本に地価をはじいて公表することになった。」(「2020年」取材班「2020年からの警鐘第8部　土地の反逆2　地価ゼロの封印──収益を無視し資源配分歪む──」『日経』1997年8月27日)

　転売されてゆくだけでどんどんその値を上げていくような土地を買うためにこれまたどんどん働く・働かざるをえない人々──そして不況が来て会社が潰れ住宅ローン返済不能に陥り自己破産する人々──，もしくはまるで封建地主に収奪的な地代を徴収されているかのような高い賃料を支払って賃貸住宅に住む多くの人々の存在は，決して称揚されるべきものだとは思えません。そういう多くの働く・働かざるをえない人たちにとって，自分たちを振り回すバブリーな地価がはびこるその根を断つことは大歓迎でしょう。
　地価に反映する・反映させるべき収益に関して言えば，経済財の生産に寄与したからといって手放しで認めてしまってはもちろんダメでしょう。売れれば何でもいいのか，という歯止めの問題です。バブリーな価格に対する点検だけではなく，経済的に有効利用されていると言われている場合についても，絶えざる点検は必要です。経済的〈自由〉の問題と重なってきますから非常に難しいことではありますが，働く人々の人生の生き方の選択や決定に関する〈自由〉度がバブリーな土地価格の跋扈によって相当制限されていることを考えれば，まさに〈自由〉の中身をめぐる根本問題として避けられはしない論点であると思います。L.ワルラスは〈自由〉競争を阻害するものとしての土地私有を批判しその公有化を主張しましたが，土地を商品として取引することの是非を私たちも色々な角度から検討してみる必要はあるでしょう。

第II部

マクロ・バランス

第5章
需給バランスを保った社会的再生産モデル

1 社会の安定的維持(＝再生産バランス)

　どんな社会であってもそれなりに，それなりの仕方で，需要と供給のバランスをとっています。どんな社会であっても人々はそれなりに，それなりの仕方で，需要を形成し，それに見合った供給が存在する・もしくは存在しようとする……はずです。

　「それなりに」というのは，歴史貫通的に普遍的な最良の需給バランスというものがあるというわけではないということです。ある時代の需給のバランスが別の時代にはとてもじゃないが受け容れられない，ということはいくらでもありうるということです。封建的な身分の存在を維持してゆくことを可能とする需給のバランス水準というものもあるでしょうし，そんな身分などとっぱらってしまって，自由な諸個人が自由に振る舞うことを可能にするような需給のバランス水準というものをもまた考えることができるのです。

　「それなりの仕方で」ということは，それぞれの時代に特有な需給一致水準への到達経路の設定とその合意の在り様において，またそれぞれに様々でありうるということです。K. ポランニー (Karl Polanyi, 1886‐1964) によれば，たとえば，互酬，再配分，市場という3つのパターンが指摘されたりしています (K. ポランニー『大転換』1944年，吉沢英成他訳，東洋経済新報社，1975年)。

　どんな社会であっても需給のバランスが糸の切れた凧のように不安定で，その落差が大きくかつ持続するというような状態にあっては，当該社会を維

持してゆくための安定度はきわめて低いであろう，ということは何はともあれハッキリしています。

　市場に特有な仕方で，需給のバランスをとっているのが現代の私たちが住んでいる資本主義的秩序という時空間である，ということになります。

　社会の再生産と絡めて捉えることができるマクロなレヴェルでの需要と供給の連関について，これから見ていくことにしましょう。ミクロな私たちの動きが作り出すものである，と同時に，ミクロな私たちの動きを規制するものでもあるマクロな人間社会の再生産に関わる連関です。

　ただし，以下，貨幣は価格表示単位として示されるにすぎず，明示的には登場しません。「明示的に登場する」というのは経済の再生産連関に積極的・能動的な影響を——もちろんプラス・マイナス共に——与える存在として「登場する」ということですが，ここでは，商品価値を価格として尺度＝表示し商品交換＝流通を円滑に進める機能を100％受動的に遂行するだけの単なる流通手段的存在として——A. スミス（Adam Smith, 1723 - 90）言うところの「流通の大車輪，商業の偉大な道具」（『諸国民の富（国富論）』1776 年）つまりは実物経済の潤滑油として——貨幣は位置づけられ前提されています。そういう意味において，ここでの「ミクロ／マクロ」という言葉の使い方は一般的用法には馴染まないものかもしれません。私としては，しかし，論旨展開においてそこに重大な問題とするべきマイナスがあるとは思いませんので無視して進んでゆくことにします。

　「ミクロ／マクロ」という言葉の一般的用法というのは，ただし，たとえば，次のようなものです。一般的用法とやらが気になって先に読み進めないという人のために，紹介しておきます。

　　「……貨幣が存在しないと，ある財・サービスを他の財・サービスと交換するさいに膨大な費用が生じるのです。交換をおこなうには，財・サービス相互の交換比率や，財・サービスの売り手や買い手はだれか，どこにいるか，などの情報をもっている必要があります。貨幣がないと，この情報入手にばく大な費用がかかる可能性があるのです。逆に，貨幣があると，この情報入手の費用を軽減できるのです。／ミクロ経済学の

交換の理論は，このような情報がすでに存在するという前提のもとに組み立てられています。たとえば，財・サービス相互の交換比率や，財・サービスの売り手や買い手がだれか，どこにいるか，などの情報を経済主体ははじめからもっていると仮定されます。このような想定のミクロ経済学の世界では，その前提のゆえに貨幣の存在理由がありません。そのため，分析に貨幣は決して登場することがないのです。逆に言えば，ミクロ経済学をもってしては貨幣を分析することは不可能です。／……／歴史的経験の語るところによれば，貨幣が過剰に供給されるとインフレーションが起き，過小に供給されると不況が起きることが知られています。このように貨幣はその性質を通じてマクロ経済全体に甚大な影響を与えます。マクロ経済学とは政府行動がマクロ経済に及ぼす影響を研究する経済学です。このために，マクロ経済学の研究においては貨幣の効果の研究が大きな部分を占めます。こうして，貨幣はマクロ経済学では頻繁に登場することになります。」（金谷貞男『貨幣経済学』新世社，1992年，2-3頁，傍点原文）

2　〈剰余〉が存在しない場合

1）　実物（＝物量）連関

　独立した経済圏を形成し構成する社会を想定します。

　構成メンバーは100人です。扶養家族・性別・サービス部門などを考えたりしてもう少し膨らみを持たせてもいいのですが，基本的骨組みに本質的な変化はもたらさないので，できるだけ簡略化して話を進めましょう。

　ある一定期間（＝一生産期間）——たとえば1か月としておきましょう——生活してゆくために，この社会の構成メンバーは，1人当たり，衣服1着とコメ5キロとが——つまりはそれらの購買を可能とするに足るだけの賃金額が——必要である，とします。

　ある1か月が終了した時点で，次の1か月を生活していくのに必要な衣服とコメとがそれぞれ生産され，各人の手元に確保されていなければなりません。1か月ごとに繰り返されるこのような生産のサイクルが，その基準に変化がないかぎりは，絶え間なく続いていくこと，これが，この社会を持続的

第5章 需給バランスを保った社会的再生産モデル

再生産バランス表1

投入財＼生産部門	機　　械	労働力（総労働時間）	産出量（供給）
第Ⅰ部門	100台	20人（200時間）	200台（機械）
第Ⅱ部門	50台	40人（400時間）	100着（衣服）
第Ⅲ部門	50台	40人（400時間）	500キロ（コメ）
計（需要）	200台	100人（1000時間）	

に維持してゆくための必要条件となるのです。短期的には，もちろん，多少のズレが発生するかもしれませんし，それは避けられないことかもしれませんが，この需給バランスを重心として常時そこに引き付けられるメカニズムが内蔵されていることが社会存立の必須要件である，ということです。

再生産バランス表1の内容を確認していきましょう。

第Ⅰ部門は機械（＝生産財）生産部門です。ここで生産される機械は第Ⅰ部門，第Ⅱ部門，第Ⅲ部門，つまりはすべての生産部門で共通に使用される，そういう多機能的な機械であると想定しています。

もう1つ付言しておきます。各部門には複数の企業が存在していると考えて差し支えありません。ここではそれらを連結したヒトカタマリのものとして抽象しているだけです。個々の企業の具体的な相貌の記述が必要なときには，適宜にその都度具象化してみればいいだけのことです。

機械100台を稼動させて，労働者20人が1人当たり10時間，合計200時間の労働を投下してこの機械200台を生産します。この第Ⅰ部門で働いている労働者たち20人がこの生産期間中その労働力——体力・気力・知力——を維持させてゆくためには，生産の始まる期首にそれぞれ1人当たり衣服1着とコメ5キロとを何らかの形で手に入れておく必要があります。それが少しでも足りなければ，労働力はまともには維持＝再生産されず，生産をこの規模で続行する上での支障が生まれてくる，ということになります。つまりこの部門全体としては，衣服20着とコメ100キロとが生産を始めるにあたってぜひとも必要なのです。

衣服を生産する第Ⅱ部門も同様です。機械50台を稼動させて，労働者40

人が 1 人当たり 10 時間，合計 400 時間の労働を投下して衣服 100 着を生産します。この第 II 部門で働いている労働者たち 40 人がこの生産期間中その労働力——体力・気力・知力——を維持させてゆくためには，生産の始まる期首にそれぞれ 1 人当たり衣服 1 着とコメ 5 キロとを何らかの形で手に入れておく必要があります。それが少しでも足りなければ，労働力はまともには維持＝再生産されず，生産をこの規模で続行する上での支障が生まれてくる，ということになります。つまりこの部門全体としては，衣服 40 着とコメ 200 キロとが生産を始めるにあたってぜひとも必要なのです。

しつこいようですが，コメ 500 キロを生産する第 III 部門も確認しておきましょう。ここでは生産の技術的構造が第 II 部門と同じであると想定されていますので，労働者の労働力の維持＝再生産のためには，第 II 部門と全く同様に，衣服 40 着とコメ 200 キロとが生産を始めるにあたってぜひとも必要であるということになります。

生産活動が——ということは生活が——正常に維持＝進行してゆくためには，社会全体としては生産の期首，つまりひとつの生産期間を開始するにあたって次のような財があらかじめ用意されていなければならないのです。

労働力——社会構成員の生活——の維持＝再生産に必要な財——労働者用消費財＝賃金財——として，第 I 部門労働者用［衣服 20 着，コメ 100 キロ］，第 II 部門労働者用［衣服 40 着，コメ 200 キロ］，第 III 部門労働者用［衣服 40 着，コメ 200 キロ］，社会全体として計［衣服 100 着，コメ 500 キロ］，というのが 1 つめ。労働力だけでは必要な衣服もコメも生産できません。2 つめとして機械という生産財が必要です。衣服やコメを生産するのに必要な機械はそれぞれ 50 台で計 100 台。そしてその機械自体を生産するのに必要な機械が 100 台。ということで，社会全体として必要な機械は計 200 台ということになります。

再生産バランス表 1 は，以上の再生産の単純な繰り返しに必要な諸財——［賃金財＋生産財］——が，過不足なく需要され供給されている姿を実物に即して表わしています。

ただし，**再生産バランス表 1** のこのサイクルにおいては生産された消費財はすべて労働者たちによって費消されてしまいます。労働者以外の人々を養

うための剰余は産出されません。企業の存在を想定してはいますが，だから，企業の所有者——資本家（オーナー経営者）・株主——たちに対して分配される利潤・配当の元手は全く存在していない社会である，ということです。ここではオーナー経営者たる資本家は労働者たちの一員として労働者たちと共に働き，労働者たちと同じレヴェルの報酬で納得している，ということになります。もしくは，労働者たちによって自主管理されている企業と考えてもいいかもしれません。さらには，労働者たち1人ひとりがオーナー経営者である企業などというものを想定してみることもできるでしょう。その辺は適当に想像の翼を広げてみて下さい。

2) 価格(＝交換比率)連関(その1)

以上のような再生産バランスが持続してゆくための物的＝実物的条件は以下の3つの等式で，まずは，表わすことができるでしょう。

$$\text{I 機械 50 台} = \text{II 衣服 20 着} \quad (1)$$
$$\text{I 機械 50 台} = \text{III コメ 100 キロ} \quad (2)$$
$$\text{II 衣服 40 着} = \text{III コメ 200 キロ} \quad (3)$$

第I部門で生産された機械200台のうちの50台が第II部門で生産された衣服100着のうちの20着と交換される，という事態を(1)式は表わしています。新たに生産を始めるに際して，第II部門は新品の機械50台が必要ですし，第I部門は労働者20人分の労働力を確保するためには衣服が20着必要となります。第I部門と第II部門との間での交換が(1)式の割合で遂行されればこれらの条件はクリアされることになるのです。

同様に，(2)式は第I部門の機械50台と第III部門のコメ100キロとの交換を表わし，(3)式は第II部門の衣服40着と第III部門のコメ200キロとの交換を表わしています。

これらの交換を通して，たとえば衣服20着とコメ100キロを手に入れた第I部門においては労働者20人分の労働力を確保するために必要な消費財は揃ったということになります。自部門に残された新品の機械100台とこれら20人の労働力とを組み合わせて再生産を開始する条件は整ったわけです。

他部門も，交換で手に入れた財と自部門で生産した財とを組み合わせて再生産を開始することができる条件がそれぞれに整ったことになります。

仮に，計画経済的な社会——これも色々なヴァリエーションが存在する（〈独裁〉的な指令型経済や協議に基づく〈民主〉的経済等々……）と思いますが——であれば，市場での交換や売買を通じてではなく，(1)～(3)式を満たすように諸財を配分すればいいのです。小さな，そして財の種類が少ない，見通しのよい社会であれば，効率よくこれを実現することも可能かもしれません。

ここでは，しかし，市場経済を想定しています。

価格という要素を入れて考えてみましょう。

機械1台の価格を P_1，衣服1着の価格を P_2，コメ1キロの価格を P_3 とすると，(1)～(3)式は次のように書き換えることができます。

$$50P_1 = 20P_2 \qquad (1')$$
$$50P_1 = 100P_3 \qquad (2')$$
$$40P_2 = 200P_3 \qquad (3')$$

これら3つの式から

$$P_1 : P_2 : P_3 = 2 : 5 : 1 \qquad (4)$$

という価格間の連比関係，すなわち，再生産バランスを満足させる相対価格のあるべき水準が導き出されてきます。価格の絶対値・単位はどうであれ，価格間においてこれらの比率関係が満たされないかぎりは，必要な財が必要とされる量だけ必要とされる部門に行き渡らないことになり，再生産は順調には進行しない，ということをこれは示しているのです。

ただし，(1)(2)(3)の各式は，部門間の財の移動を結果的に示しているだけであり，部門間の財の交換比率を示しているとは，実は言えないのです。正確には，以下の(5)(6)(7)の連立方程式体系によって価格（＝交換比率）連関は求められなければなりません。念のため。

3） 価格(＝交換比率)連関(その2)

同様な相対価格の連関体系は，**再生産バランス表1**から考えられる次のよ

うな連立方程式体系によっても，導出することができます。

$$100P_1+20P_2+100P_3=200P_1 \quad (5)$$
$$50P_1+40P_2+200P_3=100P_2 \quad (6)$$
$$50P_1+40P_2+200P_3=500P_3 \quad (7)$$

　これは**再生産バランス表1**における実物連関をそのまま直接的に価格連関で置き換えたものです。この価格連関の連立方程式を満足させるような価格水準に従って諸財の交換が市場において遂行されれば，**再生産バランス表1**における実物連関が実現されて社会の再生産が問題なく実現されてゆくということです。社会的再生産の実物連関＝実物バランスの実現を保障する価格連関＝価格水準を示している，ということです。諸財の価格が，長期にわたってこの連立方程式を満足させない水準にとどまるようなことにでもなれば，社会的再生産のバランスは長期にわたって実現されないということになり，何らかの社会的な〈調整〉または〈変革〉が要請されることになるのです。

　(5)式の意味を考えてみましょう。

　新たに生産を開始するにあたって第Ⅰ部門全体で用意しておかなければならない機械や労働力を手に入れるための必要金額を，左辺は示しています。機械は100台必要であり機械の価格は1台 P_1 ですから，機械購入資金として $100P_1$ 必要であるということになります。労働者は20人必要です。1人当たりの賃金は衣服1着とコメ5キロを購入できるだけの金額で $[P_2+5P_3]$ となります。20人分の賃金としては $[P_2+5P_3]\times 20$，つまり，$20P_2+100P_3$ を用意しておかなければなりません。

　蛇足に近いことですが，若干，付言しておきます。

　賃金が下落すれば利潤が増大するからという再生産バランスを無視した短絡的発想によって，もしも実際に労働者に支給する賃金水準を1人当たりにして $[P_2+5P_3]$ 以下に引き下げるようなことをしてしまうと労働力が正常に再生産されなくなります。賃金を引き下げて利潤として手に入れたおカネで労働者たちよりも多くの財をその当該期は購入することができたとしても，次期以降の生産の続行が不可能になってしまうのです。賃金水準はそのままで商品の価格を引き上げて利潤を得よう・増やそうとしても結果は同じです。

労働者たちが賃金で手に入れることのできる財の価格が上昇してしまったら，労働者たちは必要な財を必要なだけ手に入れることができなくなり，労働力の再生産は不可能になり，利潤どころでは結局なくなってしまうのです。利潤を得たいから，増やしたいからといって勝手に賃金を引き下げたり，価格を引き上げたりはできないのです。

閑話休題。(5)式の意味をさらに続けて考えてみましょう。

右辺の $200P_1$ は，第Ⅰ部門全体で生産された機械200台の販売＝収入総額を示しています。第Ⅰ部門に属する諸企業はこの販売＝収入総額でもって新たな次期の生産を開始するために必要な機械や労働力を購入するのです。

以上のような意味を持つ右辺と左辺とが等しいということは，第Ⅰ部門全体としてみれば，販売＝収入金額と再生産必要資金額とが等しいこと，つまりは同規模での再生産が可能であることを意味しています。もしくは同規模での再生産を実現するための条件を示しているのです。

(6)式，(7)式も同様です。

(5)式，(6)式，(7)式すべてが満たされるということは，つまり，社会全体の同規模での再生産が実現する・保障されているということを示しているのです。

では $P_1 : P_2 : P_3$ という連比の値を求めてみて下さい。

たとえば，(6)式と(7)式から

$$100P_2 = 500P_3$$
$$P_2 = 5P_3 \tag{8}$$
$$P_2 : P_3 = 5 : 1 \tag{9}$$

(8)式を(5)式に代入。

$$100P_1 + 100P_3 + 100P_3 = 200P_1$$
$$200P_3 = 100P_1$$
$$P_1 : P_3 = 2 : 1 \tag{10}$$

(9)式と(10)式から

$$P_1 : P_2 : P_3 = 2 : 5 : 1 \tag{11}$$

となります。これは(4)式と同じです。

P_1, P_2, P_3 の絶対値を求める必要は、繰り返しになりますが、ありません。交換比率（相対価格）さえ判明すればいいのです。価格の絶対値がどのような単位や大きさで表示されるものであれ、連立方程式を満たす P_1：P_2：P_3 という連比の値、つまり、2：5：1 を実現するものであれば、社会の再生産は保障されているのであり、問題はないのです。

4）労働連関

次に機械、衣服、コメそれぞれの財1単位に含まれている労働量＝労働時間を導出しておきましょう。ちょっと頓智？のきいた導出方法です。これが正しいのかどうか、このような考え方でスッキリするのかどうか、色々と知恵をめぐらして下さい。

機械1台、衣服1着、コメ1キロに含まれている労働量＝労働時間を、それぞれ、X時間、Y時間、Z時間とします。

Xを含む次のような式を、たとえば、まずは考え・立てることができます。

$$100X + 200 = 200X \qquad (12)$$

左辺第1項の $100X$ は第Ⅰ部門で使用される機械100台に含まれている労働――〈対象化されている労働〉もしくは〈過去の労働〉・〈死んだ労働〉などという表現が使われることもあります――の量を示しています。機械1台に含まれている労働量をX時間として設定したのですから当然の表記でしょう。

左辺第2項の200という数値は、第Ⅰ部門で働く労働者たち20人が1人当たり10時間提供する労働量の合計時間を示しています。〈現在の労働〉とか〈生きた労働〉などと言われることもあります。

右辺の $200X$ は、生産された機械200台に含まれている労働量を示しています。機械1台に含まれている労働量をX時間として設定したのですから、これもまた、当然の表記でしょう。

左辺と右辺とはなぜ等号で結び付けられるのでしょう。

200台の機械を新しく生産することに貢献したものは、100台の機械の持っている機能＝有用性＝使用価値とそれに働きかけた20人の労働者の総計

200時間の〈生きた〉・〈現在の労働〉との2つであること，このような実物連関に関しては一目瞭然であり紛らわしいところは何もありません。(12)式はこのことを労働という位相にのみ還元＝投影して立ち上げたものです。

労働という位相にすべてを還元＝投影してみれば，機械と人間との実物連関は，〈過去の労働〉と〈現在の労働〉との協働＝労働連関として，すなわち左辺のごとく立ち現れてくるのです。200台の機械を生産するために投下された労働，つまり，新たに生産されるその200台の機械に含まれる労働は，200時間の〈生きた〉＝〈現在の労働〉だけではなく，生産財＝生産手段としての100台の機械に含まれている〈死んだ〉＝〈過去の労働〉をも含むのだ・含ませるべきである，という考え方──〈過去〉を〈現在〉に参加させる〈民主主義〉的スタンス!?──をこの(12)式は示しているのです。どう思いますか？

何はともあれ，(12)式をXについて解けば，

$$X = 2$$

となります。

同様にして，次の2つの方程式が立てられます。

$$50X + 400 = 100Y \qquad (13)$$
$$50X + 400 = 500Z \qquad (14)$$

Xの値は2ですから，これを(13)，(14)式に代入すれば，

$$Y = 5$$
$$Z = 1$$

となります。

機械1台に含まれている労働時間は2時間，衣服1着に含まれている労働時間は5時間，そしてコメ1キロに含まれている労働時間は1時間，ということになります。

(4)式──(11)式──と重ねてみれば，

$$P_1 : P_2 : P_3 = X : Y : Z = 2 : 5 : 1$$

となります。

　再生産バランスを保障する価格連関は労働連関と重なる，つまり，価格比は投下労働比と等しい……という関係が，このケースにおいては，示されることになります。

　これは労働価値論といわれる考え方の素型とも言えるものです。商品の価値，すなわち価格はその商品に投下＝対象化された労働によって形成され，価格水準＝価格比は投下＝対象化された労働量によって規定される，という考え方です。その妥当性（＝同時に限界）や，あるかもしれない思想的な広がりなどについて色々と検討してみて下さい。

　各部門における〈生きた〉＝〈現在の労働〉量は，その労働力の再生産に必要とされる財に含まれている労働量に等しい，などというような連関も抽出できます。たとえば，第Ⅰ部門で実際に遂行される 200 労働時間は，労働者 20 人の労働力の再生産に必要な賃金財である衣服 20 着とコメ 100 キロに含まれている労働量――（20×5＋100×1＝）200 時間――に等しい，などという連関です。賃金財として獲得し費消した消費財に含まれている労働量をエネルギー源としてそれと同量のエネルギーを支出する……エネルギー不変の法則!?……。

5）小　括

　以上，社会を維持してゆくためには，つまりは社会（を維持するために必要な）構成員（とその家族）の生活を維持してゆくためには絶対に欠かすことのできない物財（必需品・サービス）の需給バランスの充足を可能とする再生産構造によって，各財の交換比率＝相対価格が規定されている姿を確認しました。これは，もちろん異なる時代の下での異なる人々の意識の在り様によって様々な振幅を持ってはいます。ある時代には当然のこととして耐久できたことが，別の時代には「我慢するなんてトンデモナイ！」ものとして受感されることだってあるでしょうし，同時代であっても――いかなる機械よりも精密・ナイーブであると同時にまたそれゆえ曖昧なイイ（好い）加減さをもってこその人間ですから――社会生活維持のための需給バランスは，動かしようのないリジッドなものではないでしょう。いつの時代であっても，

しかし，それなりに充足させていかなければならない社会の生存維持のための核となる骨格とそれを形成し構成する諸財のバスケットとそれらの生産・配分・交換・流通・消費・廃棄の仕組みは，やはり存在しているのです。

市場経済が支配的な社会＝資本主義社会においては，上に見てきたように，これら諸財には価格が付されて交換され流通し，最終消費者たちの手元に届けられることになります。

個々の商品に付けられる価格（絶対値）がいくらであるのかは，もちろんその商品の販売者たちの自由な裁量にゆだねられます。どんな水準に価格を設定しようが，それはその商品所有者の自由です。とはいえ，そこには再生産構造という──それ自体，動態的ではあるが一定の──枠組みによる規制──機械１台当たりに必要とされる労働力といった技術的制約や，たとえば若干言及した賃金水準やについて等々想起して下さい──が自ずから存在することになります。その枠組みから大きく乖離して設定された価格は，枠組み自体を維持する力が作用している限りは，必ず均衡バランスの重心へ向かって修正されることになるのです。〈需要と供給の法則〉を通じて，結局は，当該社会の維持＝再生産を破壊しない限りでの自由裁量だ，ということです。そして，この自由度をどれだけ広げることができるのかが当該社会の──悪魔的？　であれ天使的？　であれ──生命力の強さを規定する，ということでもあるのです。この自由度の幅が人々にとって耐えられないほどに狭いと感じられるようになれば，その時には，新しい社会システムが求められることになるのです。この自由度の幅は，当該社会を構成し形成し支えている人々の意識の幅と深さに最終的に依存してはいますが，社会維持の絶対必要量を超える〈剰余〉生産物の分量によっても大きく左右されるでしょう。〈剰余〉が大きければ大きいほど，その社会の許容力も増大し，たとえば価格設定の自由度も高まることになるでしょう。

3　〈剰余〉が存在する場合

〈剰余〉が存在する場合について，次に，考えてみましょう。

各部門における生産の技術的構成（＝機械と労働力との組み合わせ構成）

第5章　需給バランスを保った社会的再生産モデル　145

再生産バランス表2

生産部門＼投入財	機械	労働力（総労働時間）	産出量	剰余生産物
第Ⅰ部門	100台	20人（200時間）	200台	0台
第Ⅱ部門	50台	40人（400時間）	200着	100着
第Ⅲ部門	50台	40人（400時間）	1000キロ	500キロ
計	200台	100人（1000時間）		

は**再生産バランス表1**と同じです。産出量が，しかし，異なります。第Ⅰ部門の産出量は同じく機械200台ですが，第Ⅱ部門の産出量は衣服100着から200着へ，第Ⅲ部門の産出量はコメ500キロから1000キロへ，というふうに共にその生産性は増大しています。労働者1人当たり必要な消費財＝賃金財の量は［上着1着，コメ5キロ］で変わらないとすれば，増大した分，すなわち，上着100着とコメ500キロとは，単純再生産を維持してゆくために必要な量を超える〈剰余〉生産物ということになります。

　この〈剰余〉の取得主体や取得形態・方法によって色々な社会の在り方が考えられます。

　以下，この〈剰余〉は企業という主体によって〈利潤〉として取得される，と考えます。各企業によって取得された後で，どのように・何のために費消されるのかは問わないことにしましょう。各企業の所有者であるオーナー経営者の個人的な贅沢のために費消されてしまうかもしれませんし，社会の構成メンバーたちが株主となっていて彼らに配当として分配されるかもしれませんし，労働者たちの自主管理によって運営される企業であれば労働者たちの賃金に上乗せされるかもしれませんし，はたまた社会の新しい機能を担う新メンバーを養う原資として利用されるかもしれません。〈剰余〉の存在とその拡大は，それを流通させる商業・サービス等々の新たな産業の発展・展開・融合や労働者たちの生活水準の向上——必需的消費支出の割合の減少と選択的消費支出の割合の増大——などの可能性を産出し，社会の様々な在り様の可能性が想

定できるようになる……のかもしれませんが，まあ色々と想像してみて下さい。

〈利潤〉という形態をとるとすれば，何はともあれ，ひとまず次のような3つの価格連関の方程式を立てることができます。〈利潤率〉をRと表記する以外は今までと同様です。

$$(100P_1 + 20P_2 + 100P_3)(1+R) = 200P_1 \qquad (15)$$
$$(50P_1 + 40P_2 + 200P_3)(1+R) = 200P_2 \qquad (16)$$
$$(50P_1 + 40P_2 + 200P_3)(1+R) = 1000P_3 \qquad (17)$$

〈利潤率〉Rはすべての部門で等しい，と想定しています――〈均等利潤率〉の想定――。

〈利潤率〉が各部門で異なるときには，企業はより高い〈利潤率〉を求めて移動します。他の部門より高い〈利潤率〉を実現させる部門には企業が殺到し，供給が増大し，価格下落圧力が作用します。価格が下落すれば当然〈利潤率〉には低下圧力が加わります。〈利潤率〉が低下すれば今度は当該部門から脱出する企業が出てきます。そういう相互運動を繰り返しながら結局は〈利潤率〉が各部門において等しくなる時点で安定します。社会の再生産バランスが安定しているそういう時点をここでは切り取って表示している，ということになります。

(16)式と(17)式から，

$$200P_2 = 1000P_3$$
$$P_2 : P_3 = 5 : 1$$

$P_2 = 5$，$P_3 = 1$として(15)式と(16)式とに代入すると，

$$(100P_1 + 200)(1+R) = 200P_1 \qquad (15')$$
$$(50P_1 + 400)(1+R) = 1000 \qquad (16')$$

となり，それぞれさらに整理すれば，

$$(P_1 + 2)(1+R) = 2P_1 \qquad (15'')$$
$$(P_1 + 8)(1+R) = 20 \qquad (16'')$$

となります。(16″)を(15″)で除して整理すれば，

$$P_1{}^2 - 2P_1 - 20 = 0$$

これを解けば，

$$P_1 = 1 \pm \sqrt{21}$$

$P_1 \geqq 0$ において経済的に有意ですから，

$$P_1 = 1 + \sqrt{21}$$

となり，結局，

$$P_1 : P_2 : P_3 = (1+\sqrt{21}) : 5 : 1$$

という，**再生産バランス表2**の物量バランスに対応する相対価格比が求められます。この価格比は，ただし，平均〈利潤率〉Rをもたらすような〈自由競争〉市場を想定してのものです。〈剰余〉の配分方法の如何によっては，**再生産バランス表2**の物量バランスを維持しながら，全く異なった価格比の水準が実現する可能性もあります。〈剰余〉の存在は交換比率の自由度を増大させるのです。

投下労働比を，ついでに，求めておきましょう。

投下労働比は，$100X + 200 = 200X$，$50X + 400 = 200Y$，$50X + 400 = 1000Z$，という連立方程式を解いて，

$$X : Y : Z = 4 : 5 : 1$$

となります。

〈剰余〉が存在すると価格連関と労働連関との対応にはズレが出てくる，ということです。ただし，生産の技術的構成がすべての部門で等しいという特殊な場合には，$P_1 : P_2 : P_3 = X : Y : Z$ となります。適当に数値例を考えて確かめてみて下さい。価格比と投下労働量比とが等しく対応するという意味での〈労働価値論〉は，特殊な条件の下でしか妥当しない，と

いうことになります。人間の労働が商品の〈価値〉を形成し，〈価値〉の水準を規定し，そのような〈価値〉が商品の〈価格〉水準を規定する，ということを主張する〈労働価値論〉の意義は一体どこにあるのでしょうか。そんな考え方は全く無視するべきなのか，それとも何らかの〈有効性〉もしくは〈真理〉がそこにはあるのでしょうか。各自で自由に検討してみて下さい。

4　産業連関表

社会全体の需要・供給連関と供給する際の生産の技術的構造・構成とによって価格水準が規定されている姿を概観してきました——労働連関は，それが価格水準を規定しているかどうかは別として，ただ導出してみただけ……と，ひとまずはそういうことです——。

再生産バランス表1と**再生産バランス表2**は，一種の産業連関表といっていいものではありますが，「産業連関表」と通常いわれるものとは若干その形姿を異にします。そこで，簡単に「産業連関表」の基本的な骨組みを示しておくことにしましょう。**再生産バランス表1・再生産バランス表2**との異同に関しては，各人各様に思考を巡らして考えて下さい。

1)　基本モデルⅠ：物量モデル

各部門の縦の項（列）は投入される財の量とそれによって産出される財の総量を示しています。各財の横の項（行）は産出された各財の配分先とその量を示しています。

列から見ていきましょう。

第1財生産部門の列（第1列）を見て下さい。

1行目の X_{11} は，第1財生産部門で原材料または生産手段として使用＝投入される第1財の量を示しています。2行目の X_{21} は同様に，第1財生産部門で使用＝投入される第2財の量を示しています。3行目の L_1 は，第1財生産部門で投入される労働量を示しています。4行目の X_1 は，投入された X_{11}, X_{21}, L_1 によって遂行された生産の結果として産出された第1財

第5章 需給バランスを保った社会的再生産モデル　149

産業連関表1

	第1財生産部門	第2財生産部門	最終需要	計
第1財	X_{11}	X_{12}	F_1	X_1
第2財	X_{21}	X_{22}	F_2	X_2
労働量	L_1	L_2		L
計	X_1	X_2	F	

の総量を示しているのです。

　第2財生産部門の列（第2列）も同様です。第2財生産部門に投入される第1財 X_{12} と第2財 X_{22} と労働量 L_2 とによって第2財総計 X_2 が産出される，ということになります。

　次に行を見て行きましょう。

　まず第1行（第1財の行）。

　第1列のところで確認したように，第1財は X_1 だけ生産されました。この生産された X_1 は次期の生産のために第1財生産部門と第2財生産部門とへ——もちろん市場での売買を通じてですが——配分されて行きます。第1財生産部門へは X_{11}，第2財生産部門へは X_{12} が，それぞれ配分されてゆくことになるのです。第1財は，しかし，生産過程に投入されるだけではなく，労働力を提供する家計に対して消費財として配分＝販売されてもゆくのです。これが最終需要の F_1 となります。X_{11} と X_{12} と F_1 との合計が，それゆえ，X_1 となるのです。

　第2行（第2財の行）も，同様です。

　第2財生産部門において生産された第2財総量 X_2 は，第1財生産用として X_{21} が，第2財生産用として X_{22} が，そして最終需要分として F_2 が，というふうに販売＝流通＝配分されていくのです。

　これでこの表の説明はほぼ終わりです。必要はないと思うのですが，付加しておけば，L は家計が提供する社会全体の総労働量であり，F はその家計が消費する最終需要の総計である，ということになります。生産された財は各部門の企業によって生産的に消費されるか，家計によって消費されるかして使い尽くされるのです。〈利潤〉は，つまり，この表においては存在して

いません。

このような〈産業連関表〉をもって何が説明されるのでしょうか。
行に注目すれば，次のような式が導出されます。

$$X_{11}+X_{12}+F_1=X_1 \qquad (18)$$
$$X_{21}+X_{22}+F_2=X_2 \qquad (19)$$

次に，X_{11} を X_1 で除した商を a_{11} とします。つまり，

$$X_{11}/X_1=a_{11}$$

として，これを〈投入係数〉と言います。第1財1単位を生産するためには第1財が何単位必要か，ということを示す数値です。

重要な点を指摘しておきます。

この〈投入係数〉は，**産業連関表1**で示されている社会においての生産技術を表わすものです。この〈係数〉で表わされている数値は，総生産量に変動がたとえあったとしても，技術そのものに変化が生じない限りは固定的です。**産業連関表1**では，つまり，一定の生産技術が所与のものとして前提されている，ということです。お忘れなきように！

気がついた人がいるかも？ しれません。というのは，ここでこれ以上は触れませんが，X_1 とそれを生産するために必要な労働量である L_1 との比率である L_1/X_1 の値（第1財1単位を生産するためには労働量何単位が必要かを示す数値），そして，X_2 とそれを生産するために必要な労働量である L_2 との比率である L_2/X_2 の値（第2財1単位を生産するためには労働量何単位が必要かを示す数値），これらの2つの値も**産業連関表3**で示されている社会における所与の生産技術を表わすものとして，実は！ 固定的に考えなければならない，ということです。これらを〈労働係数（労働投入係数）〉と言います。社会全体の提供可能な労働力が固定されているような場合には，所与の生産技術の下で〈労働係数〉は一定ですから，総生産量は従属的に規定されて一定値をとることになり，その変更は不可能になります。他の生産技術を，総生産量の変更が必要とされる場合には，開発しなければ

ならなくなる，ということです．労働力に余裕があるような場合には，この所与の生産技術の下での総生産量の変動が許容されるわけです．〈労働係数〉という表現との兼ね合いで付言しておけば，ここで私が定義している〈投入係数〉は〈資本係数（資本投入係数）〉と，厳密には言表されます．本書では，しかし，計算の煩雑さを避けるために，〈労働係数〉は無視して話を進めていきます．

閑話休題．

以下〈投入係数〉を同様にして求めてみましょう．

$X_{21}/X_1 = a_{21}$……（第1財1単位を生産するためには第2財が何単位必要か，ということを示す数値）

$X_{12}/X_2 = a_{12}$……（第2財1単位を生産するためには第1財が何単位必要か，ということを示す数値）

$X_{22}/X_2 = a_{22}$……（第2財1単位を生産するためには第2財が何単位必要か，ということを示す数値）

これらの〈投入係数〉から，

$X_{11} = a_{11}X_1$……（第1財 X_1 単位を生産するために必要とされる第1財は X_{11} 単位であるということ）

$X_{21} = a_{21}X_1$……（第1財 X_1 単位を生産するために必要とされる第2財は X_{21} 単位であるということ）

$X_{12} = a_{12}X_2$……（第2財 X_2 単位を生産するために必要とされる第1財は X_{12} 単位であるということ）

$X_{22} = a_{22}X_2$……（第2財 X_2 単位を生産するために必要とされる第2財は X_{22} 単位であるということ）

が求められ，これらを(18)式，(19)式に代入すれば，

$$a_{11}X_1 + a_{12}X_2 + F_1 = X_1 \rightarrow (1-a_{11})X_1 - a_{12}X_2 = F_1 \qquad (18')$$

$$a_{21}X_1 + a_{22}X_2 + F_2 = X_2 \rightarrow -a_{21}X_1 + (1-a_{22})X_2 = F_2 \qquad (19')$$

この(18′)式と(19′)式とから X_2 を消去し X_1 について解くと，

$$X_1 = \frac{1-a_{22}}{(1-a_{11})(1-a_{22})-a_{12}a_{21}}F_1 + \frac{a_{12}}{(1-a_{11})(1-a_{22})-a_{12}a_{21}}F_2 \quad (20)$$

同様にして，この(18′)式と(19′)式とから X_1 を消去し X_2 について解くと，

$$X_2 = \frac{a_{21}}{(1+a_{11})(1-a_{22})-a_{12}a_{21}}F_1 + \frac{1-a_{11}}{(1-a_{11})(1-a_{22})-a_{12}a_{21}}F_2 \quad (21)$$

この(20)式と(21)式とが産業連関分析の核心と言われるものです。

最終需要の F_1 や F_2 の変化が，それに対応して X_1 や X_2 の——ここでは2つの財と生産部門しか想定していないが実際は何百と存在している——諸財に対する需要にどのような変化を与えるのか，つまりはある財の最終需要1単位の増減が総生産量何単位の増減を誘発するのか，などというマクロ連関を一挙に計算してしまうことになるのです。

記号ばかり出てくるとよく分からないという人がいるかもしれません。(20)式や(21)式が複雑煩瑣で面倒くさそう……などと思ってしまう人もいるでしょう。

具体的な数値を当てはめて追思惟してみましょう。それほど複雑ではないということがたちどころに判明するはずです。

産業連関表1における第1財を「油」，第2財を「鉄」としましょう。適当な数値をそれぞれの項目に当てはめて，次のような**産業連関表2**を作成してみます。

油生産部門では油8万トンと鉄20万トン，それに40人分の労働力が投入されて計80万トンの油が産出されます。鉄生産部門においては油52万トンと鉄26万トン，それに60人分の労働力が投入されて計52万トンの鉄が産出されます。油生産部門，鉄生産部門の各列はそういうことを表示したものです。この社会の総生産物は油80万トン，鉄52万トン，となります。

油と鉄，各行を見てみましょう。産出された油80万トンは，油生産部門，鉄生産部門へ，それぞれ8万トン，52万トンが——市場経済であればもちろん市場での売買を通じて——配分されてゆきます。油80万トンのうちの

産業連関表 2

	油生産部門	鉄生産部門	最終需要	計
油（万トン）	8	52	20	80
鉄（万トン）	20	26	6	52
労働量（人）	40	60		100
計（万トン）	80	52	油20＋鉄6	

　これら合計60万トンは，生産的に消費される，つまり，中間投入財（中間需要財）となるのです。残りの20万トンは最終消費に回される，ということです。同様に，産出された鉄52万トンは，油生産部門，鉄生産部門へ，それぞれ20万トン，26万トンが——市場経済であればもちろん市場での売買を通じて——配分されてゆきます。鉄52万トンのうちのこれら合計46万トンは，生産的に消費される，つまり，中間投入財（中間需要財）となるのです。残りの6万トンが最終消費に回される，ということです。

　以上が**産業連関表2**の説明です。

　ここで示されている数値，たとえば総生産量は，もちろんこの**産業連関表2**で想定されている社会において変更可能です。総生産量を増やしたければ増やせるし，必要がなくなって減らしたいのであれば減らすことは可能です。

　変更できないことが，しかし，あります。何であるのか，分かりますか。思い出せますか……と言った方が正確ですが……。

　生産技術です。技術の変化は，もちろん現実では大いにありえますし，さらには積極的に追求されるものではありますが，生産技術に変化があれば，**産業連関表2**そのものの書き換えが必要になってくるのです。**産業連関表2**を前提とする限り変更できないその生産技術を表わすものが〈投入係数〉……というものでした（ここでも〈労働係数〉は無視します）。以下，その〈投入係数〉を求めてみましょう。

　$X_{11}/X_1 = a_{11}$ に，$X_1 = 80$，$X_{11} = 8$ を代入すれば，

　　$a_{11} = 0.1$……第1財1単位，つまり油1単位を生産するためには第1財

つまり油が 0.1 単位必要であるということ

$X_{21}/X_1=a_{21}$ に, $X_1=80$, $X_{21}=20$ を代入すれば,

$a_{21}=0.25$……第 1 財 1 単位, つまり油 1 単位を生産するためには第 2 財つまり鉄 0.25 単位が必要であるということ

$X_{12}/X_2=a_{12}$ に, $X_2=52$, $X_{12}=52$ を代入すれば,

$a_{12}=1$……第 2 財 1 単位, つまり鉄 1 単位を生産するためには第 1 財つまり油 1 単位が必要であるということ

$X_{22}/X_2=a_{22}$ に, $X_2=52$, $X_{22}=26$ を代入すれば,

$a_{22}=0.5$……第 2 財 1 単位, つまり鉄 1 単位を生産するためには第 2 財つまり鉄が 0.5 単位必要であるということ

となります。ここで(18′)式・(19′)式を再度, 掲げておきましょう。この式の意味が不明な人は前に戻って確認して下さい。

$$a_{11}X_1+a_{12}X_2+F_1=X_1 \rightarrow (1-a_{11})X_1-a_{12}X_2=F_1 \qquad (18′)$$
$$a_{21}X_1+a_{22}X_2+F_2=X_2 \rightarrow -a_{21}X_1+(1-a_{22})X_2=F_2 \qquad (19′)$$

この(18′)式と(19′)式とに, 上で算出した〈投入係数〉をそれぞれ代入すれば,

$$0.1X_1+X_2+F_1=X_1 \rightarrow 0.9X_1-X_2=F_1 \qquad (18″)$$
$$0.25X_1+0.5X_2+F_2=X_2 \rightarrow -0.25X_1+0.5X_2=F_2 \qquad (19″)$$

となります。

この(18″)式と(19″)式とから X_2 を消去し X_1 について解き, さらに X_1 を消去し X_2 について解くと, 次の 2 つの式が得られます。

$$X_1=2.5F_1+5F_2 \qquad (22)$$
$$X_2=1.25F_1+4.5F_2 \qquad (23)$$

これらは，もちろん，

$$X_1 = \frac{1-a_{22}}{(1-a_{11})(1-a_{22})-a_{12}a_{21}}F_1 + \frac{a_{12}}{(1-a_{11})(1-a_{22})-a_{12}a_{21}}F_2 \quad (20)$$

$$X_2 = \frac{a_{21}}{(1-a_{11})(1-a_{22})-a_{12}a_{21}}F_1 + \frac{1-a_{11}}{(1-a_{11})(1-a_{22})-a_{12}a_{21}}F_2 \quad (21)$$

という，以前に求めた(20)(21)の各式に〈投入係数〉の数値を代入したものと同じです。(20)(21)の各式は記号でのみ表示されているために，ナンダカややこしく見えたかも知れませんが，具体的な数値を当てはめて考えれば，(22)と(23)という簡単な連立式でしかないことが分かると思います。最終需要の F_1 と F_2 とが当初ある一定の値をとっていて，突然 F_1 が1だけ増加して F_2 は変化しないとすると，$X_1 = 2.5 \, (F_1+1) + 5F_2 = 2.5F_1 + 5F_2 + 2.5$ となり，X_1 は当初の $[2.5F_1+5F_2]$ よりも 2.5 増加し，同様に X_2 は 1.25 だけ増加する，などということがこの連立式から，たとえば，導き出せることになるのです。油や鉄の最終需要が1単位増減したときに総生産量の何単位の増減が誘発されるか，などということが，つまりは，算出できるわけです。

2) 基本モデルⅡ：価格モデル

産業連関表1 が価格で表示されたらどのようになるのかを，示しておきましょう。

第1財1単位の価格を P_1，第2財1単位の価格を P_2，労働量1単位の価格（賃金）を W とすると，**産業連関表3** が作成されます。

同様にして**産業連関表2** を書き換えてみましょう。

油1万トンの価格を P_1，鉄1万トンの価格を P_2，労働者1人当たりの賃金を W とすれば**産業連関表4** が作成されます。

産業連関表4 では，最終需要は労働者たち（の家計）によって結局は購入され消費される，ということになります。つまり，

$$40W + 60W = 100W = 20P_1 + 6P_2$$

となります。そうなれば需給のバランスはとれる，ということです。これは，

産業連関表 3

	第1財生産部門	第2財生産部門	最終需要	計
第1財	$X_{11}P_1$	$X_{12}P_1$	F_1P_1	X_1P_1
第2財	$X_{21}P_2$	$X_{22}P_2$	F_2P_2	X_2P_2
労働量	L_1W	L_2W		LW
計	X_1P_1	X_2P_2	F ($F_1P_1+F_2P_2$)	

産業連関表 4

	油生産部門	鉄生産部門	最終需要	計
油(万トン)	$8P_1$	$52P_1$	$20P_1$	$80P_1$
鉄(万トン)	$20P_2$	$26P_2$	$6P_2$	$52P_2$
労働量(人)	$40W$	$60W$		$100W$
計(万トン)	$80P_1$	$52P_2$	$20P_1+6P_2$	

再生産バランス表1と同じように,〈剰余〉を含まない単純再生産を表わしています。

　最終需要は,しかし,実際には,現実には,労働者たち（の家計）によってのみ,もしくは〈労働の対価〉である賃金によってのみ購入され消費されるものではありません。預貯金・債券等の貸金の対価としての〈利子〉や株式等の投資の対価としての〈配当金〉やを資金源とする購買もあるでしょうし,たとえば企業家にもたらされる〈利潤〉からそれら（〈利子〉や〈配当金〉等々）を差し引いた〈純然たる儲け〉を資金源とする購買もあるでしょう。このような場合には,つまり,最終需要は〈剰余〉を含んでいると見なされます。

　産業連関表4が〈剰余〉を含んでいると考えれば,

$$100W < 20P_1 + 6P_2$$

となり,この差額が〈利潤〉(〈利子〉+〈配当金〉+〈純然たる儲け〉+……)となるのです。仮に平均利潤率をRとすれば,

第5章 需給バランスを保った社会的再生産モデル 157

産業連関表5

	第1財生産部門	第2財生産部門	最終需要	計
第1財	$X_{11}P_1$	$X_{12}P_1$	F_1P_1	X_1P_1
第2財	$X_{21}P_2$	$X_{22}P_2$	F_2P_2	X_2P_2
付加価値	X_1V_1	X_2V_2		
計	X_1P_1	X_2P_2		

$$\text{油生産部門の}\langle\text{利潤}\rangle=(8P_1+20P_2+40W)\times R$$
$$\text{鉄生産部門の}\langle\text{利潤}\rangle=(52P_1+26P_2+60W)\times R$$

となり、これら両部門の〈利潤〉の総額が〈剰余〉であり、それに対応する生産物が〈剰余生産物〉となるのです。

通常の統計においては、〈賃金〉と〈剰余〉とが合計されて〈付加価値〉という名称を付されています。

産業連関表3において、第1財1単位当たりの〈付加価値〉――第1財1単位に含まれている〈付加価値〉の割合――を V_1、第2財1単位当たりの〈付加価値〉――第2財1単位に含まれている〈付加価値〉の割合――を V_2 とすれば、第1財の生産総量 X_1 単位が含んでいる〈付加価値〉は X_1V_1、第2財の生産総量 X_2 単位が含んでいる〈付加価値〉は X_2V_2、となります。〈付加価値〉という項目を持つ**産業連関表5**が、たとえば、作成されることになるのです。

もちろん、〈付加価値〉の総額は最終需要の総額に等しくなります。

再生産バランス表1の数値を〈産業連関〉的に表示するとどのようになるか、最後に考えてみましょう。

一応、2通り考えてみました。これ以外の可能性も適当に想像してみて下さい。

1つめは、〈生産過程の外で労働力は再生産される〉として表現してみたもの（**再生産バランス表1′**）です。

2つめは、〈生産の中でそれに付随して労働力が再生産＝維持される〉、つまりは、人間が労働力を提供する一種の機械＝ロボットのようなものである、

再生産バランス表 1′

	第Ⅰ部門	第Ⅱ部門	第Ⅲ部門	最終需要 （消費財）	計
機械	100台	50台	50台		200台
衣服				100着	100着
コメ				500キロ	500キロ
労働力	20人	40人	40人		100人
計	200台	100着	500キロ	100人	

再生産バランス表 1″

		第Ⅰ部門	第Ⅱ部門	第Ⅲ部門	計
機械		100台	50台	50台	200台
労働力＝ 労働力維持財	衣服	20着	40着	40着	100着
	コメ	100キロ	200キロ	200キロ	500キロ
計		200台	100着	500キロ	

と想定してみました（**再生産バランス表 1″**）。

　労働者たちを消費者という自立した側面を持つ存在として把握すれば，**再生産バランス表 1′**のようになりますが，消費者という側面も所詮は労働ロボットとして再生産されていることの付随的事態＝仮面でしかなく結局はシステムに隷従するしかない存在なんだ……などというふうにシニカルに把握すれば，**再生産バランス表 1″**のようになるかもしれません。

第6章

分業の利益
——比較生産費説（比較優位の理論）——

　比較生産費説とは，分業によって得られる消費水準（生産量）が分業以前（自給自足状態）の消費水準（生産量）を上回る可能性について説明したものです。

　人々がそれぞれ得意とする分野——生産性が高い分野——に専門化＝特化することによって社会全体の生産量が増大し，結局は，個々の人々の消費可能量が増大する，というものです。社会的再生産バランスが分業の利益を実現すること，社会的再生産をそこへ誘導してゆくこと，その実現度が，社会制度の優劣を尺度するひとつの，しかし，重要な尺度です。

　以下，比較生産費説が展開する分業の利益の概略を観てゆくことにしましょう。

　4つのパターンを示しますが，それらすべてに共通する前提——大前提——は4つです。

　前提の1つめ。〈社会〉を構成する登場人物は，AとBの2人です。一応，人物という設定ではありますが，地域間や国家間の関係に置き換えて考えても基本的には同じ理屈が成立します。

　前提の2つめ。2人の年間労働時間＝日数は240日とします。別段これという理由はありませんが週休2日で盆暮れ合わせて1か月ぐらいの長期休暇があって，年間合計休日が125日になる，とでもしておきましょう。

　前提の3つめ。生産物はコメと塩の2種類であり，これらを消費することによって2人とも生計を立てている，とします。

　前提の4つめ。自給自足状態のとき，Aはコメの生産に150日，塩の生産

に90日を労働配分し，Bはコメの生産に120日，塩の生産に120日を労働配分し，それぞれの成果を消費することによって一応の満足状態に達している，とします。

1　パターン①：「AとB」〈得意・不得意〉棲み分け状態

	コメ1トン (1)	塩1トン (2)	コメの比較生産費 (3)=(1)÷(2)	塩の比較生産費 (4)=(2)÷(1)
A	2日	3日	2／3	3／2
B	3日	2日	3／2	2／3

　Aはコメ1トンを2日で生産しますが，Bは3日かかります。

　なお，ここでは，生産費用＝コストは投下労働量のみを考えています。少ない労働日の方が費用も当然少ないということになります。もし投下労働量表示が気に食わないのならば単位を「日」ではなく「万円」などに変更して考えても一向に構いません。適当に試してみて下さい。以下のパターンについても，一々指摘はしませんが同様です。

　話を続けます。

　コメに関してAはBの1.5倍の生産性を有していることになります。Aはコメの生産において絶対優位にある（絶対優位度1.5倍），と言われます――Bはコメの生産において絶対劣位にある，と言われます――。塩1トンの生産に関しては，Aが3日かかるところをBは2日で生産してしまうのですから，逆に，Bが絶対優位にある（絶対優位度1.5倍）――Aが絶対劣位にある――，ということになります。

　次に，比較優位，という言葉について説明しましょう。

　Aは塩1トン生産するのに必要な労働日でコメ3／2トン（＝1.5トン）生産します。Bは塩1トン生産するのに必要な労働日でコメ2／3トン（＝約0.67トン）生産します。塩の生産を比較ベースにしたコメの生産性はAの方が高い，ということです。このときAはコメの生産において比較優位にある，と言います。比較生産費というタームでみれば，コメの比較生産費はAが2／3で，Bが3／2ですから，AはBより比較生産費は低い，というこ

とになりAはBよりも比較生産性は高い，ということになるわけです。

コメの生産を比較ベースにした塩の生産性を比べてみましょう。Aはコメ1トン生産するのに必要な労働日で塩2／3トン（＝約0.67トン）生産します。Bはコメ1トン生産するのに必要な労働日で塩3／2トン（＝1.5トン）生産します。コメの生産を比較ベースにした塩の生産性はBの方が高い，ということです。このときBは塩の生産において比較優位にある，と言います。比較生産費というタームでみれば，塩の比較生産費はAが3／2で，Bが2／3ですから，BはAより比較生産費は低い，ということになりBはAよりも比較生産性は高い，ということになるわけです。

ここでの例，つまりパターン①の場合は絶対優位と比較優位とは完全に重なります。

まずは，自給自足状態，つまりAもBもひとまずは一応の満足状態にある，そういう状態を見てみましょう。

	コメ	塩
A	(150日) 75トン	(90日) 30トン
B	(120日) 40トン	(120日) 60トン
計	115トン	90トン

最初ですから，若干細かく解説しておきましょう。

大前提で確認したように，自給自足状態の場合，Aは年間労働日数の240日をコメの生産に150日，塩の生産に90日と振り分けることによって得られる成果に一応満足している，という設定です。2日でコメ1トンの生産性を有しているのですから150日かければ75トンのコメが生産できる，ということです。同様に3日で塩1トンですから90日かければ30トンの塩を生産する，ということになるのです。Bに関しても同様です。

〈社会〉全体のコメの生産量はAの生産した75トンとBの生産した40トンとの合計で115トン，となります。塩は同様にして〈社会〉全体の合計で90トン，ということです。

このような自給自足状態をやめて，A，Bそれぞれがコメか塩か，どちらかの生産に特化＝専門化して，お互いの生産物を交換することによって生計

を立てるという分業状態に移行するとすれば，その誘因とは何でしょうか。現実には様々に複雑な具体的要因が絡んでくるかもしれませんが，本質的に単純＝明快な分業移行誘因は，分業した方がお互いにとって〈得〉である，ということに尽きます。〈得〉の具体的内容もまた様々でしょうが，ここでは消費量の増大をもって〈得〉の尺度としましょう。自給自足状態で満足しているのならば消費量が増えることは分業の誘因たりえないのではないか，などとチャチャ？　を入れないで下さい。「自給自足状態」においては「AもBもひとまずは一応の満足状態にある」と私は言っておきました。「ひとまず」の「満足状態」ですから，同一時間だけ働いて，つまり休日を犠牲にすることなく以前よりも多くの財を手に入れることができるのならば，そのことは分業関係への移行を選択する大きな誘因たりうる，と判断して問題はないでしょう。もちろん，そこからの系論として，分業以前の消費量を獲得しつつ労働時間を減少させる——休日＝余暇時間を増加させる——という形での分業関係の実現もありうるでしょう。それはそれで想像力を働かせて考えてみて下さい。

　ここで考えられる分業関係は２つです。財はコメと塩しかなくて，登場人物もAとBしかいないのですから，〈A—塩／B—コメ〉という分業関係か，逆に〈A—コメ／B—塩〉という組み合わせか，どちらかしかありません。

　たとえば，Aが塩の生産に，Bがコメの生産にそれぞれ特化してみたらどうなるでしょうか。それぞれ絶対劣位にある，つまり他者と比べて不得意な財の生産に特化する，という分業関係です。

	コメ	塩
A		(240日) 80トン
B	(240日) 80トン	
計	80トン	80トン

　社会全体でみれば，自給自足状態と比較して，明らかに生産量は低下しています。お互い不得意な方の生産に特化してしまったので，当然といえば当然です。

　この状態で，そして商品交換の結果として，たとえばAが分業以前と同じ消費状態を維持することが可能であるとすれば，その状況はAにとっては以

前と変わらないのですから、その消費水準に対するとりたてての不満は、ひとまずは、起こらないでしょう。ただし以前と同じなのですから分業することのメリット、すなわち誘因は、この場合Aにおいては、全く存在しません。Bにおいても同様の状態を維持できるのであれば、損はありませんが、自給自足状態と変わりがないのであれば、わざわざ分業（・交換）関係に入るほどの誘因は存在しないことになります。ただし以前と同じ状態というのは、一応の目安になります。どちらかがこの目安ラインを、分業・交換の結果、少しでも下回れば相互利益の実現という形での分業の可能性はなくなります。このラインを共に上回ること、それが分業実現の最大の誘因＝メリットなのです。

ともあれ、生産能力においてお互いに絶対劣位にある財の生産に特化するというここでの想定に戻って、論を進めていきましょう。

Aが分業後に以前と同じ消費水準を維持できる場合というのは、Bにとってはどういう状態なのでしょうか。

Aが以前と同じ分量だけ消費できるということは、コメは75トン、塩は30トン消費するということです。Bに残された可能消費量はコメは社会全体の生産量である80トンからAの消費量である75トンを差し引いた5トンとなり、塩はAの消費量30トンを社会全体の生産量80トンから差し引いた50トンとなります。AとBとの商品交換という情景＝舞台を設定すれば、Bが生産したコメのうちの75トンとAの生産した塩のうちの50トンとが交換された、ということになります。交換比率は、〈コメ75トン＝塩50トン〉ということです。Bの消費量は分業以前の自給自足状態——コメ40トン、塩60トン——と比較して、コメ・塩、共に減少してしまっています。こんな分業と交換のもたらす結果にBが満足するはずはありません。Aとしてもこんな分業・交換関係は何のメリットもないのですから、つまり、このような分業は成立しないし、たまたま実現したとしても——そこに何らかの権力に基づく支配・被支配関係がないかぎり、つまり対等な商品所有者＝同市民関係にあるかぎり——長続きは、当然、しないでしょう。

Bが、仮に、分業以前の自給自足状態の消費量を手に入れることができたとしても、今度は、Aの方が分業以前の消費量を確保できず、この分業・交換関係はほぼ確実に破綻することになります。

コメと塩に関するどのような交換比率とそれに基づく消費バスケットを勘案しても，この分業を前提とする生産量の枠内においては，A，B共に分業以前よりもより多くのコメや塩を消費できるようになるということはありえないのです。

このような分業関係，つまり，AもBも，それぞれ不得意とする分野への生産に特化するという形での分業関係は存立不能，という結論を出さざるをえません。

では逆のケースを考えてみましょう。

Aがコメの生産に特化し，Bが塩の生産に特化する，という分業（・交換）関係，つまり，それぞれが得意とする分野の生産に特化＝専門化するという場合です。

	コメ	塩
A	（240日）120トン	
B		（240日）120トン
計	120トン	120トン

社会全体の生産量は，明らかに——コメは115トンから120トンへ，塩は90トンから120トンへと——増えています。

仮に交換比率（＝交易条件）が，

〈コメ42トン＝塩50トン〉

だとすれば，どうでしょうか。

Aは手元にコメ78トンを残してコメ42トンを手放すことと引き換えに塩50トンを手に入れ，Bは手元に塩70トンを残して塩50トンを手放すことと引き換えにコメ42トンを手に入れる，ということです。

交換後は次のような状態になります。

	コメ	塩
A	78トン	50トン
B	42トン	70トン
計	120トン	120トン

A，B共に分業以前の自給自足状態のときよりも，コメ・塩それぞれにつ

いて，より多くの分量の消費が可能となっています。Aは〈コメ75トンから78トンへ〉・〈塩30トンから50トンへ〉，Bは〈コメ40トンから42トンへ〉・〈塩60トンから70トンへ〉，という具合にです。

　自給自足状態と比較して，それぞれの得意とする——生産性の高い——分野に特化＝専門化した分業状態の方が，社会全体の生産量を押し上げ，その結果として社会の構成メンバー個々——ここではAとB——の消費水準を上昇＝改善させる可能性を高める，ということです。

　ただし，全体として生産量が増大しても，交換比率（＝交易条件）の水準如何によっては，分業の利益が一方（＝一部）に偏る場合もあります。ここでの例に即して言えば，〈コメ40トン＝塩60トン〉とか〈コメ45トン＝塩30トン〉というような交換比率の下では，分業の利益が偏在し，結局，分業関係は破綻する，ということです。

　ちょっと考えてみましょう。

　〈コメ40トン＝塩60トン〉という交換比率の下ではどのような状況が生じるのでしょうか。

　Aはコメ80トンを残してコメ40トンを手放すことと引き換えに塩60トンを手に入れ，Bは手元に塩60トンを残して塩60トンを手放すことと引き換えにコメ40トンを手に入れる，ということです。

　交換後は次のような状態になります。

	コメ	塩
A	80トン	60トン
B	40トン	60トン
計	120トン	120トン

　自給自足状態と比較すると，Aはコメは75トンから80トンへ，塩は30トンから60トンへ，というふうに共に増加していますから分業の利益は享受できています。Bは，しかし，自給自足状態と比較して何も変化してはいません。Bが分業の利益を享受するためには，40トン以上のコメを交換で手に入れる必要がある——Aは交換にコメ40トン以上提供する必要がある——，ということです。

〈コメ45トン＝塩30トン〉という交換比率ではどうでしょう。

	コメ	塩
A	75トン	30トン
B	45トン	90トン
計	120トン	120トン

　今度はBは両財共に増えて分業の利益を享受できますが，Aは分業前と変化なく分業の利益を享受できてはいません。Aが分業の利益を享受するためには，塩30トンに対して交換で手放すコメの量は45トン未満でなければならない，もしくはコメ45トンを手放す対価として手に入れる塩は300トンを上回らなければならないということです。

　要するに，Aが交換に提供するコメの量は40トン以上45トン以下でなければならないのです。同様に考えれば，Bが交換に提供する塩の量が30トンを下回るようなことがあればAが手にする塩の量は自給自足状態を下回ることになり分業の利益が得られず，Bが交換に提供する塩の量が60トンを上回るようであれば，Bの手元に残る塩の量が自給自足状態を下回ることになってしまいB自身が分業の利益を得られないことになります。Bが交換に提供する塩の量は30トン以上60トン未満でなければならない，ということになります。この範囲——コメ40トン以上45トン以下，塩30トン以上60トン以下——内の組み合わせで交換比率が決まれば，AもBも分業の利益を手に入れることができるので，分業関係を選択するインセンティヴが存在する，ということになるのです。ただしコメ45＝塩30はAに利益がなく，コメ40＝塩60はBに利益がないので，除外されます。

2　パターン②：「A」〈何でも得意〉状態 version I

	コメ1トン (1)	塩1トン (2)	コメの比較生産費 (3)=(1)÷(2)	塩の比較生産費 (4)=(2)÷(1)
A	2日	3日	2／3	3／2
B	3日	4日	3／4	4／3

パターン①では，コメの生産性においてはAが上回り，塩の生産性においてはBが上回っている，というふうに得意・不得意の線引きがハッキリしていました。

ここパターン②では，Aが，コメにおいても——絶対優位度1.5倍——，塩においても——絶対優位度約1.3倍——，生産性が高い——絶対優位にある——というケースを考えてみましょう。Bはコメにおいても塩においても絶対劣位にあるということです。両方ともAが得意なのですから，Aは分業などはしないで自前ですべてやった方が良いようにも思いますが，さてどうなのでしょうか。よく引き合いに出される例としては，Aは経営者能力においても，そして秘書的能力においてもBよりも優れている場合に，Aは社長と同時に秘書的な仕事も兼務した方が良いのかどうか，という問題です。

考えてゆきましょう。

その前に比較優位度についても見ておきましょう。

Aは塩1トンを生産するのに必要な労働日でコメ3／2トン（＝1.5トン）を生産しますが，Bは塩1トンを生産するのに必要な労働日でコメ4／3トン（＝約1.3トン）しか生産できません。塩の生産を比較ベースにしたコメの生産性はAの方が高い，ということです。Aはコメの生産において比較優位にある，ということになります。比較生産費というタームでみれば，コメの比較生産費はAが2／3で，Bが3／4ですから，AはBより比較生産費は低い，ということになりAはBよりも比較生産性は高い，ということになるわけです。

コメの生産を比較ベースにした塩の生産性を比べてみましょう。Bはコメ1トンを生産するのに必要な労働日で塩3／4トン（＝0.75トン）を生産しますが，Aはコメ1トンを生産するのに必要な労働日で塩2／3トン（＝約0.67トン）しか生産できません。コメの生産を比較ベースにした塩の生産性はBの方が高い，ということです。Bは塩の生産において比較優位にある，ということです。比較生産費というタームでみれば，塩の比較生産費はAが3／2で，Bが4／3ですから，BはAより比較生産費は低い，ということになりBはAよりも比較生産性は高い，ということになるわけです。

パターン①では絶対優位と比較優位とが重なりました。ここではコメ・塩

共にその生産性においてAが絶対優位に立ちますが、比較優位の位置は、Aはコメにおいて、Bは塩において、それぞれ獲得する、ということになります。

今までの設例と同様に、自給自足状態を、まずは描出しておきましょう。

	コメ	塩
A	(150日) 75 トン	(90日) 30 トン
B	(120日) 40 トン	(120日) 30 トン
計	115 トン	60 トン

細かい説明は不要でしょう。

Aは240労働日のうち150日を費やしてコメ75トン、90日を費やして塩30トンを生産し、これらを消費することで一応の満足状態に達しているものとします。Bは240労働日のうち120日を費やしてコメ40トン、120日を費やして塩30トンを生産し、これらを消費することで一応の満足状態に達しているものとします。

考えられる2つの分業のケースを比較してみましょう。

まず1つめ。Aがコメ、Bが塩の生産にそれぞれ特化する場合です。結果は次のようになります。

	コメ	塩
A	(240日) 120 トン	
B		(240日) 60 トン
計	120 トン	60 トン

自給自足状態と比べると、塩の社会全体での生産量は60トンで変化ありませんが、コメの生産量は115トンから120トンへと増大しています。交換比率の設定次第では——コメ45トン未満40トンより上、塩は30トンオンリーという範囲内での交換が実現すれば——分業の利益が発生する可能性がある、ということです。

たとえば、交換比率が〈コメ42トン＝塩30トン〉の場合には交換後に次のような状態が生まれます。

	コメ	塩
A	78 トン	30 トン
B	42 トン	30 トン
計	120 トン	60 トン

　A，B両者共に生活水準——コメの消費量——が上昇しており，分業の利益が発生しています。

　分業の2つめ。Aが塩，Bがコメの生産にそれぞれ特化するケース。

	コメ	塩
A		(240日) 80 トン
B	(240日) 80 トン	
計	80 トン	80 トン

　塩の生産においてBよりも生産性が高いAが全面的に力を注いだだけあって，その成果が如実に現れて，社会全体の塩の生産量は，自給自足状態と比べて，60トンから80トンへと大きく増加しています。

　ところが，コメの生産量が社会全体で115トンから80トンへと減少してしまったため，分業の利益は発生しない結果と相成ります。どうあがいてもコメの消費量においてA，B共に自給自足状態を上回ることは不可能です。

　以上から言えることは何でしょうか。

　Aは，コメの生産においても塩の生産においても，Bよりも高い生産性を持っていました。Aにとってはすべて自前でやった方が，では，良いのか，というと，必ずしもそうは断言できない，たとえば前者のケースのように分業した方が得であるという場合も存在するのです。前者の分業——〈A—コメ／B—塩〉——と後者の分業——〈A—塩／B—コメ〉——との違いはどこにあるのでしょうか。

　両方が得意であっても絶対優位度のより高い財——得意度のより大きい，つまりは〈比較優位〉にある財——の生産に特化した方が分業の利益がもたらされる可能性が発生する，ということです。逆に言えば，両方が不得意であっても絶対劣位度の低い，つまり不得意度が小さい財において〈比較優位〉にあり，そちらの生産に特化した方が社会全体にとっても個人にとって

3　パターン③:「A」〈何でも得意〉状態 versionⅡ

	コメ1トン (1)	塩1トン (2)	コメの比較生産費 (3)＝(1)÷(2)	塩の比較生産費 (4)＝(2)÷(1)
A	2日	3日	2／3	3／2
B	4日	6日	4／6＝2／3	6／4＝3／2

　Aが，コメにおいても，塩においても，生産性が高い――絶対優位にある――というケースであるという点ではパターン②と同じです。Bはコメにおいても塩においても，やはり絶対劣位にあります。違いは絶対優位度がコメにおいても塩においても同等である，ということです。コメにおいても塩においてもAの生産性はBの生産性の2倍の高さにあります。つまりは比較優位というものが存在しない状態です。

　比較優位度について，実際に見てみましょう。

　Aは塩1トンを生産するのに必要な労働日でコメ3／2トン（＝1.5トン）を生産します。Bは塩1トンを生産するのに必要な労働日でコメ6／4トン（＝1.5トン）を生産します。塩の生産を比較ベースにしたコメの生産性はAとBとでは同じである，つまりはコメに関しての比較優位は存在しない，ということになります。比較生産費というタームでみれば，コメの比較生産費はA，B共に2／3となり，比較生産性は同じである，ということになるわけです。

　コメの生産を比較ベースにした塩の生産性を比べてみましょう。Aはコメ1トンを生産するのに必要な労働日で塩2／3トン（＝約0.67トン）を生産します。Bはコメ1トンを生産するのに必要な労働日で塩4／6トン（＝約0.67トン）を生産します。コメの生産を比較ベースにした塩の生産性においてもAとBとで差はない，ということです。塩の生産における比較優位も存在しない，ということです。比較生産費というタームでみれば，塩の比較生産費はA，B共に3／2となり，比較生産性は同じである，ということになるわけです。

パターン①では絶対優位と比較優位とが重なり，パターン②ではコメ・塩共にその生産性においてAが絶対優位に立ちますが，比較優位の位置は，Aはコメにおいて，Bは塩において，それぞれ獲得する，ということでした。ここパターン③においては，コメ・塩共にその生産性においてAが絶対優位に立ち，そして比較優位は存在しない，ということになります。比較優位が存在しないということは，比較優位の理論が妥当しないということを意味しています。分業の利益は発生しない，ということです。

確かめてみましょう。

自給自足状態（一応の満足状態）を，まずは描出しておきましょう。

	コメ	塩
A	(150日) 75トン	(90日) 30トン
B	(120日) 30トン	(120日) 20トン
計	105トン	50トン

次は，Aがコメの生産，Bが塩の生産に特化する形での分業の結果。

	コメ	塩
A	(240日) 120トン	
B		(240日) 40トン
計	120トン	40トン

塩の社会全体での生産量が50トンから40トンへと減少してしまい，分業の利益は発生しません。

次にAが塩，Bがコメという分業ではどうでしょうか。

	コメ	塩
A		(240日) 80トン
B	(240日) 60トン	
計	60トン	80トン

コメの社会全体での生産量が105トンから60トンへと激減し，やはり，分業の利益は発生しません。

比較優位が存在しない場合は，理屈通り，分業の利益は存在しない，ということです。

比較優位の理論は，しかし，常に妥当するのでしょうか。
最後にそれについて検討してみましょう。

4　パターン④：「A」〈スーパーマン〉状態

	コメ1トン (1)	塩1トン (2)	コメの比較生産費 (3)＝(1)÷(2)	塩の比較生産費 (4)＝(2)÷(1)
A	1日	2日	1／2	2／1
B	2日	5日	2／5	5／2

　コメに関しても，塩に関しても，Aが絶対優位にあります。AはBがコメ1トン生産するのと同じ労働日でコメ2トン生産しますから絶対優位度は2倍，塩についてはBが1トン生産する間にAは2.5トン生産しますからその絶対優位度は2.5倍ということです。絶対優位度に差がありますから，比較優位が存在します。絶対優位度の大きい塩に関してAは比較優位をもっており，絶対劣位度が小さいコメに関してBは比較優位をもっているのです。
　確認してみましょう。
　塩の生産を比較ベースにしたコメの生産性を比べてみましょう。Bは塩1トンを生産するのに必要な労働日でコメ5／2トン（＝2.5トン）を生産しますが，Aは塩1トンを生産するのに必要な労働日でコメ2／1トン（＝2トン）しか生産できません。塩の生産を比較ベースにしたコメの生産性はBの方が高い，ということです。Bはコメの生産において比較優位にある，ということです。比較生産費というタームでみれば，コメの比較生産費はAが1／2で，Bが2／5ですから，BはAより比較生産費は低い，ということになりBはAよりもコメの比較生産性が高い，ということになるわけです。
　Aはコメ1トンを生産するのに必要な労働日で塩1／2トン（＝0.5トン）を生産しますが，Bはコメ1トンを生産するのに必要な労働日で塩2／5トン（＝0.4トン）しか生産できません。コメの生産を比較ベースにした塩の生産性はAの方が高い，ということです。Aは塩の生産において比較優位にある，ということになります。比較生産費というタームでみれば，塩の比較生産費はAが2／1で，Bが5／2ですから，AはBより比較生産費は低い，

ということになりAはBよりも塩の比較生産性が高い，ということになるわけです。

自給自足状態（一応の満足状態）は次のようになります。

	コメ	塩
A	（150日）150トン	（90日）45トン
B	（120日）60トン	（120日）24トン
計	210トン	69トン

比較優位の理論に則った分業はAが塩の生産に特化し，Bがコメの生産に特化する，というものです。どのような状況が生まれるのでしょうか。

	コメ	塩
A		（240日）120トン
B	（240日）120トン	
計	120トン	120トン

塩の生産量はAの生産性の高さを反映して倍近くに増加しますが，コメの生産量が社会全体で210トンから120トンへと激減しており，分業の利益が発生するような状態ではありません。AとBとの生産性の落差が大きすぎる，ということでしょう。

逆の分業の形，Aがコメ，Bが塩，というケースも見ておきましょう。

	コメ	塩
A	（240日）240トン	
B		（240日）48トン
計	240トン	48トン

これまたAの生産性の高さを反映してコメは結構増産されますが，塩がダメです。分業の利益は，やはり発生しません。

以上，比較優位の理論が妥当しないケースの存在を確認しました。比較優位を持つ分野に特化しながら分業することがその分業に参加する人々や地域全体にとって何如なる場合でも利益になる，とはいえないことを常に念頭に置いておかなければなりません。

5 小　括

　以上が，比較生産費説（比較優位理論）の概要です。

　比較生産費説は，貿易という国家間分業＝世界的分業という場においてだけではもちろんなく，様々にデフォルメされながら，実に色々な場面で登場してきます。

　アウトソーシングをめぐっての次のような最近の発言も，たとえば，その一例です。

　「最近，戦略的なアウトソーシングに関心が高まっている。業務の効率化によって大きなコスト削減に結びつくことはもちろん，グローバル化や規制緩和への対応，事業の多角化など，変化の激しい大競争時代に，的確かつ迅速な対応を行うのに威力を発揮するからだ。……／アウトソーシングとは外部の高度な専門能力やノウハウ，システムなどを有効活用し，業務の効率化を図ること。情報システムをはじめ，物流やマーケティング，福利厚生など，あらゆる業務が対象となる。／パソナの上田宗央エグゼクティブバイスプレジデントは「アウトソーシングは決して特別な経営手法ではありません。通常，企業は得意な業務と不得意な業務の両方を抱えています。そこで得意な業務に力を集中し，不得意な業務を外部の得意とする企業に任せて，業務の質と効率を求める。この仕組みがアウトソーシングです」と説明する。」（『日経』1998年7月23日，第二部）

　「アウトソーシングが進展しているアメリカでは，組織の中でできるだけ得意なことや好きなことに集中して仕事をさせ，効率化を図ることからスタートしました。普通の人がプロになるプロセスを経て，プロが活躍できる組織形態，仕事のありかたを創出し，リエンジニアリングを進めました。／得意な分野を得意な人に任せることで仕事の質を高め効率化することで経済効果を生みだし，トータルなアウトソーシングへと発

展したのです。」「外注は，自社のやり方をそのまま移転し，コスト削減を図るもので，アウトソーシングは自社では不得意で，得意な企業を活用することで，競争力を高めるものです。従って，アウトソーサーの選び方は，質を高め，間接的な効果も挙げて経済的効果を享受するために，自社の経済環境，組織環境，人間の環境に合った企業を選択することが重要です。」「アウトソーシングを効率的に使うポイントは仕事を切り分けることです。プロセスを細かく切り分け，各々の仕事の質と効率を追求するような企業体制になっていると，あるいはそういう文化があるとスムーズにいきます。」「アメリカの考え方は業務全体をアマチュアからプロにしていくことです。競争力をつけていくには，コアに集中しなければならない。企業も人間もコアに集中する必要があるということです。根本的には，人がプロ化できる素地を作ることです。」（上田宗央，同上）

効率を極大化するための能力に基づく市場（＝企業）による人間の細分化追求＝いつでもスゲカエ可能なモノ化追求と，効率だけでは割り切れない生身の人間の不可分の全体性との折り合いをどこでつけるのか，という古くて新しい問題を，含んでいます。以下の石垣の姿勢は大切ですが，「幸福」というものの内実に対する真剣な探索とその総和の事後的最大化というものを優先するというような形でのアウトソーシングの動きが今，本当に起こっているのかというと，眉に唾をつけたくなるのは私だけでしょうか。

「アウトソーシングには，経済学，経営科学に加え，哲学が必要ではないかと思っています。／フルアウトソーシングも，最終的には変化を受ける前と，受けた後の関連する人の幸福の総和のどちらが高いか低いかという部分で決まっているように思います。」（石垣禎信：日本アイ・ビー・エム理事・アウトソーシング事業部長，同上）

「アウトソーシング」のかけ声と同じ流れの中に〈能力主義〉というものもあります。〈能力主義〉とは，極端に図式化すれば，常に100％（もしくはそれ以上）の目標達成能力を発揮する人間たちによって組織＝企業を構成

しようとするものです。ある組織構成員たち＝従業員たちが何らかの事情で仮に 60 ％しか目標達成能力を発揮できなければ，すぐさま解雇し，外部から 100 ％（もしくはそれ以上）の力を発揮できる人間を雇用する……というような流れを円滑化させようとする動き，これが現在の〈能力主義〉の本質です。石垣が言う「関連する人」たちの「幸福の総和」の中には，このような過程で省略され・消去され・排除される人々の〈負〉の幸福も考慮され・含まれているのでしょうか。青臭い甘(アマ)ちゃんの議論かもしれませんが，絶対に放棄してはいけない視座＝問題意識だと思います。

第III部
手段と目的
「貨幣」と「生産力」

第7章
〈商品 – 貨幣 – 資本〉連関：素描

1 〈私〉たちと社会＝世界

　〈私〉たちと社会＝世界，いや，正確には，〈私〉という存在たちと社会＝世界とは，どのような連関を形作っているのでしょうか。

　すべての〈私〉——〈私〉という存在たち——にとって，社会＝世界とは，もちろん，〈私〉が在ってこその社会＝世界でしょう。〈他者〉の存在や眼差しによって〈私〉というものの存在が不断に確認・確証されなければならないとはいえ，その〈他者〉とは〈私〉にとっての〈他者〉であり，すべての〈私〉という存在たちにとっては，やはり，〈私〉が常に主語＝主人公なのです。〈私〉が存在しなくなれば，〈私〉が必要とする〈他者〉と共に社会＝世界もまた消滅します。〈私〉という存在たちの数に対応して，複数＝多様な社会＝世界が存在しているのです。〈私〉が〈全体〉であり，社会＝世界は〈私〉という〈全体〉を構成する〈部分〉でしかありません。社会＝世界は，そこにおいて，〈私〉という存在たちの従属変数なのです。〈私〉の目の前で多方向に拡散・展開する社会＝世界を，〈私〉が主人公となる関係の円環へと絶え間なく閉じてゆくことによって，〈私〉という存在たちは，自足し安定を保つのです。

　ところが，社会＝世界は，一方で，複数＝多様な〈私〉という存在たちの外側に独自存在として屹立しようとする，という主語的存在でもあります。すべての〈私〉という存在たちは，社会＝世界を構成する多様ではあるが均質な，つまりは，いつでもどこでも取り替え可能な構成要素でしかない，と

いう生き方を強要される存在でもあるのです。〈私〉が存在しなくても・存在しなくなっても，社会＝世界は，小波すら起きることなく，何事もなかったかのように持続してゆきます。社会＝世界は，そこにおいて，〈全体〉として顕現します。社会＝世界という〈全体性〉にとっては問題とするに値しないほど均質になるまで〈私〉という存在たちの異質性＝〈全体〉性は圧縮された点となり，いつでもどこでも取り替え可能な〈部分〉でしかない——〈名前〉を付けられて区別されているだけの——〈個〉となります。〈私〉と〈他者〉との連関＝コミュニケーションの様相はモノとモノとの関係に限りなく近づいていくことになるのです。

いつの時代でも，〈私〉という存在たちは，社会＝世界という存在との間で形成される磁場のどこかで，様々な〈他者〉を介在させながら，とにかくはバランスを取りながら生きていかざるをえない……のではあります……が，〈資本主義社会〉として存在している〈商品＝貨幣経済が支配的な社会〉は，複雑＝多様な〈私〉という存在たちの外側に独自存在として屹立しようとする性格が非常に強い社会＝世界なのではないか，それゆえ必然的に，人間（生命体）と人間（生命体）とが無機的なモノ同士として関係づけられていってしまう環境を強固に作り上げていってしまう，という印象を私は持っています。〈私〉という存在たちの〈全体〉性を不断に圧縮・消去しながら，社会＝世界に翻弄される〈部分〉でしかない〈個〉として活かし・序列化される関係を，資本主義的市場という場は，拡大し加速化してゆくのではないでしょうか。

2　商品所有者中心社会

人々は，様々な役回りをこなしながら，様々な関係を造形し，様々な関係の中で〈人格〉を形成し，様々に生きています。〈家族〉という関係の中では〈親〉であったり〈子〉であったり〈夫〉・〈妻〉・〈兄〉・〈弟〉・〈姉〉・〈妹〉であったり，というふうにそれぞれがそれぞれの役回りを——もちろん色々なヴァリエーションはあるでしょうが——意識的にであれ無意識的にであれ演じることによって，その〈家族〉というユニットが存在しえている

のです。同様に〈学校〉という関係の中での〈教師〉と〈生徒〉とか，〈会社〉という関係の中での〈雇用者〉と〈正規の被雇用者〉と〈臨時の被雇用者〉とか，〈地域社会〉の中での……，〈国家〉の中での……，〈民族〉の中での……，そしてそれらすべてと重なる役割であるところの〈男〉と〈女〉であるとか……とにかく，様々な役回りを演じることによって人間社会のメンバーたりえているのです。〈人間〉とか〈個人〉（＝〈個性〉）などというものも，また，1つの役回りでしかないのです。

　それら様々な役回りの中で，現代社会において中枢に位置している役割は何でしょうか。

　私は，〈商品所有者〉というのが，それ——中枢的役割——ではないか，と思っています。

　誤解しないで下さい。

　〈商品所有者〉という役割がすべてだ，というのではありません。その周りに色々付加して多様な存在的膨らみを持たせることはもちろん可能です。存在全体の形は，かなりの程度において変幻自在ではあります。核にあるもの＝中枢部にあって私たちの存在が許容される可能性を大きく規定しているものは，しかし，やはり〈商品所有者〉という役回りであり，これを——それとの距離の取り方も含めて——私たちがどう納得し・どのように演じようとし・どこまで演じきっているのかによって，現在の〈社会〉における——〈社会〉の中で生きてゆくかぎりでの——私たちの〈人生〉は100％左右されるのです。

　人間は——もう一度繰り返しますが——もちろん，〈商品所有者〉としてだけ生きているのではありません。しかし，生活に必要なほとんどのモノやサービスが商品という形態をとっている市場社会においてそれらの生活必需品を手に入れるためには——誰かにオンブにダッコで面倒を見てもらわないかぎりは——自分も何らかの商品を市場に提供しなければならないということを必然的に意味しています。市場社会は〈商品所有者〉を自立・自律的な主体——〈一人前〉の〈オトナ〉——として位置づけ，彼ら・彼女たちの利益極大化行為に基づく需要行動と供給行動とによって組み立てられている社会です。たとえば失業者の増大という事態は，だから，ただ単に職がなくて

物質的な生活面において苦労し不満を鬱積させて社会不安を増大させるから，というだけではなく，〈商品所有者〉たちによって構成されている社会においては異質な分子の増大でもあるからこそ〈社会〉問題化するのです。一見，様々な異質性を許容するかに見える市場社会は，不寛容に異質性を排除する論理をもその体質の中に厳然と保有しています。〈個性〉などという言葉が飛び交う割りには，たとえば学校や企業における陰湿かつ開けっぴろげ！なイジメというかたちでの異質分子排除——これも実は〈社会〉そのものの持っている体質の反映＝顕在化でしかないのですが——の横行，という事態がその体質の存在を余すところなく明示しているのではないでしょうか。

3　貨幣中心社会

　〈商品所有者〉としての社会的存在の軽重は，自分の提供する商品が他の諸商品を引き付ける力によって測定されます。他の諸商品を多く引き付けることができればできるほどその商品の社会的重要性が実証されたということになり，ひいてはそのような商品を提供することができた人の〈能力〉が高く評価されることになるのです。貨幣は自分の所有している商品——ひいてはその人の〈能力〉——の価値を表現してくれる手段です。手段，とは言っても，たくさんあるうちの1つというのではありません。〈商品所有者〉にとって貨幣とは，自分の存在を市場社会の中で確認し・確証する唯一の手段です。市場によって支えられ構成されている社会においては，所有している貨幣の多寡が，その人間の社会的評価の唯一の尺度となるのです。どんなにイイ人でもおカネがなければ，もしくはおカネになりうる商品（モノ・サービス・情報・労働力）を提供できるだけの能力を持っていなければ——市場社会の外側・周辺部でいかに高くそして大切なものだと評価されようが——市場社会においては評価の対象にはなりえません。

　〈おカネだけがすべてではない〉とはよく耳にする言葉です。〈何のすべてではないのか〉というと，〈人間もしくは社会のすべてではない〉ということのようです。〈おカネでは買えないもの，おカネでは自由にはならないものが，人間もしくは社会の重要な構成要素として存在している〉ということ

のようです。そんなことは，しかし，当然のことです。当然のことをあえて言わざるをえない，というところに事態の本質が，実はあります。

　人間もしくは社会というものは，多面的・重層的つまりは多様・複雑です。百人百様・百社会百様？　です。そのことの指摘それ自体は，しかし，人間や社会が本来持っている多面性・重層性つまりは多様性・複雑性というものを人間や社会の現実の基本的存在様式がそのまま許容しているということを意味しているものでは全くありません。多様性・複雑性それ自体は，人間や社会という概念と完全に同義です。相互に置き換え可能です。〈人間もしくは社会はおカネによって一元的に支配されるほど単純ではない〉などとは決して言えないということです。この文章表現において，〈単純ではない〉という部分は〈非人間的・非社会的ではない〉という言葉で置き換え可能なのです。置き換えてみて下さい。

　〈人間もしくは社会はおカネによって一元的に支配されるほど非人間的・非社会的ではない〉？

　全然，意味を成していません。

　〈人間や社会は複雑なんだよ〉・〈おカネだけがすべてなどというふうに単純なものではない〉と言うだけでは，つまり，何も言っていないに等しいのです。

　どのような社会であれ，人間は百人百様に複雑でありながらも，実際の存在様式は，様々に組み合わされてではあれ結局は単純な鋳型に嵌め込まれてきました。ヴァリエーションはもちろんありますが，結局のところ一定の束になった役回りを演じることを多かれ少なかれ強要されています。百人百様が裸のままで貫徹するというわけにはいきません。

　集団生活の場としての社会である以上，裸の百人百様の複雑さがそのまま露出し顕現化することはありえないのかもしれません。ある種の規制がそこに生まれるのは仕方のないことなのでしょう。問題は，その規制の質です。

　市場社会＝商品所有者中心社会は，人間や社会のまさにその本来的な多様性・複雑性を史上最高の!?　手口で逆手に取りながら・利用しながら，貨幣という抽象物による一元的支配という規制を貫徹しているのです。市場社会における多様性＝〈個性〉は，他の歴史上の諸社会と比較すればより広い範

囲において開花しているように確かに見えますが，しかし，その多様性の開花は，あくまでも貨幣による一元的支配の貫徹のエネルギー源となるかぎりでのものでしかありません。様々な次元を持つ人間・社会の多様性に依拠すると同時に，そういう多次元的な多様性をも積極的に創り出しもする，実にハイレヴェルな一元的支配なのです。そこでの多様性の特質は，絶えざる変化です。理由は簡単です。貨幣獲得競争（市場競争）において少しでも他者よりも前に出るために，その絶えざる変化＝差別化が必然的に要求されるからです。競争ですから立ち止まることはできません。立ち止まるということは，競争の場から降りる＝市場から脱落する，ということを意味しています。市場社会において市場から降りる＝脱落するということは，社会から降りる＝脱落することです。相当の勇気と追い込まれ方が必要です。

　基本的生き方において，おカネなどというものとは全く無縁のところで充実感を手に入れることの可能性を私は否定するものでは全然ありません。おカネがあるからといって，もちろん，それだけで人生が充実するなどということを主張しようとしているのでもありません。どんな時代や社会にあっても，人間は色々な行動を通じて色々なことに感動し，充実感を味わいます。市場社会においても，それら——感動や充実感——はおカネとは，一見，無縁なように立ち現れます。しかし，本人たちの意識とは関係なく，おカネは，それら様々な感動のドラマをエネルギー源として肥え太っていくのです。感動や充実感というものは，多様性・複雑性と同じく，歴史貫通的にいつの時代でもどこであっても人間と共にありますし，それ自体は，おカネとは別の次元にあって人々の生き方を左右するものでありながら，市場社会にあってはおカネの餌になるのです。思いつきで挙げれば，サッカーのプロスポーツ化＝Ｊリーグという新商品（＝新産業）の開発による経済効果の発生やそれが下火になりかけたところでの1998年のフランスでのワールドカップへ向けての巧みな演出に基づくこれまた大きな経済効果の創出などは，その格好の例です。注目すべきことは，おカネの餌になっても，感動それ自体のボルテージ＝質は劣化しないということです。感動が政治的な演出だったりすると妙に白けてしまうことがありますが，おカネの場合は表面的にはいつも単なる一手段の地位に甘んじていますから，〈マアイイジャナイカ，ソレホド

固イコト言ワナクテモ……〉などと,皆も納得したりしてしまうのです。変幻自在なアメーバ的統合によって,おカネは,多元性を一元的に管理するのです。プロスポーツ化によって面白さが倍々増してゆくかのような幻想をたとえば産出し,その雰囲気＝共同幻想は,〈実力主義〉＝〈能力主義〉社会という名の下で,働く人々に対して常に100％の燃焼を要求するシステムの創出へとつながっていきます。四六時中の100％燃焼など不可能な生身の人間たちは別の100％燃焼できる人間たちへとドンドンすげかえられ・使い捨てにされてゆくことになります。個々人のレヴェルでは不安定極まりない,しかしマクロ経済＝経営的には最大の効率性の実現を保障するであろうシステム——これこそまさに自由競争100％完全燃焼の市場（＝〈非情〉!?）システムの本来の姿ですが——の形成に大きく寄与するという面も,プロスポーツ化という傾向は持ちあわせているということです。おカネは感動を餌にして,その感動した人々には思いも寄らぬ悲惨なシステムを築き上げてしまうこともあるのです。

　おカネというものは,一筋縄ではいきません。おカネ,おカネ……と,あまりおカネの話題にこだわるとナンダカ意地汚いような,そういう気分に人々をさせるものでもありながら,しかし,市場社会における商品ネットワークの結び目に必ず介在するほど重要なものでもあるのです。そして金融市場をその自由奔放な活躍の舞台としてより多くの利得を求めて動き回ることにより,人々の日常生活をかき乱し振り回すなどという状況をも多々産出するのです。

　市場社会の中で生きている多くの人々にとって,貨幣中心社会という言説は,ともあれ,決してカビ臭い社会批判などではないのです。

4　資本主義社会——強迫される〈成長〉と〈変化〉そして〈スピード〉——

　おカネは唯一の・独占的な購買手段であるがゆえに,競争の在り方次第で,それ自体の増殖（＝利殖）を目的とせざるをえない関係が作られることになります。おカネそれ自体の増殖（＝利殖）を目的とせざるをえない関係が人々の生き方を律する社会,それが資本主義社会です。個々人が,それぞれ

の目的意識において，明示的におカネの増殖のみを追求する社会である，というのではモチロンありません。様々な事柄を追求する種々の生き方が，しかし，貨幣増殖運動の活性化へと，社会レヴェルにおいて結局は集約されていってしまう，そういう社会である，ということです。

　資本主義社会と言い表わされるときの〈資本〉とは，貨幣の無限増殖を志向する運動態のことです。貨幣の無限増殖志向は〈M－C－M′－C－M″……∞〉（M：貨幣，C：商品，$M′=M+\varDelta M$，$M″=M′+\varDelta M$……）というシェーマで表示されることもあり，〈資本の論理〉とか〈資本の一般的範式〉などと言われています。この資本主義社会を構成するメンバーは，つまり，市場への参加者は，この増殖運動＝〈資本の論理〉の実現過程に参画＝加担する・せざるをえないのです。主要に・積極的に引っ張っていくメンバーとそうでないメンバーとに分かれますが，善悪の判断を超えて，全員がこの運動の実現を結局は担っていくのです。当然，言葉を換えれば，全メンバーはメンバーである限りにおいて多かれ少なかれ手持ちの貨幣量の将来にわたっての傾向的増大を望み・追求するということでもあります。逆に見れば，市場に参加するメンバーの大多数に手持ちの貨幣の増殖を制度的に保障することができてはじめてひとつの社会としての形を成立させ＝維持しうる，そういうシステムの構築を不可避とする社会体制であるということです。

　流通する貨幣量は，無論，流通速度の加速化を含み込んで，絶え間なく増大し続けていかなくてはなりません。〈貨幣価値〉（＝貨幣１単位の商品購買力）を維持してゆく――社会存続の臨界点を超えるようなインフレーションを防ぐ――ためには商品供給をも不断に増大し続けることが必要です。絶え間のない経済成長――絶え間のない大量生産・大量消費――が要求されるのです。

　大量生産・大量消費のパラダイムが衰退する，などと昨今至るところで述べられていますが，不断の経済成長を実現しなければ存続できないという資本主義社会の本質に着目すれば，完全にミス・リーディングでしょう。少品種大量生産が多品種少量生産に移行しても，〈少×大〉＝〈多×少〉であり，大量生産・大量消費がベースにあること自体は何も変わらないのです。

「パソコン，携帯電話，デジタルカメラをはじめとする多くの情報家電製品の間で，大量生産，低価格，シェア拡大の激しい競争が起きている。……低価格化によるシェア獲得競争は，ワープロ，ブラウザー，翻訳ソフトなどのソフトウエアでも起きている。／……／従来の大量生産を超える新しい大量生産……。……「超大量生産」……。／……「高付加価値製品を，顧客ごとにカスタマイズ（受注化）して，しかも大量生産品並みの低価格で提供するシステム」の創造……。伝統的な大量生産は，カスタム生産なども含め，この超大量生産の下位集合として包含される……。／この超大量生産の「超」には3つの内容が含まれている。1つは，一家に1台から1人1台ということからわかる通り，従来の大量生産の規模を大きく超える大量生産を目指している点である。しかも世界市場を相手に大量生産・大量販売を目指している。／2つは，大量生産とカスタム生産とを同時に実現させることを目指している。従来の概念は，大量生産とカスタム生産は両極端に位置する生産システムと考えていた。超大量生産では，この2つの生産方式を両立させる仕組みの創造を目指している。／3つは，大量生産と高付加価値生産とを同時に実現することを目指している。先端技術を採用したDVDのような製品を，発売当初から大量生産による普及品並みの価格で提供することである。」
（根本忠明「「量産」と「受注」満たす生産へ」『日経』1997年4月23日）

　経済成長を絶え間なく，無限に，実現してゆくためには，当然，需要として発動される欲望を絶え間なく，無限に，刺激し創造する必要があります。つまり，絶え間のない変化もまた求められる，そういう社会で資本主義社会はある，ということです。無限とは常に＋α（＝変化）が存在してこそ成立するのです。

　『スピード』という映画がありました。時速がたとえば100 km 以下——数値の記憶は正確ではありませんが——になったら仕掛けられている爆弾が爆発するという，乗客を満載したバスの話です。しかも高速道路ではなく市街地でという設定です。街中をとにかく時速100 km 以上でぶっ飛ばし続け

なければならないのです。さらに燃料が切れたらそれでもうアウトです。燃料がなくなりかけたら一旦停止してまずはノンビリ燃料補給というわけにもいきません。ぶっ飛ばし続けながら燃料を補給しなければならないのです。

　資本主義社会とよく似ているとは思いませんか。

　私が何に対して批判的・懐疑的であるのか，誤解しないで下さい。

　欲望の開発，新たな欲望の多様な発生それ自体がダメだ，というのではありません。100ｍを11秒で走ったら，今度は10秒台で走ってやろうとか，車でもバイクでもたとえば時速60km 出せたら次は80km→100km→120km……という具合により速く走行してみようとかという形でのいわば欲望の増殖とでもいうべき欲求は，他の生物よりも〈観念〉が肥大している人間という生き物にとって，廃棄することが根本的には不可能な本能であるのかもしれません。

　ただそれが，強迫観念として，〈立ち止まれば死〉的に促迫されるようになると病理的現象として考えざるをえないのではないか，ということです。

　速ければ速いほうが良いという時と場合は必ずあります。しかし，速さを要請するその質はそのことによって節約された時間の利用のされ方によって規定されます。節約された時間が再び節約されるべき時間へと無限に転移されていってしまう――節約する時間を生み出すために節約する――という悪無限を資本主義社会は根っこのところで人々に要請し強要する……というふうにスピード加速化要請の資本主義的な質を観察してしまう私は，あまりにも悲観的に過ぎるのでしょうか。

　〈私〉という存在たちは――たとえどんな波をも自在に乗りこなすサーファーであっても結局は波そのものの存在を制御できないことと同様に――，〈主体〉として積極的にであれ〈客体〉として消極的にであれ，資本主義社会のもたらす必然という名の〈成長〉・〈変化〉そして〈スピード〉によって振り回されているのです。自然の波は私たちがつくり出したものではありません。しかし，社会・歴史の波は私たちがつくり出しているものです。自分たちがつくり出しているものに自分たちが振り回されているということです。〈自己疎外〉状態と，これをいいます。人間たちにとっては避けられない如何ともしがたい事態としてこのような状態を諦観し，とにかく波に上手く乗

ることに全力をそそぐ，というのが一般的な生き方でしょう。それを否定するつもりは全くありません。そういう生き方を私だって100％拒否などできていないからです。しかし，このような〈自己疎外〉状態を，資本主義社会が特殊＝歴史的なものとしてより強化する形でつくり上げているととらえ，それを打破する方途を考え続ける努力を放棄するべきではない，と思うのですがどうでしょうか。

> 「精緻な論理の構築者だったウィトゲンシュタインでさえ，こう言う以外になかった……。／──世界が*どうあるか*，が神秘的なのではない。世界が*ある*，ということが神秘的なのだ。／そして，彼は最後に，こう，しめくくった。／──語り得ぬものについては沈黙しなければならない。(『論理哲学論考』)／とすれば，ぼくは沈黙すべきなのかもしれない。しかし，人間にはドン・キホーテ的な欲求がある。だめだとわかっていても，一縷の望みをかけて立ち向かっていこうとする欲求である。カントはそれを「理性の宿命」と呼んだ。すなわち，人間は「やめようと思ってもやめることができず，さりとて，答えようとしても答えることのできない，そのような問いに悩まされる」(『純粋理性批判』序文) という宿命である。」(森本哲郎『ぼくの哲学日記』集英社，1999年，27‐28頁)

　〈今〉は，振動しつつも増殖する未来に規定された，つまりは線形的水平的時間軸上の〈今〉である，と同時に，時間軸それ自体を垂直に突き抜けゆさぶり無化しつつ未知なる未来を創出してゆくことのできる〈今〉でもあります。〈今〉を〈今〉こそ，〈今〉であるがゆえに，考え続けることこそが決定的に重要なことなのです。「ドン・キホーテ」は生身の「理性」の「宿命」的一部であることを充分に消化する必要があります。
　以下，本書の副題の１つである「マニュアル」の話へと「思索」の理路から軌道修正しつつ，〈商品‐貨幣‐資本〉連関の要の位置にある貨幣について考えてみましょう。

第8章

貨幣の利便性と様々な貨幣的現象

1　貨幣の定義

　貨幣の定義とは貨幣の機能を定義することです。貨幣の機能を果たすものが，そして，貨幣なのです。ただし，1つのものがすべての機能をその一身に集約して屹立することもあれば，様々なものにその機能を分散・分担させるという可能性ももちろんあります。

　貨幣の機能は，次の3つに要約されます。

① 商品価値＝交換価値の尺度手段であること（商品価値表現機能）。
② 一般的交換手段（＝支払手段・決済手段）であること。あらゆる商品との直接的交換可能性を有する，つまり，商品経済の構成員であるかぎり誰もその受け取りを拒否しないものである。
③ 商品価値＝交換価値の腐食しない貯蔵手段であること（無限増殖可能な商品価値の具現体であるが，ただしインフレーションによる機能損壊＝減価もありうる）。

　貨幣＝おカネと言うと，通常は，流動性（＝換物性の容易さ）100％の現金がイメージされます。別にそれで間違ってはいません。ただし，おカネの機能を果たすものは現金に限られません。おカネ＝通貨の統計指標上のグルーピングは，日本においては次のようになされています。

　「現金通貨（紙幣・コイン）」＋「預金通貨（普通預金・当座預金）」＝

「M_1」，これに「定期預金（準通貨）」が加わって「M_2」，さらに CD（negotiable certificate of deposit 譲渡性定期預金証書）が加えられて「M_2+CD（$=M'_2$）」，さらに郵便貯金や農漁協・労働金庫・信用組合などの預金等が加えられて「M_3+CD」となり，これらに金融債や国債・投資信託等が加わる「広義流動性」という指標も用いられています。

　貨幣の中の貨幣と言えば，やはり，流動性100％の現金がその最たるものです。この流動性100％は，しかし，あくまでも通貨として流通する範囲内に限られており，世界大100％というわけにはいきません。かつては，それに近いものとして金貨幣がありましたが，それに匹敵するほどの流動性を持った無国籍の世界貨幣は，今のところ存在してはいません。国際決済通貨としてのアメリカ・ドルといえども，その名の通り国籍を有しており，アメリカ合衆国の経済力という後ろ盾があります。米国が提供する――ハードもソフトも，つまりは政治・軍事も含めての――諸商品に米国以外の世界が大きく依存しているからこそ，つまりは，それらを購入することの必要性が米ドルを国際通貨の地位に押し上げているのです。無国籍の貨幣金と国籍を持った通貨との関係……米ドルはかつての金貨のごとき世界貨幣に成りうるのか……それとも貨幣金はいつか再び世界貨幣に返り咲くのか……それとも金以外の無国籍世界貨幣が新たに誕生するなどということが今後ありうるのか……色々飛躍・飛翔して，たとえば……ただ1つの世界貨幣の下での，ということは外為市場など不必要な，世界的分業連関は実現する可能性があるのだろうか……そういう統一方向イメージとは逆に，日本で各県もしくはそれ以外の地方ブロックごとに独自通貨を使用し日本国内においてすらたとえば〈青森円〉と〈東京円〉との交換市場（＝外為市場）が存在するというような地域自立・分立イメージの実現可能性や如何……等々あれやこれや想像してみると――本書では残念ながら展開・遊泳できませんが――面白いかもしれません。

　強引に!?　閑話休題。

　貨幣はとても便利なものです。その利便性ゆえに人々はいったん手に入れた貨幣という存在を，そのマイナス面を意識しつつも，なかなか手放すことができません。

　貨幣のその利便性を観てみることにしましょう。

2 〈欲望の二重の一致〉状態と〈欲望の不一致〉状態

　私たちは貨幣によって欲しいものを購入しています。貨幣の存在は，今では当たり前になっていますから，その利便性をことさらに意識することは通常ありません。
　貨幣がなければ，しかし，どのような不便が生じるのか。それを考えてみます。
　貨幣が存在しない場合の商品交換は，商品の使用価値に対する交換当事者たちの欲望が相互に一致するとき・噛み合うときにのみ，そのときにだけ!!しか実現しません。
　Aという人がc_1という商品を所有していて，Bという人はc_2という商品を持っているとしましょう。Aはc_2が欲しくて，同時に，Bはc_1が欲しいのであれば，そして2人が出会えば，そのときにだけ!!　AとBとの商品交換が成立＝実現します。〈欲望の二重の一致〉状態です。
　Aはc_2が欲しくてもBがc_1を欲しなければ——これを〈欲望の不一致〉状態と言います——，当然，商品交換は成立しません。Aは別のc_2所有者を——ただしBとは違ってAが交換に提供しようとしているc_1を欲しがっているc_2所有者を——探し出さなければなりません。貨幣がなければ，商品交換希望者は，自分が欲しいと思っている商品を所有している人を見つけるだけではなく，自分の欲しいと思っている商品を所有していると同時に自分の所有している商品との交換を望んでもいるという2つの要件を一挙に充たす人を探し出さなければならない，と，つまりはそういうことです。
　市場への参加者が非常に少なければ，そして市場の範囲も非常に小さければ，そしてAの欲しいものがc_2だけであれば，〈欲望の二重の一致〉探しの苦労もさほど問題とすることはないかもしれません。市場が広がり，Aがc_2だけではなくc_3もc_4もc_5も……とにかく色々欲しい・必要だ，となってくれば，〈欲望の二重の一致〉探しのその苦労たるや相当なものとなるでしょう。貨幣はこの苦労を消滅させます。〈欲望の二重の一致〉探しは必要なくなるのです。Aはまずは自分の所有しているc_1を欲しがっている人を

見つけ出し販売し,手に入れた貨幣を持って後は自分が欲しいと思っている諸商品を所有している人々を探し出せばいいのです。

　貨幣とは,つまりは,様々な欲望が複雑に絡み合う市場にあって,商品交換を円滑化させ,人々をして特定の商品生産に安心して専念することのできる環境形成の可能性を増大させるのです。分業は,そのような環境の下で,もちろん拡大しますし,生産力の発展ももたらされるのです。

3　〈流れる貨幣〉と〈膨張する市場〉

　貨幣を媒介とする商品交換＝商品売買のケースを想定してみましょう。
　市場参加者はＡ,Ｂ,Ｃ,Ｄ,Ｅの5人です。ＡはC_1,ＢはC_2,ＣはC_3,ＤはC_4,ＥはC_5というふうにそれぞれ商品を持ち込んでくる,としましょう。欲望のベクトルは全く嚙み合わず,ＡはC_2が欲しくてＢはC_3が欲しい,ＣはC_4,ＤはC_5,ＥはC_1がそれぞれ欲しい商品である,というケースです。見取り図を簡単にするため市場参加者を5人としましたが,人数が100人になっても1万人になっても100万人になっても同じことです。
　Ａが貨幣を持っている,と想定しましょう。Ａの所有している商品C_1が貨幣の役割を担う,と考えてもいいのですが,ここではC_1という商品以外にＡは貨幣Ｍを持っているということにします。諸商品の中から貨幣が抽出されようが,市場参加者たちの何らかの——事後的にであれ事前にであれ——承認＝合意を得て商品ではない何物かが貨幣として導入されようがつまり,ここでの議論には全く影響を与えない,ということです。
　商品交換は,さて,どのように進行するのでしょうか。貨幣が存在するのですから,当然それを使用して交換が連結されてゆくことになります。
　Ａが貨幣を使用する,つまり貨幣ＭとＢの所有しているC_2との交換を遂行するという行為がすべての出発点に置かれます。欲しい商品C_2をＡが買い取るということです。Ｂはそして,手に入れた貨幣Ｍと欲しがっていた商品C_3とを交換するでしょう。以下同様,です。最後はＥがＡからC_1を購入します。貨幣ＭはＡの手元に戻ってくるのです。これで完了です。単純そのものです。以上を図示すれば**図 8-1**のようになります。

図8-1 貨幣1

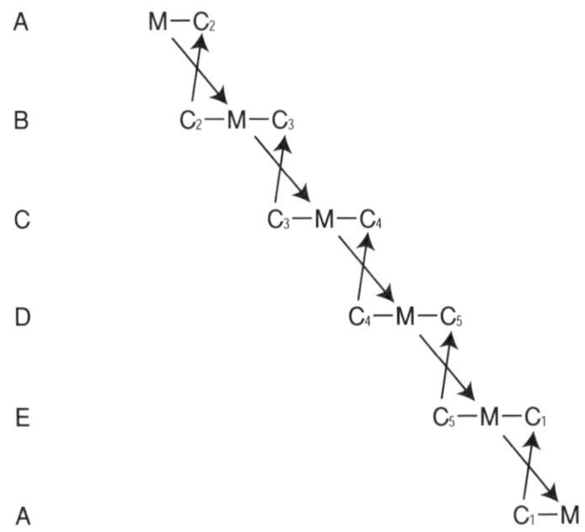

```
A       M—C₂
          ↕
B      C₂—M—C₃
            ↕
C        C₃—M—C₄
              ↕
D          C₄—M—C₅
                ↕
E            C₅—M—C₁
                  ↕
A              C₁—M
```

　商品の数や種類がどれだけ増えようとも，欲望のベクトルがどんなに多方向化しようとも，貨幣の流れがただ単純に長く続きそして多方向にただ単純に展開するだけのことです。どこまで行っても単純であるというその性質に変化はありません。

　このどこまでも流れる貨幣というものの存在によって商品交換関係としての市場は無限の膨張力＝膨張可能性を手に入れた，と言っても決して過言ではないでしょう。貨幣がなければ商品交換は，欲しいものを手に入れる方法としては非常に不確実・不安定なものに留まっていました。欲しいものが増えれば増えるほどその不確実性・不安定性は強まり，より複雑化・煩雑化し，結局は欲望の拡大をバックアップする推進力としては全くの力不足状態にありました。このような状態では，もちろん，商品交換が生活必需品の生産と分配を拡大する方向において組織するなどということはありえません。確実に手に入れなければならないものを不安定極まりない商品交換関係＝市場に委ねるわけにはいきません。社会は，そして市場は，局地的な限界を突破することができません。貨幣が登場してくると，しかし，状況は一変するのです。社会と市場は相互媒介的にそのスパイラル的膨張過程を形成してゆくことになるのです。

　以下，貨幣にまとわりつく諸現象を見てゆきます。

4　所得循環

まずは、所得循環について。

貨幣を伴う上述の商品交換を俯瞰すれば明らかに循環を描いています。図8-1を図8-2のように描き直してみるとそのことは一目瞭然です——A. スミスの言うところの〈流通の大車輪〉としての貨幣とはまさにこのことです——。

Aの支出から開始された貨幣の通流は再び出発点であるAの元へと還流＝循環しています。このように単純明快な循環を描いて自分の手元に支出した貨幣が還流してくるかどうかは、当然怪しいものですし、厳密に言えば、ここでの閉じた還流図式は理想型です。実際には、もっと入り組んでおり、いたる所で寸断されるでしょう。ここで着目しなければならないのは、しかし、Aの支出した貨幣が流通する過程で様々な人々の収入となってゆく、ということです。仮にAの支出した貨幣が100万円であれば、ここではB、C、D、Eの4人の収入＝所得——厳密に言えば収入から費用を差し引いて初めて純粋の所得たりうるのでしょうがここではそういう細かいことは無視します——合計400万円を実現しているのです。さらにはAの所得を最終的には実現していることを加味すれば、総計500万円の所得を実現していることになります。1人の支出した貨幣がその他の多くの人々の所得を実現することになる、というこの動態にまずは着目する必要があるのです。初発はAであっても、Aの支出以降はBやCやDやEの連続する支出が循環の結び目を形成し、それぞれの所得の実現を媒介し可能としているのです。注目すべきは、だから、Aの支出だけではなく、所得を支出するというすべての市場構成

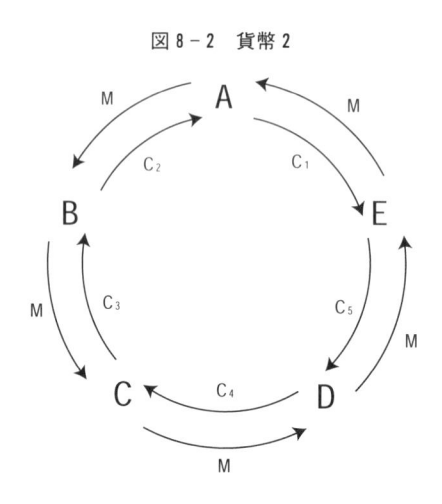

図8-2　貨幣2

第 8 章　貨幣の利便性と様々な貨幣的現象　195

図 8 - 3　貨幣 3

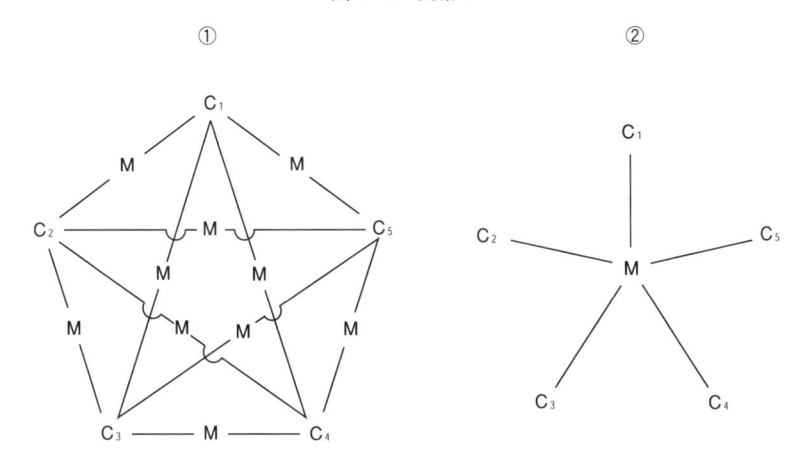

① ②

員の行為が他者の，そして結局は自分自身の所得の源泉となりうる，という所得循環のシステムです。

　私たちの，市場に依存している生活というものは，このような貨幣の絶え間のない通流＝還流の連鎖に基づき実現されている所得循環というシステムによって支えられているのです。この循環が滞れば，それゆえ，私たちの所得の実現に支障が生じ，生活が危機的状況にさらされるのです。金融という機能の存在意味は，貨幣のこの循環を円滑化させ，滞留もしくは遺漏によるその危機的状況の出現に歯止めをかける，というところにあるのです。

　貨幣は，すべての商品と直接的に交換可能であるというその存在規定を縦横に駆使することによって，市場における複雑な諸財と欲望の絡み合いのネットワークの無数の結節点に位置し交通整理し活性化させるこの上なく便利な道具である，と，つまりはこういうわけです。無数の結節点に位置するということは，自らがネットワークの中心に在ることを意味します。図 8 - 3 において，貨幣 M は諸商品 C_1〜C_5 の全面的交換が形成するネットワークの結節点に遍在し，すべての交換を媒介しています。図 8 - 3 の①は，そのことを逐一，示そうとしたものです。この図 8 - 3 の①は，しかし，結局は，図 8 - 3 の②と同じものです。商品交換ネットワークのすべての結節点に在る，ということは，つまりはあらゆる商品交換ネットワークの中心に位置し

ていることと全く同義なのです。

　その至高の利便性のゆえに，しかし，単なる媒介＝結節点に位置する存在を越えて，貨幣それ自体が希求される欲望の対象となります。必要な商品を手に入れるための手段として貨幣を希求するという絡み合いのサイクルの中で，未来の不確かな欲望，具体的でない抽象的な欲望の実現を先取的に確保するための手段として貨幣を希求するという形で貨幣獲得欲望の抽象化が進展していきます。その究極においては，貨幣を手に入れるための手段として商品を希求する，という〈(本末)転倒〉的事態が登場し，結局は，貨幣の無限増殖を希求する〈資本の一般的範式〉（〈M－C－M′－C－M″……∞〉）という形式が社会を律する一大規範として登場してくるという段取りになります。実際にその〈範式〉によって主導される社会であるところの〈資本主義社会〉が，世界を席捲することになるのです。

　貨幣が貨幣であるがゆえに希求されるというこの事態は，所得循環の連鎖を途中で断ち切る可能性として立ち現れます。手元に訪れた貨幣をできるだけ支出せずより多く蓄積しようという欲動を喚起する可能性があるからです。

　ただし，〈資本主義社会〉では，〈資本の一般的範式〉を見れば明らかなように，この貨幣増殖欲は——ただただおカネを貯め込むだけの守銭奴的営為としてではなく——より多くの貨幣（利潤）を得るために商品を獲得・生産・供給するという，つまりは無限に投資し続けるサイクルを描く形で顕現します。貨幣を増やすために貨幣を支出する＝投資する，つまりは間断なき〈無限成長〉，これが〈資本主義社会〉を主導する論理＝〈資本の論理〉です。金融市場は，先述したように，そのための潤滑油として機能するものです。個々の，たとえば家計レヴェルにおいては，収入以下に支出を抑えるという事態は日常茶飯事であり，ミクロ的には経済合理的な判断に基づく行為でしょう。しかし，個々の支出のミクロな抑制は，マクロ大で——つまり所得循環の眼で——観ると，総需要の抑制となって経済の拡大を阻害します（「合成の誤謬」）。収入と支出のこのプラスの差額をタンス預金として市場の外部に滞留させてしまうのではなく，市場に流し込む機能をこそ金融市場は果たしているのです。無闇におカネを貯め込んで所得循環のスムースな流れを常時寸断する，というような危険性——K. マルクスが「恐慌（クライシス）の抽象的可能

性」と名付けたこのような危険性——は，それゆえ，〈資本の論理〉それ自体には本来ありえないし，あってはならないものなのです……が，しかし，〈資本の論理〉それ自体が，実は，景気循環を内在しており，循環的な振幅——過熱と落ち込み——の下での所得循環の激烈な膨化と寸断を避けることができないのです。景気過熱期には，架空のC——たとえば，今ここに，供給者たちが欲しいと思っている量が必要十分に存在していない売れ筋商品——を求めてMの動きが加速し過ぎ状態になり，貨幣の動きが加速すれば，それに伴って当然，実現する（名目）所得の量も膨化し，投資量ももちろん膨化し，架空のCがこれまたますます膨化し……という拡大悪循環的な動きが産み出され，逆に，景気停滞期にはMの動きが不活発化し，所得循環の流れは至るところで寸断され，そのことがまたMの動きをさらに不活発化し……という縮小悪循環的な動きが加速化されることになるのです。

　繰り返します。貨幣は，単純にして便利なものです。

　単純だからこそ至高の利便性を備えている，とも言えます。単純にして便利であるがゆえに，しかし，人々はその動きにいとも単純に，ショウガナイヤと納得済みで，振り回されもします。振り回されないで便利さを実現し享受するには，一体どうすればいいのでしょうか。それに対する１つの答えが計画経済や労働者による企業の自主管理を提唱する社会主義・共産主義理論だったのですが……，考えてみて下さい。

5　貨幣的現象としての GDP (GNP)

1)　GDP(GNP)の定義と数値例

　GDP や GNP は，国家や国民の〈豊かさ〉の指標としてよく言及されます。〈豊かさ〉という問題は非常に難しいテーマではあります。どう定義するのかによって，豊かであるのかないのかの判断に違いが出てくるからです。GDP や GNP という尺度が，それゆえ，〈豊かさ〉の尺度として適切ではない，などと断言はできません。はっきりしているのは，貨幣の一定量でそれらは表わされている，ということです。貨幣で表現し実現できないものや事柄はそこには反映されない，ということです。

どのようなことが GDP や GNP に反映されるのか，観ていくことにしましょう。

GNP とは Gross National Product という言葉を構成している3つの単語の頭文字を組み合わせたものです。〈国民総生産〉と一般的には邦訳されています。直訳すれば〈粗い・国民の・生産物〉です。こちらの方が正確と言えば正確な訳ではあります。〈粗国民生産物〉という訳語を使用する人もいます。ここでは，普段登場する回数の多さに鑑みて，一般的な訳である〈国民総生産〉を使うことにします。GDP（Gross Domestic Product），こちらも〈粗国内生産物〉と訳されることもあることは上に同じですが，ここでは一般的に使われている〈国内総生産〉という訳語を使用することにします。

GNP と GDP との異同については後で言及するとして，まずは，GDP の概念，一体何を体現している数量値であるのか，を理解することから始めましょう。

よく使われる例なので，聞いたり見たりした人がいるかもしれませんが，次のような問題を考えて・解いてみて下さい。

【例題㉝】
日本の経済が3つの産業部門で構成されているとします。1つめは農業で，小麦を 100 兆円生産しています。種子や機械など小麦の生産に必要な原材料や設備は自前で生産し用意しています。2つめは製粉業です。農業で生産された小麦を原材料にして小麦粉を生産しています。必要な機械設備などはこれまた自前で生産しているものとします。小麦の総生産額は 200 兆円です。3つめの産業部門は製パン業です。製粉業で生産された小麦粉を原材料にして総額 300 兆円のパンを生産して日本国内に供給＝販売しています。ここでも必要な機械設備などは自前で生産しているものと考えます。

日本国内で生活している人々は，この3つの産業部門のどれかで働き所得を得て最終消費財であるパンを購入して生計を立てているとしましょう。

このとき日本の国内総生産はいくら（何円）になるでしょうか。

　具体的な衣食住を考えれば，もちろん，その他にも生活に必要な財があるとしなければなりませんが，ここでは単純化のためにそれらを無視するか，もしくは，小麦や小麦粉やパン以外にも様々な財が生産されているとしても，これら3部門以外で生産されているそれらの諸財は市場での商品の売買という形式をとらずに必要とされる人々や場に供給されている，と想定して下さい。市場での商品売買という形式をとらない，ということは，それらの財は価格というものが付与されないで流通＝配分される，ということです。GDPというのは，その単位が貨幣（＝通貨）単位です。ここで問題としている日本のGDPの場合には，その単位は〈円〉ですから，価格を付与されないで流通＝配分される財は当然その計算には入ってこない，ということです。

　おカネの流れ＝循環を簡単に説明しておきましょう。

　農業部門で雇われている人々は農業部門での生産額＝売上高である100兆円の一部を所得＝賃金（＝個人所得）として受け取り，残りの部分は雇用している側の人々の所得＝利潤（＝法人所得）となります。これらの所得の合計である100兆円で農業部門に関わっている人々は最終消費財であるパンを購入するのです。

　同様に製粉業部門で雇われている人々は製粉業部門での生産額＝売上高である200兆円の一部を所得＝賃金として受け取り，残りは雇用している側の人々の所得となります。ただし，製粉業部門の場合，農業部門とは異なって，売上高200兆円のうちの100兆円は原材料である小麦を他部門である農業部門から購入するために，所得として分配されることなく，キープしておかなければなりません。製粉業において，雇用者たちや被雇用者たちに所得として分配される原資は，それゆえ，小麦粉の生産額＝売上高の200兆円からキープされる100兆円を差し引いた結果としての残り100兆円です。製粉業部門で発生する所得の合計は，だから，100兆円であり，これが最終消費財であるパンの購入に振り向けられる，ということになります。

　製粉業部門と同様に製パン業部門においては，他部門である製粉業部門から原材料である小麦を調達するための費用として，生産額300兆円のうちの

200兆円はキープした上で，残余の100兆円が製パン業部門で雇用されている人々の所得や雇用している人々の所得として分配されることになるのです。この所得として分配された100兆円が最終消費財であるパンの購入に向けられるのです。自部門の生産物をわざわざおカネを払って購入すると聞くと，何か不自然に感じるかもしれませんが，市場経済である以上それが自然なのです。自分が勤めている会社の生産物を私たちは自分の給料で購入している，というのが常態であること，私たちの日常を顧みれば明らかでしょう。

そして，結果，全部門合計総所得の300兆円は最終消費財であるパンの購入に向かい，製粉業部門と製パン業部門とにキープされた100兆円と200兆円とは，それぞれ，小麦100兆円と小麦粉200兆円の購入へと振り向けられる，というおカネと財の相互の流れ＝循環が実現することによって日本という国家の国内経済が維持＝再生産されてゆくのです。このようなおカネと財の相互の流れ＝循環は，〈GDP＝GDI＝GDE〉という国内所得の三面等価の原則として言い表わされているものです。GDIとは国内総所得 Gross Domestic Income のことであり，GDE とは国内総支出 Gross Domestic Expenditure のことです。

なお，小麦と小麦粉とは最終財であるパンに対して，中間財と呼ばれています。最終財・中間財・消費財・投資財についての簡単な説明を付加しておきます。

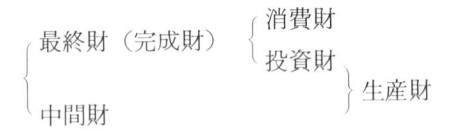

$$\left\{\begin{array}{l}最終財（完成財）\left\{\begin{array}{l}消費財\\投資財\end{array}\right.\\中間財\end{array}\right.\left.\begin{array}{l}\\\\\end{array}\right\}生産財$$

消費財：〈消費目的財〉と言い換えてもよいでしょう。食べるために購入されるブドウとか，乗り回すこと自体が目的で購入される自動車……etc.。

投資財：〈投資＝営利目的財〉と言い換えてもいいでしょう。八百屋が販売目的で購入するブドウ，タクシー会社がタクシーとして購入する自動車は「投資財」になります。「投資財」は「生産財」という分

類の一項目でもあります。この場合は機械や工場設備や道具などをイメージすればいいでしょう。

中間財：原材料や部品や燃料などのことです。新たに加工されて別の財に変換される，その意味で「完成」途上＝〈中間〉にある，ということです。

消費財と投資財とはもうそれ以上別の財に加工されなくてもそれ自体で完結＝「完成」している「最終」段階に位置している，という意味で最終財とか完成財とかと命名されているのです。食べる目的で，あるいは販売等営利目的で，購入されれば，ブドウは最終財となり，ワインを製造する企業に原料として購入されれば中間財となるわけです。ただし，たとえば，消費者が自分で飲むためのジュースの原料として購入するブドウは中間財ではなく消費財に分類されます。念のため。

閑話休題。

例題における日本の国内総生産はいくら（何円）になるのでしょうか。

GDP という言葉の意味＝概念を知っている人たちにとっては，どうということもない問題でしょう。知らないと，しかし，これが結構，間違うのです。

農業部門の小麦の生産額である 100 兆円と，製粉業部門の小麦粉の生産額である 200 兆円と，そして製パン業部門のパンの生産額である 300 兆円とをすべて合計して 600 兆円という答えを算出＝導出する……これが間違いの典型例です。

このような誤った計算をしてしまうことは，しかし，無理もないか……とも思います。なにしろ，GDP とは〈国内総生産〉という訳語が一般的には採用されているのです。〈総生産〉という言葉から〈総生産額〉を連想してしまうのは，無理からぬことでしょう。〈総生産額〉であれば，各部門の生産額を足して何ら間違いではないからです。

ところが，GDP というのは，

〈一定期間に当該国内で生産された付加価値の合計額〉

と定義されているものなのです。付加価値とは，新しく生産された＝創出さ

れた価値——もちろん商品価値——のことです。

　たとえば，農業における小麦100兆円はすべて農業部門で生産されたものです。この100兆円は，だから，農業部門で創出された付加価値であると思念＝定義されるのです。製粉業で生産された小麦200兆円のうちの100兆円は原材料である小麦の価格がそのまま転嫁されたものです。製粉業で新たに創り出した部分は，この転嫁された100兆円を200兆円から差し引いた残りの100兆円ということになります。製粉業の生産した付加価値は，それゆえ，100兆円ということになります。同様に考えれば，製パン業で生産された付加価値は100兆円です。結局，日本のGDPは3つの産業部門の付加価値の合計である，

【解　答】
300兆円

となるのです。

　なお，GDPの値である〈付加価値総額〉は，〈総生産額－中間財総額（＝原材料費総額）〉，つまりは，〈最終財総額〉と等値であること，一目瞭然ですよね。数値を示しておけば，総生産額——ちなみにこの値は国内全生産 Total Domestic Product（TDP）と言います——は上述したように600兆円であり，中間財総額は小麦100兆円と小麦粉200兆円との合計300兆円，最終財総額は，ここでは，最終消費財であるパンの総額である300兆円となります。なお，機械も完成された最終財です。機械生産額も，それゆえ，GDPの一部を構成するものとして通常は位置づけられますが，ここでは各産業部門で自前に生産されるもの——つまり商品として市場で売買されず，したがって価格が付かない財——として処理しています。機械は，最終財ではありますが，もちろん消費財ではありません。消費財の多寡をもって生活の〈豊かさ〉を示そうとする場合には，この機械の部分は省かれるべきであるとの考えから，GDPから機械の生産額（＝厳密には減価償却費＝固定資本減耗分）を差し引いた値がNDP（国内純生産 Net Domestic Product）と名付けられ使用されています。

次に GDP と GNP との違いについて説明しましょう。

付加価値の合計である，というその数量にまつわる概念的本質は全く同じです。

日本の GDP とは，日本という国土で発生した付加価値を合計したものです。付加価値を生産した主体の国籍は問いません。たとえば，海外アーティストの日本公演での収入などは日本の GDP に含まれます。

GNP は，どこで付加価値が生産されたのかという場所にはこだわらず，それを生産した主体にこだわるものです。日本の GNP は日本人が生産した付加価値であればすべて計上されるのです。たとえば日本のアーティストが海外公演で得た収入は日本の GDP には含まれませんが，日本の GNP には含まれる，という具合です。ただし，1年以上日本で所得を得ている人々や企業はここでいう日本人に含まれることになります。

以前はもっぱら GNP が使用されていたのですが，日本においては1993年以降，GDP が付加価値総額を表わす統計数値としてはもっぱら使われています（ちなみに，米国では1991年以降，ということです）。

>「国民（National）の豊かさをみるには GNP を，国内（Domestic）の景気などをみるには GDP を，それぞれ用いる方がよいといえます。／最近では景気を予測する経済指標として，GNP に代わって GDP の概念がよく使用されるようになってきた。」（『経済セミナー』日本評論社，1994年6月号，102頁）

2） 〈豊かさ〉と GDP (GNP)

次に，〈豊かさ〉を測る尺度としての GDP の適性を判断してみましょう。GNP は GDP とその本質において変わりありませんから，その尺度としての適性は GDP と同じであると考えてもらって全く問題ありません。

GDP は金額表示です。そこから発生してくる問題点を見てゆきましょう。

1つめ。

市場を経由してはじめて——市場で売買されてはじめて—— GDP に計上される，ということです。生活に必要なモノやサービスが商品化されていれ

ばいるほど GDP は大きくなるのです。何をするにも——息をするにも，水を飲むにも……つまりは，生きてゆく上で——おカネがかかる社会であればあるほど GDP は大きくなる，ということです。

　市場を経由しないものは GDP には計上されない，ということでもあります。市場を経由しない生産活動＝労働——つまりは所得を生まない生産活動＝労働——は GDP には計上されず，国家の豊かさを支える力としては明示的には評価されない，ということです。家政婦の家事労働は GDP に計上されますが，主婦の家事労働は計上されません。病院やシルバー産業の老人介護は計上されますが，身内の老人介護は計上されません。老人の話し相手をする商売は計上されますが，老人の話し相手をする近所の子供たちの行為は計上されません。さらに，余暇時間の増減は GDP には全く反映されません。

　金額表示であるということから出てくる問題点の２つめ。

　おカネは匿名性を持っています。生活＝経済の質はそこには反映されません。テストの点数に人格が全く反映されない，ということと同断です。環境・自然・人間にとってマイナスの質を保有した商品・産業であっても，GDP の増大には寄与します。有名な譬え話があります。A国とB国という２つの国がありました。両国の自然的・社会的条件は瓜二つであり，GDP も同水準にあります。今，両国には同数の失業者がいます。A国の失業者たちは職業訓練所などに通いながら新たな職を求めつつも失業保険で生計を何とか立てています。B国の失業者たちも，最初はA国の失業者たちと同様にしていたのですが，なかなか埒が明きません。失業者の中に１人の物知りがいました。彼が言うには，南の地方に蚊という生き物がいるらしく，この蚊という生き物は人間を刺したりして，これに刺されると大変に痒いらしい。そこでB国の失業者たちは２つのグループに分かれました。１つのグループは南方に蚊を採取に行き，もう一方のグループは蚊の防止ならびに痒み止めのグッズを入手もしくは開発するべく行動を開始しました。南へ向かった連中は首尾よく蚊を捕獲して持ち帰ってきました。蚊は予想（期待）通り夏になると繁殖しB国の人人を苦しめ始めます。ここで蚊の対策グッズの出番が回ってきて，それらの商品は飛ぶように売れました。お蔭で失業者はいなくなり，B国の GDP も増大し，B国はA国よりも経済大国になったのです。失業者が減ったのですから——

概に批判はできませんが，問題なしで万万歳というわけにはいかないでしょう。
　ただし，この譬え話において，蚊の対策グッズへの人々の支出増大が他の商品への支出を削減することによって実現される場合には，B国全体としてのGDPは増えることなく，さらには当該商品の産業から新たな失業者の一群が登場してくる可能性も考えておかないと，論理としては中途半端なものになります。念のため。
　3つめ。
　GDPは豊かさの指標であるという考えは，GDPの拡大志向（＝経済成長志向）を，当然，促迫します。GDP（貨幣額）の拡大（＝名目的経済成長）は供給される商品量＝物量の拡大（＝実質的経済成長）も促します。でなければインフレーションが引き起こされ，貨幣1単位の購買力が下落し，豊かさは中身のない張子の虎になってしまいます。要するに物質的成長の追求という病理に取りつかれることになります。この成長至上主義の行く末は明らかです。資源・エネルギーの壁という物量的限界に，石油に依存しない全く新しいエネルギー創造技術が開発されないかぎりは，必ずぶち当たります。
　1994年の世界の一次エネルギー消費の約40％が石油に依存しています。その石油消費量31億3900万トンのうち米国が7億8900万トン，日本が2億6900万トンで計10億5800万トン，つまり世界の石油消費量のおよそ3分の1を日米2か国で使っている，ということです。欧州OECD諸国の6億2500万トンを加えれば計16億8300万トンとなり，一握りの〈先進〉諸国で世界の石油消費量の半分強を使い切っている，ということになります。人口でみれば，同じく1994年の世界の総人口は56億300万人で米国が2億6100万人，日本が1億2400万人で計3億8500万人，つまり世界の総人口の約6.9％に過ぎない人々が，その〈豊かな〉生活を維持するために，世界の石油消費の3分の1を占めているのです。欧州OECD諸国である〈先進〉諸国の人口4億4300万人を加えると，14.8％の人々が世界で生産される石油の半分強を使用している，ということです。ちなみに，1971年においては，世界の石油消費量が23億2700万トンで米国が7億1500万トン，日本が2億100万トンであり，日米両国で世界全体の石油消費の実に40％を占めていたのです（日本エネルギー経済研究所・エネルギー計量分析センター編『EDMC／エネ

ルギー・経済統計要覧（1997年版）』（財）省エネルギーセンター，1997年，参照）。

　省エネ・省資源の技術が進んだとはいえ，他の後発諸国がアメリカン・ウェイ・オブ・ライフを目指して現在猪突猛進中です。本当に全世界の人々が米国や日本のような〈豊かな〉生活——車を乗り回し，世界中の料理を食し，季節を無化し……というような石油ガブ飲みの生活パターン——を手に入れることができるのでしょうか。そのためには地球2個分の資源が必要だと言われています。何らかの軋轢の発生は避けられないでしょう。その軋轢を和らげるための方策は，果たして存在しているのでしょうか。

6　乗数効果

　所得として企業や国民の懐にGDPが入っていくことは，上述しました。つまり，

$$\text{GDP} = \text{GDI}$$

となります。三面等価のところでも触れましたが，GDIとは国内総所得のことです。この所得は，もちろん支出されます。それがGDEでした。支出は2つに大別すれば消費支出（C）Consumption　と投資支出（I）Investment——Incomeの頭文字のIと混同しないように注意して下さい，単独でIという文字が使用される場合は投資の意味で通常使用されますし，所得の単独表記としては通常は収穫などを意味するYieldの頭文字のYが使われます——とに分かれます。もちろん，所得はまず第1次的には消費（C）と貯蓄（S）Saving　とそして税金（T）Tax　の支払とに大別されはしますが——これはまた後ほどマクロバランスのところで再度言及＝利用します——，貯蓄されたおカネは貸出されて投資されるか結局は消費されるかですし，税金は政府を媒介として消費か投資かに分岐してゆくでしょうから，結果，GDIは消費と投資とに分解されると理解しておいて問題ないでしょう。

　つまり

$$\text{GDP} = \text{GDI} = Y = C + I \tag{1}$$

図 8-4　乗数効果

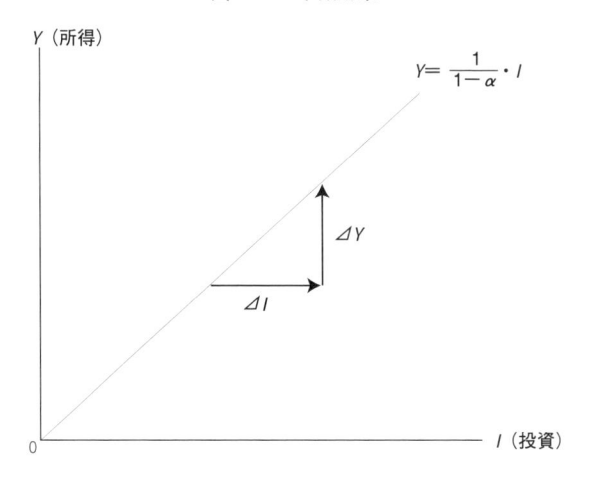

となります。

ここで国民の消費性向を表わす C/Y を α とすると

$$\frac{C}{Y} = \alpha$$
$$C = \alpha Y \tag{2}$$

(2)式を(1)式の $Y = C + I$ に代入すると

$$Y = \alpha Y + I$$
$$Y - \alpha Y = I$$
$$(1-\alpha)Y = I$$
$$Y = \frac{1}{1-\alpha} \cdot I \tag{3}$$

これをグラフで表わせば図 8-4 のようになります。

ΔI は I の増加分であり，ΔY は Y の増加分です。

$\Delta Y / \Delta I$ は関数(3)式の傾きを表わしており，$1/(1-\alpha)$ と同値です。ゆえに，

$$\frac{\varDelta Y}{\varDelta I} = \frac{1}{1-\alpha}$$

$$\varDelta Y = \frac{1}{1-\alpha} \cdot \varDelta I \tag{4}$$

となります。

(4)式が示しているのは次のことです。

社会全体の投資が $\varDelta I$ だけ増加すると社会全体の所得は $\varDelta Y$ だけ増加する，ということです。このときの $1/(1-\alpha)$ は投資乗数と言われています。α，つまり消費性向が高まれば高まるほど，投資乗数が大きくなることが分かります。

試みに以下の例題を解いてみて下さい。

【例題❸】
政府による公共投資 10 兆円は，国民の所得を最終的にはいくら増大させるか。ただし，このときの国民の消費性向は 80％ であるとする。

$\varDelta I$ が 10 兆円で消費性向 α が 0.8 ですから，これらの数値を(4)式に当てはめて $\varDelta Y$ を求めればいいのです。

$$\varDelta Y = \frac{10}{1-0.8}$$
$$= 50 \text{（兆円）}$$

となります。答えは

【解　答】
50 兆円

です。

答えはこれでいいのですが，政府による公共投資 10 兆円がどうして国民

の所得を50兆円も増大させることになるのか，そのプロセスをしっかりと理解しなければ意味がありません。

　このプロセスは，しかし，すでに説明済みです。どこで説明されているのか分かりますか。

　所得循環……のところです。

　では，所得循環の考え方を使って10兆円の投資が50兆円の所得に連動してゆくプロセスを追ってみましょう。

　政府による10兆円の公共投資で支出されるおカネはどこに行くのでしょうか。もちろん，公共事業などを請け負う諸企業の懐に，まずは転がり込むのです。当該諸企業はこのおカネで原材料を調達したり，従業員の給料などとして配分するでしょう。原材料の調達に費消された，つまりは再投資されたおカネはその原材料を製造・販売している諸企業の懐に転がり込み，これまた資材の調達へと再々投資されたり従業員の給料などとして配分されてゆくことになるのです。そしてこのおカネもまた……というおカネの流れが創出されるのです。公共投資として支出された10兆円は——大雑把に言えば……ですが——諸企業による様々な投資によって連鎖するという循環的プロセスを経て結局は10兆円の給与所得——自営業の人々の所得の場合ももちろんありますから厳密には個人所得と表記すべきでしょうが，まあ大雑把に行きましょう——を産み出すということです。これだけであれば10兆円の公共投資は10兆円の給与所得になる，で終わってしまいます。これは，しかし，あくまでも第1ラウンドでしかないのです。

　企業の投資の循環的連鎖によって第1次的に発生した給与所得10兆円はそれを手にした国民たちによって消費支出に回されます。国民の消費性向が80％という想定ですから，10兆円を手にした国民たちは最終的には8兆円を消費することになります。この8兆円は様々な企業の懐に流れ込み，そしてまたまた諸企業の投資の連鎖によって，結局は8兆円の給与所得を実現することになるのです。これが第2ラウンドです。この8兆円の給与所得は，さらに，その80％が消費され，第3ラウンドが開始されます。その結果，つまりは6.4兆円の所得が実現されることになるのです。

　以下同様にこの連鎖が繰り返されていくのです。初項を10（兆円），公比

を 0.8 とする無限等比級数的状況になります。公式を使って，結果，

$$この連鎖の合計 = 10 + 10 \times 0.8 + 10 \times 0.8^2 + 10 \times 0.8^3 + 10 \times 0.8^4 + \cdots\cdots \infty$$
$$= 10 \times \frac{1}{1-0.8}$$
$$= 50 \text{（兆円）}$$

と，相なるわけです。

7 貿易をも含めた国民経済のマクロのバランス関係式
――貿易赤字は悪いのか――

【例題㉟】
国内総生産（GDP），民間消費（C），民間投資（I），政府支出（G）Government Expenditure，輸出（E_X）Export，輸入（I_M）Import，以上 6 つの項目の連関を 1 つの等式で表わしなさい。

どうですか。答えは次のようになります。

【解 答】
$$\text{GDP} + I_M = C + I + G + E_X \tag{5}$$

なぜこうなるか理解できますか。

　左辺は総供給を，右辺は総需要を，それぞれ表わしているのです。GDPは国内で生産された付加価値の合計であり，もちろん，様々な財によって体現されています。これは国内に供給され国内需要（$C+I+G$）によって吸収＝購入される部分と海外に供給され外国からの需要（E_X）によって吸収＝購入される部分とに分解されます。さらに輸入＝供給される I_M は国内需要（$C+I+G$）によって吸収＝購入される，と考えておいて，――オフショア取引のように第 3 国間取引を媒介する場合もあるでしょうが――ひとまずは問題ないでしょう。

供給されるものが必ず需要＝購入されるとは限らないのではないか，という疑問を感じる人もいるでしょう。売れ残りも発生するだろうし，供給が不足することだってあるのではないか，左辺と右辺とは常にイコールにはならないのではないか，とは当然の疑問です。

しかし，そこは，抜かりなく，統計的には処理されてしまいます。

売れ残りは〈在庫投資〉としてIの一部として処理されるのです。たとえば現実には500兆円の総供給に対して450兆円の総需要しかなかった，つまりは実質的には50兆円の売れ残りが生じたとしても，この売れ残りの50兆円は〈在庫投資〉として，あくまでも需要の一部を構成するものとして位置づけられ，結局はイコールの数量連関式(5)は維持されることになるのです。供給不足（＝在庫不足）の場合は，〈マイナスの在庫投資〉!! として処理され，イコールの数量連関式(5)は，これまた，あくまでも維持されるのです。

さて，この(5)式において左辺の I_M を右辺に移項すれば，

$$\text{GDP} = C + I + G + (E_X - I_M) \qquad (5')$$

という式が導出されます。ここから様々な問題局面を引き出すことができます。

（$E_X - I_M$）という項は貿易収支を表わしています。この部分が増大すれば——つまり貿易収支の黒字が増大もしくは赤字が減少すれば——そのことは当該国のGDP増大圧力として作用しますし，逆に，この部分が減少すれば——つまり貿易収支の黒字が減少もしくは赤字が増大すれば——そのことは当該国のGDP減少圧力として作用する，ということがこの(5')式から言えます。貿易収支における黒字の減少や赤字の増大がGDPを減少させ，雇用の減少＝失業の増加という好ましくない状況を産み出す圧力として作用する，ということです。C や I や G の変動も考慮すればその方向性を単純に描き出すことはできませんが，GDPに対する貿易収支のこのような規定連関それ自体は明らかに存在します。

注意しなければ，しかし，いけません。

貿易収支の水準それ自体——黒字であるとか赤字であるとか——は善でも悪でもないのです。

一般的に赤字と言えばマイナスイメージがあります。そのイメージに依拠

して，たとえば米国の貿易赤字というマイナスを産み出しているという〈理由〉で，日本の貿易黒字が非難されたりしています。一国経済の貿易赤字や黒字は，しかし，企業や家計や政府の財政赤字・黒字とはその位相を異にします。企業（家計・政府）の赤字の場合，支出と収入の主体は同一です。一般的に赤字とは同一主体が収入以上に支出することであり，その差額は——貯金を食い潰してしまったとすれば——借金で補塡するしかなく，将来の返済の見込みもなく借り続けることのマイナスイメージは当然でしょう——ただし，経済が循環してゆくための潤滑機能が借金とその支出にあることは自明の事実ですから，借金が悪いなどと一概にはもちろん言えません——。企業（家計・政府）の場合，とにかく，支出する原資はひとまず自分自身の収入にあるのです。一国の貿易収支の赤字の場合，しかし，支出（＝購買＝輸入）と収入（＝販売＝輸出）の主体は同一ではありません。貿易赤字が存在するという状況は，ある国の〈輸出する企業群の輸出額＝手にするたとえばドル金額〉が〈輸入する企業群の輸入額＝支払うたとえばドル金額〉より少ない，ということです。注意しなければいけないことは，これら輸入企業群の支払うドルは，輸出企業群が稼いだドルとは異なる，少なくとも直接的に重なるものではない，ということです。輸入企業群は自分自身の収入を原資にして支払いのためのドルを外為市場から購入するのです。その購入するドルの中に輸出企業群がその収入であるドルを外為市場で販売したものが含まれる可能性はもちろんありますが，それ以外のドルの外為市場への供給ももちろんあります。つまり，貿易が赤字だからといって，そのこと自体が輸入企業の収入不足に基づく支払うドルの不足を即時的に意味しているのではない，ということです。貿易赤字だからと言って輸入企業が赤字であるわけでは当然ありません。輸入・輸出それぞれの企業群——個々の企業でもいいですが——それ自体はもちろんそれぞれビジネスをしているのですからそれぞれに利益を上げている，つまり黒字を計上している可能性が高い，と考えて無理はないでしょう。貿易赤字国の輸出企業も輸入企業もそれぞれに黒字であり，貿易黒字国の輸出企業も輸入企業もそれぞれに黒字であり，それぞれの国で労働の完全雇用も実現している……などという状況は十分ありえます。一国経済の貿易収支と企業（家計・政府）の財政収支とはそもそも同じレヴ

ェルでの比較はできない，ということです。

　批判するのであれば，貿易黒字や貿易赤字それ自体ではなく，世界的，もしくは国家間分業の中身＝質そのものを取り上げるべきでしょう。

　さて，話を先に進めましょう。

$$\text{GDP} = \text{GDI} = Y = C + I$$

という連関式は(1)式として先に示しましたが，所得は第1次的には消費される部分と貯蓄される部分と税金（政府収入）として徴収される部分とに分けられると考えることもできます。

　ここで（つまりは〈経済学〉で）言うところの「貯蓄」とは狭く〈預貯金〉のことだけではありません。所得のうち財貨・サービスの消費のために支出される部分と税金として収める部分とを差し引いた残りのすべてを指しています。銀行に預金しないでタンスに蓄財している〈現金〉だとか，購入した〈株式〉や〈土地〉だとか，借金の返済に充てる部分だとか……これらすべてを「貯蓄」という言葉は概念として含んでいるのです。

　で，つまり

$$\text{GDP} (= \text{GDI} = Y) = C + S + T \qquad (6)$$

という連関式が導出されます。

　(6)式を(5)式に代入します。

$$C + S + T + I_M = C + I + G + E_X$$

両辺から C を消去して整理すれば次のような連関式——国民経済のマクロのバランス関係式（「貯蓄・投資バランス式（IS バランス式）」）——が求められます。

$$(E_X - I_M) = (S - I) + (T - G) \qquad (7)$$

　$(E_X - I_M)$ は貿易収支（対外バランス）を表わし，$(S - I)$ は貯蓄・投資バランスと言われるものであり，$(T - G)$ は政府の財政収支（財政バラン

ス）を示しています。(7)式はこれら三者の連関に基づいて組み立てられている〈一般均衡〉状態（等式連関）を表わしているのです。対外バランスや貯蓄・投資バランスや財政バランスやという部分的バランスが均衡していようがいまいが、この等式連関そのものは維持されるのです。

たとえば、日本の貯蓄Sが増えれば——もしくは投資Iが減少すれば——貯蓄・投資バランス$(S-I)$には増大圧力が加わり、(7)式の右辺全体にも増大圧力が加わり、結局は左辺である貿易収支(E_x-I_M)にも増大圧力が加わる、つまりは日本の貿易黒字増大圧力もしくは貿易赤字減少圧力が加わる、という連動関係がここには示されているわけです。逆に日本の貯蓄が減少すれば——もしくは投資が増大すれば——日本の貿易黒字減少もしくは貿易赤字増大圧力が加わる、ということです。具体的な連動のイメージを仮に考えれば、日本国民の貯蓄が増えるということは日本の内需が減少するということであり、内需が減れば国内では供給が過剰になり輸出増大圧力が加わりこれが貿易黒字増大圧力になるというプロセス、もしくは内需の減少は輸入減少の可能性を増大させここからも貿易黒字増大圧力発生のプロセスが、たとえば予想できます。

これ以外にも、様々な連動関係が考えられます。具体的なプロセスも想像しながら、色々な推察を試みて下さい。

もう一度、確認しておきます。

このマクロのバランスそれ自体が良いとか悪いとかということは、この(7)式それ自体は全く指示していません。このバランスが取れているからといって、私たちにとって好ましい状態であるかどうかは、断言できないのです。**再生産バランス表式**において指摘したように、バランスすることによって達成される中身が時代によっては変化する、ということもあります。形式ももちろん大切ですが、それにのみ拘泥する姿勢は常に検討されなければならない、とまあそういうことです。

8 名目値と実質値

〈名目／実質〉という二分法は市場＝経済現象を取り扱う際には結構多用しますので、覚えておいた方がいいでしょう……ということで貨幣的現象の

最後として，この問題を取り上げることにします。

1) 物価指数と変化率

童心？　に立ち返って，まずは，以下のような問題を解いて下さい。

> 【例題㊱】
> 物価上昇率が 2315 ％であった。このとき物価は何倍になったのでしょうか。

私たちの身近ではこんなに物価が上昇するということはありませんが——1973 年 10 月原油価格が 4 倍強急騰した第 1 次石油危機後の狂乱物価と言われた時期でも卸売物価 31 ％，消費者物価 25 ％の上昇率でした——，中南米などでは 1 年間の物価上昇率がこのぐらい激しい時期がつい最近までありました——最近では 1994 年のインフレ率がブラジルで 1093 ％，少し前であれば 1990 年ペルーの 7650 ％!!　という記録があります——。歴史上では第 1 次大戦後ドイツの 1 兆倍にも及ぶ超インフレが有名です。戦争で生産力や労働力が大量に破壊されたり，国家が軍需物資調達のために紙幣を乱発などすると悪性のインフレが必ずと言っていいほど発生し蔓延ります。

で，この例題，意外と間違う人が多い問題なのです。

特に，いきなり指名されて「どうですか？」などと質問されると返答に窮する人が少なからずいるのです。皆さんは「どうですか？」。

ゆっくりと基本から考えれば大して難しい問題ではないはずなのですが——ハッキリ言って小学生の算数＝算術レヴェルの問題ですよね——，ところが，これが結構，頭の中がゴチャゴチャになってしまうようなのです。

すぐに分からない場合は——ジックリ考えて理解できればそれでいいのです——，たとえば，物価上昇率が 200 ％のときはどうでしょうか。

これもまた，実は，結構間違うのです。

私は講義のときなどたまに，

「……であって，物価の上昇率が 200 ％となり，つまり，物価が 2 倍にな

ったわけですよね。いいですか。2倍になったのだから……」

などとわざと言ったりしてみます。

「いいですか」と念を押された学生は思わず⁉ 「ハイ」とうなずき，完全に罠にはまります。

ゆっくり考えれば，しかし，誰でも分かります。

たとえば，物価が2倍になったときの上昇率は……100％ですよね。パーセントの考え方というのは，百分率ともいいますから，100が変化の基礎です。変化する前の大きさ（基準）を100と考えるということです。100に100――という変化前と等しい値――がプラスされたら変化後の結果は200になります。100が200になるのですから，当然，2倍になったということです。この場合のプラス100を「変化率は＋100％」――もしくは「上昇率（増大率・伸び率）100％」――というふうに表記する，ということですよね。

上昇率が50％であれば変化前の基準値100に「＋50」してやって変化後は150になったということですから，つまり，100が150になったということですから1.5倍になったわけです。同様にして，上昇率が200％であれば変化前の基準値100に「＋200」してやって変化後は300になったということですから，つまり，100が300になったということですから3倍になったわけです。

下落率の場合はマイナスです。下落率が30％であれば変化前の基準値100に「－30」してやって変化後は（100－30＝）70になったということですから，つまり，100が70になったということですから0.7倍になったわけです。下落率100％というのは，だから，「100－100」ということで，つまりはゼロになったということです。

以上，そんなことは分かりきったことだ，とお思いの人も数多くいらっしゃるでしょうが，念のために確認しておきました。

さて，では例題の解答はどのようになるのでしょうか。

上昇率が2315％ですから変化前の基準値100に「＋2315」してやって変化後は2415になったということですから，つまり，100が2415になったということですから

> 【解 答】
> 24.15 倍

になったわけです。

物価指数というのはこの百分率そのものです。

変化前＝基準時の価格（物価水準）を100として変化後＝比較時の水準を――変化の割合が一目見て分かるように――表わしたものです。現在の物価指数が125であれば，基準時（100）と比較して（125÷100＝）1.25倍になったということであり，現在の物価指数が80であれば基準時（100）と比較して（80÷100＝）0.8倍になったということです。

物価指数について補足説明をしておきましょう。

2） パーシェ型物価指数とラスパイレス型物価指数

物価指数を算定する際に，商品が1種類しかなければ単純にその財1単位当たりの価格を比較して

$$物価指数 = \frac{1単位当たりの比較時価格}{1単位当たりの基準時価格} \times 100$$

という式で単純に求められます。

しかし，現実の物価というのは多くの商品の価格を全体として捉えたものであり，特別な手法に基づく平均値なのです。多くの商品やサービスによって構成される実際の物価指数は，だから，上の式を理解しただけでは導出できないのです。

物価指数の代表的な算定方式は2つあります。

パーシェ型（パーシェ式）物価指数とラスパイレス型（式）物価指数です。なお，蛇足だとは思いますが，以下の方式で導出される物価指数は，当然のことながら，比較時――単位は年・月・週・日などお好みに合わせてどうぞ！――における物価指数であることを確認しておきます。基準時の物価指数は常に100です。

$$\text{パーシェ型物価指数} = \frac{\text{比較時の量} \times \text{比較時価格}}{\text{比較時の量} \times \text{基準時価格}} \times 100$$

$$\text{ラスパイレス型物価指数} = \frac{\text{基準時の量} \times \text{比較時価格}}{\text{基準時の量} \times \text{基準時価格}} \times 100$$

　パーシェ方式は基準時の量――たとえば消費者物価指数であれば消費量――が比較時と同じであると仮定し，ラスパイレス方式は逆に，比較時の量が基準時と同じであればと仮定して計算しています。

　代表的な物価指数としての消費者物価指数（消費生活において重要性が高く購入回数も多いと判断されている500品目余の商品・サービスの価格から導出）と企業物価指数（企業間で取引される商品・サービスの価格から導出）とはラスパイレス方式で算定されたものです。

　以下，上記2つの算定方式に数値を当てはめてみましょう。

　ある経済圏において基準時（t期）の消費者1人当たりの消費量がパン10個で，価格は1個100円だったとしましょう。これが比較時（〈$t+1$〉期）には，パンの消費量は20個へと倍増したが，価格も1個150円に上昇したとしましょう。上述したように，生産物の種類が1つの場合はその財1単位当たりの価格――ここでのパンの場合は1個当たりの価格である100円と150円――を単純に比較すればいいのですが，一応計算してみましょう。

　まずはパーシェ型物価指数から。

$$\frac{20\,\text{個} \times 150\,\text{円}}{20\,\text{個} \times 100\,\text{円}} \times 100 = 150$$

　次に，ラスパイレス型物価指数。

$$\frac{10\,\text{個} \times 150\,\text{円}}{10\,\text{個} \times 100\,\text{円}} \times 100 = 150$$

　パーシェ方式，ラスパイレス方式，共に比較時の物価指数は150となりました。ここでは消費財はパン1種類だけでしたので，比較時の価格150円を基準時の価格である100円で割った値に100を掛けてやれば当然同じ150と

いう答えが導き出せます。

では次のような場合はどうでしょうか。

ある経済圏において基準時（t 期）の消費者 1 人当たりの消費量がパン 10 個とミルク 10 本で，価格はそれぞれ 1 個 100 円，1 本 50 円だったとしましょう。これが比較時（〈t +1〉期）には，パンの消費量は 20 個へと倍増し，価格も 1 個 150 円に上昇したが，ミルクの消費量は 10 本で変化なく 1 本当たりの価格も 50 円のままであったとしましょう。パンの値段は 1 個 100 円から 150 円へと 1.5 倍上昇しましたが，ミルクの方は 1 本 50 円のままですから，あえて言えば，その変化率は 1 倍ということです。このとき，物価は何倍になったのでしょうか。

片方が 1.5 倍でもう一方が 1 倍だから，1.5 と 1 を足して 2 で割って 1.25 倍で物価指数は 125 であると，思わず計算してしまいそうですが，実際の物価指数の計算はそうはならない，ということです。

ちょっと計算してみましょう。

まずはパーシェ方式で。

$$\frac{パン 20 個 \times 150 円 + ミルク 10 本 \times 50 円}{パン 20 個 \times 100 円 + ミルク 10 本 \times 50 円} \times 100 = 140$$

次にラスパイレス方式。

$$\frac{パン 10 個 \times 150 円 + ミルク 10 本 \times 50 円}{パン 10 個 \times 100 円 + ミルク 10 本 \times 50 円} \times 100 = 約 133$$

上述の単純平均とは当然異なりますが，パーシェ方式とラスパイレス方式とでも指数値が違ってきます。パーシェ方式では比較時の消費量バランスを元に算定しています。パーシェ方式の方が大きな指数になったのは，消費量のバランスにおいて比較時のパンのウェイトが基準時よりも高まったために，パンの価格上昇の影響がより大きく反映されたからです。ラスパイレス方式では消費量のバランスは基準時が使われていますから，比較時と比べればパンのウェイトは小さいのでパン価格上昇の影響がパーシェ方式よりは低く見積もられた，ということです。

比較年次の消費量バランスを元にするパーシェ方式の方が，より近い現実の実態を本当は反映しているのですが，消費者物価指数などにはラスパイレス方式が採用されていること先述しました。

どうしてそうなのか見当がつきますか。

基準時の消費量バランスを調べ確定しておけば，その後はいちいち比較年次ごとの消費量バランスを調べなおし修正する必要が，ラスパイレス方式の場合，ないからです。考えてみて下さい。

3） 名目と実質そして物価指数

本題である名目と実質に関する例題に移りましょう。

【例題㊲】
名目賃金は 3 倍になったのに実質賃金は半分になってしまった。このときの物価の変化率（±％）を求めなさい。

一度理解してしまえばどうということはない問題なのですが，何の知識もない状態で名目賃金と実質賃金との違いを説明させると，色々な答えが返ってきます。

「名目賃金とは税引き前の賃金で，実質賃金とは税引き後の手取りの賃金ではないか」とか，「名目賃金とは会社のパンフレットに掲載されている賃金で，実質賃金とは会社に入って受け取る実際の賃金」……！ これって——現実にはよく!? あることかもしれませんが——完全に犯罪的詐欺行為でしょう。

では，説明に入っていきましょう。

「賃金」は，税引き前でも，税引き後の手取りでも，パンフレットに掲載されているものでも，実際に入社して受け取るものでも，何でもいいのですが，ここでは手取りの賃金で考えてみましょう。つまり，〈名目手取り賃金〉と〈実質手取り賃金〉の違いを考えてみます。

名目賃金が 3 倍になったというのは，実際の受け取る給料が 3 倍になったということです。たとえば先月の手取り 20 万円だった給料が今月は 3 倍の 60 万円になった，ということです。労働強化や残業の増加などという事態

はなかったものとします。これはこれで当然大喜び！　ですよね。ところが実際にはあまり喜べない，ばかりではなく逆にガックリ！　という事態も，考えられるのではないでしょうか。偽札（ニセサツ）だった？……というガックリはないものとしましょう。どのようなガックリなのでしょう。

　先月は給料の 20 万円で 1 個 10 万円のマンジュウ 2 個購入して生計を立てていた，としましょう。現実にはもちろん生計を立てるための財は数多く存在しますが，ここでは単純にその様々な消費財によって充たされるであろうバスケットをマンジュウという財で象徴化しておきましょう。今月は給料が 3 倍の 60 万円に上昇したので，マンジュウも 3 倍の 6 個買える！　タラフク食える！　と喜び勇んでマンジュウ・ショップにでかけてみたら……なんと!!　マンジュウが先月よりも少ない！　半分の！　1 個しか買えなかった……という悲劇＝「ガックリ」です。

　どういうことだ!!!　……調子に乗って？　あまり話を膨らますのはヤメにして直截に言えば，マンジュウの値段が先月の 1 個 10 万円から今月は 1 個 60 万円に上昇していた，ということです。

　給料は確かに上がったのですが，その 3 倍になった給料 60 万円で実際に買えるものの量＝実物量は以前の半分になっている，ということです。このような事態を指して，〈名目賃金は 3 倍になったが，実質賃金は半分になった〉，というのです。この場合，実質賃金というのは名目賃金で購入することのできる実物量＝実質ということになります。

　物価が 6 倍になった，というのが，だから答えなのですが，「物価の変化率（±％）を求めなさい」と例題にはあります。6 倍というのは，物価指数で表わせば，100 が 600 になったということです。そのときの変化率は，つまり解答は，

【解　答】
　＋500 ％（もしくは，上昇率 500 ％）

となるのです。
　なお，物価指数と名目値と実質値との連関式を示しておきましょう。

パーシェ型物価指数を元にして考えてみましょう。パーシェ型物価指数とは次のようなものでした。再度掲載しておきます。

$$パーシェ型物価指数 = \frac{比較時の量 \times 比較時価格}{比較時の量 \times 基準時価格} \times 100$$

この式における左辺の物価指数とは，もちろん比較時＝すなわち〈今月の物価指数〉です。つまり上のマンジュウの例では600となります。

右辺第１項の分子部分にある〈比較時の量×比較時価格〉とは，今月のマンジュウの購入量１個と今月の１個当たり価格60万円との積であり，つまりは〈今月の名目賃金〉額60万円になります。

分母の〈比較時の量×基準時価格〉は，今月買ったマンジュウ１個とマンジュウ１個の先月の値段10万円との積であり，10万円となります。今月の賃金を目一杯！ 費消して購入することのできたマンジュウ１個は基準時＝すなわち先月の価格であれば10万円で――先月であれば給料の半分で――購入できたということを示しており，今月の賃金は先月の20万円と比較すれば実質的には先月の給料の半分である10万円でしかない，ということを示しています。だから，先月と比べて半分になったということを一目瞭然に明示しているこの10万円という価額は〈今月の実質賃金〉というふうに命名されるのです。

上のパーシェ型物価指数の式の〈左辺〉・〈右辺第１項の分子〉・〈右辺第１項の分母〉を，〈今月の物価指数〉・〈今月の名目賃金〉・〈今月の実質賃金〉に置き換えれば，

$$今月の物価指数 = \frac{今月の名目賃金}{今月の実質賃金} \times 100$$

と，書き換えることができます。この式――もしくは次式(8)――を使えば，名目賃金３倍，実質賃金半分（＝0.5倍）のときの物価変化率を求める，という例題も，たとえば基準時の名目賃金を適当に，たとえば１，と設定し，今月の名目賃金に３，今月の実質賃金に0.5，という数値を代入すれば――まあ当然のことなのですが――今月の物価指数600が導出され，＋500％という物価変化率を引き出すことができるのです。

〈今月の物価指数〉と〈今月の名目賃金〉と〈今月の実質賃金〉とのこの

三者の連関は，賃金に限らず，物価の変動を加味して導出されるあらゆる名目値と実質値との関係にも敷衍できるものです。

この式を──〈今月の〉という比較時を表わす言葉は省略して──実質賃金＝実質値について解けば

$$実質値 = \frac{名目値}{物価指数} \times 100 \qquad (8)$$

となります。

なお，これまた当然のことではありますが，基準時においては実質値と名目値とは同じ値をとります。実質値とは基準時と比較して実質的にどれぐらい変化したのかを指し示すものですから，つまり，基準時であれば幾らに値するのかということを示すものですから，当然，基準時の実質値は名目値と一致するわけです。上の式で確認してみます。基準時の物価指数は──いつでも──100 です。物価指数に 100 を代入すれば，「実質値＝名目値」となります。つまり，基準時における実質値と名目値とは等しいのです。

【例題㊳】
名目賃金の変化率は－50％であったが実質賃金の変化率は＋100％であった。このときの物価の変化率を求めなさい。

賃金の具体的な水準＝数値は示されてはいませんから，適当に基準時の値を 100 とでもして計算してみて下さい。

もちろん基準時の賃金をたとえば前問と同様の 20 万円と想定し，実質賃金の変化率は購入可能な実物量の変化を示しているものとして考えることによって，具体＝即物的イメージに依拠してその価格の変化を類推していっても構いません。基準時においては手取り 20 万円の給料で 1 個 20 万円のマンジュウを購入して生活を維持していたが，変化後は賃金が手取り－50％，つまり半分の 10 万円になってしまった……が，なんと！ しかし！ 実質賃金，すなわち実物購入量の変化が＋100％，つまり 2 倍であるからマンジュウが 2 個買えるようになり，つまり 10 万円でマンジュウが 2 個買えるよう

になったということですから，マンジュウの値段は基準時の1個20万円から変化後にいくらになったかというと……1個5万円，つまり4分の1になった……ということは百分率で表わした変化率は……という具合にたとえば考えていってもいいですよ，ということです。

基準時の賃金を100として，変化後の名目賃金50と変化後の実質賃金200とを，物価指数について解いた上述の連関式(8)に代入すれば，変化後の物価指数が25となる，という非常にアッサリとした方法で考えてみても，もちろん良いわけです。物価指数の基準値は100ですから，物価指数が25になったということは，100が25になったということであり，つまりは

【解　答】
-75%（もしくは，下落率75%）

という解答が導出されることになるのです。

4）変化率の公式

実質値について解かれた上述の連関式であるところの，〈実質値＝名目値／物価指数〉から，変化率同士の連関式として

$$\text{実質値変化率}＝\text{名目値変化率}－\text{物価変化率} \tag{9}$$

という公式が導かれ，よく目にしますが——しませんか？　——，例題❸のような場合には正確には妥当しません。あくまでも近似式であり近似値であることを銘記しておかなければなりません。ちなみにいわゆる〈変化率の公式〉と言われるものを3つ示しておきましょう。ΔZ, ΔX, ΔYは，それぞれZ, X, Yの変化量です。

$$Z=XY \text{ のとき, } \frac{\Delta Z}{Z}=\frac{\Delta X}{X}+\frac{\Delta Y}{Y}$$

$$Z=\frac{X}{Y} \text{ のとき, } \frac{\Delta Z}{Z}=\frac{\Delta X}{X}-\frac{\Delta Y}{Y}$$

$$Z=X+Y \text{ のとき, } \frac{\Delta Z}{Z}=\frac{X}{Z}\cdot\frac{\Delta X}{X}+\frac{Y}{Z}\cdot\frac{\Delta Y}{Y}$$

図 8-5 　変化率の公式

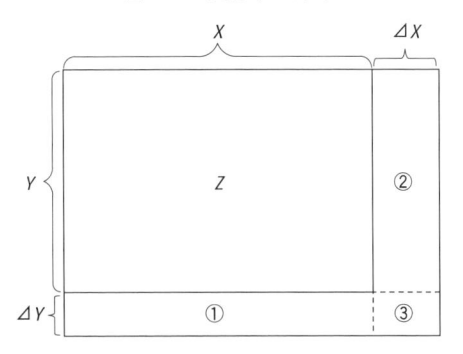

2つめが(9)式と関連していますが，$Z=XY$ のときの〈変化率の公式〉の導出の仕方を，まず考えてみましょう。

Z は横を X，縦を Y とする長方形の面積に見立てて考えれば分かりやすく，そのように図解されている例をこれまたよく見かけます。

図 8-5 を見て下さい。

$$Z+\varDelta Z=(X+\varDelta X)(Y+\varDelta Y)$$
$$Z+\varDelta Z=XY+X\cdot\varDelta Y+\varDelta X\cdot Y+\varDelta X\cdot\varDelta Y$$

$Z=XY$ ですから

$$Z+\varDelta Z=Z+X\cdot\varDelta Y+\varDelta X\cdot Y+\varDelta X\cdot\varDelta Y$$

両辺から Z を消去して

$$\varDelta Z=X\cdot\varDelta Y+\varDelta X\cdot Y+\varDelta X\cdot\varDelta Y$$

$X\cdot\varDelta Y$ は①の面積部分，$\varDelta X\cdot Y$ は②の面積部分，$\varDelta X\cdot\varDelta Y$ は③の面積部分に，図で言えば当てはまります。ここで両辺を Z で割ると，

$$\frac{\varDelta Z}{Z}=\frac{X\cdot\varDelta Y}{Z}+\frac{\varDelta X\cdot Y}{Z}+\frac{\varDelta X\cdot\varDelta Y}{Z}$$

$Z=XY$ ですから，これを右辺に代入して

$$\frac{\varDelta Z}{Z} = \frac{\varDelta Y}{Y} + \frac{\varDelta X}{X} + \frac{\varDelta X}{X} \cdot \frac{\varDelta Y}{Y}$$

となります。変化の割合 $\varDelta X/X$ や $\varDelta Y/Y$ が微小である場合には，$\varDelta X/X \cdot \varDelta Y/Y$ の値は無視しても構わないほどにきわめて小さくなるでしょう。ゆえに $\varDelta X/X \cdot \varDelta Y/Y$ の部分は無視しても，問題となるぐらいの大きな誤差は生じないと考えてもよい，ということになり，結局，

$$\frac{\varDelta Z}{Z} = \frac{\varDelta Y}{Y} + \frac{\varDelta X}{X}$$ （正確には，この＝は≒であるべきでしょうが……）

つまりは

$$\frac{\varDelta Z}{Z} = \frac{\varDelta X}{X} + \frac{\varDelta Y}{Y}$$

という式が，近似式として成立することになるのです。

$Z = X/Y$ についても $X = YZ$ というふうにXについて解く式に組み替えれば，

$$\frac{\varDelta X}{X} = \frac{\varDelta Y}{Y} + \frac{\varDelta Z}{Z}$$

となりますから，これを $\varDelta Z/Z$ を解く形で整理すれば，

$$\frac{\varDelta Z}{Z} = \frac{\varDelta X}{X} - \frac{\varDelta Y}{Y}$$

という変化率の公式の2つめが導出されます。

$Z = X + Y$ については次のようになります。

$$\varDelta Z = \varDelta X + \varDelta Y$$

となりますから，両辺をZで割ります。

$$\frac{\varDelta Z}{Z} = \frac{\varDelta X}{Z} + \frac{\varDelta Y}{Z}$$

右辺第1項にX/Xを掛け，第2項にY/Yを掛けます。両者とも結局は1ですから式自体の数量連関には全く影響を与えません。で，変化率の公式

の3つめの次の式が導かれることになります。

$$\frac{\varDelta Z}{Z} = \frac{X}{Z} \cdot \frac{\varDelta X}{X} + \frac{Y}{Z} \cdot \frac{\varDelta Y}{Y}$$

名目と実質の問題をもう1つ，最後に，解いてみて下さい。

【例題㊴】
名目賃金が10万円から30万円になった。物価上昇率は100％であった。このときの賃金の実質的変化率を求めなさい。

これも具体＝即物的イメージに依拠して考えていっても構いません。

物価上昇率が100％であったということは，たとえば10万円だったマンジュウが2倍の20万円になったということです。上昇後の名目賃金30万円で購入可能なマンジュウの量は1.5個ということです。賃金上昇以前は10万円でマンジュウ1個を購入していたのですから，実物＝実質的には1.5倍になった，つまりは賃金の実質的変化率は＋50％である，ということになります。

(8)式に代入して解くとすれば，名目賃金の値は30万円，物価指数は200として代入すれば，実質賃金は15万円と算出されます。実質賃金は，つまり，10万円から15万円へと，1.5倍，つまりは，

【解　答】
＋50％（もしくは，上昇率50％）

ということになるのです。

なお，当然，上述の(9)式で求めた人がいるかもしれません。

名目値変化率「＋200％」から物価変化率「＋100％」を引くと実質値変化率は「＋100％」……というふうになってしまいます。正解は「＋50％」ですから，答えが食い違ってきます。だから，注意しなければなりません。〈変化率の公式〉はあくまでも近似値であり，変化率が微小であればあるほ

ど——〈変化率の公式〉の説明において断っているように——正解に近づく，ということです。そういうことをシッカリと認識した上で，〈変化率の公式〉を使用してください。

あ と が き

　〈分からない〉という言葉は2つの意味を持っています。
　1つは〈分かる〉ことによって解消する〈分からない〉であり，もう1つは〈分かる〉ことによっては決して解消することのない〈分からない〉ということの在り様です。
　そのどちらに着目するかによって〈分からない〉という事態に対処するスタンスが異なってきます。人間＝社会を考えるとき，対処するスタンスの間のバランスを如何にとるのかということへの目配り・気配りが必須の要件になります。

＊　　　＊　　　＊

　1つめは，〈分からない〉と発言した人の〈無知〉に起因するものです。〈知〉＝知識が〈無〉いのですから，ことは簡単です。空白の部分に知識を充填し，さらに水平的＝同心円的に拡大してゆく地力をつけていけばいいのです。
　〈無知〉の〈無〉を〈知〉で充填してゆくといっても，ただし，次の点＝原則にはくれぐれも注意しなければなりません。
　単純に理解できることを難しく考えない，という原則，これです。
　そこからさらに進んで，難しいこと——難しく見えるだけかもしれません——を単純に理解する，というセンスを常に保持し求めることです。
　〈学問〉や，それらが言及＝研究対象としている諸事象というものは，そもそも難しいものであり簡単には理解できないものなのだ，などという先入観はキッパリと捨てる必要があります。「難しいのだから分からなくて当然だ」などという思い込みは，たとえば教えられる方にとっても教える方にとっても，毒にこそなれ薬には絶対になりません。
　〈学問〉というものが，人間の共有すべき〈生きる〉という問題に切実に

関わるものであればあるほど，〈分かりやすい〉かどうかということは，その〈学問〉の存在価値を評価する際の決定的な尺度となります。

　ただし，誤解しないで下さい。〈生きる〉という問題と関わりがあるかないか，ということは，実用性があるかないか，ということを意味してはいません。〈生きる〉ということと深い関わりがあるようなことでも，日常生活の実用にはまったく役に立たないこともあります。役に立たないだけではなく，日常生活を支障なくやり過ごすという面から見ると，敢えてそんなことは考えない方が無難かもしれない，というようなこともあります。

　ナニハトモアレ，〈学問〉とは——人間の〈生きる〉という問題との接点をたとえ1点であれ保持するものであるのならば——どのようなものであれ，切実な〈生きる〉というレヴェルにおいて人間が考え出したものである以上，その本質において，すべての人間が共有できるはずであるという意味での〈単純＝簡潔性〉を必ず保持しています。色々な，しかし，人間にとって切実な出来事を理解する・解決しようという試みの中から生まれてきたのですから，〈単純に分かりやすく〉，という在り様は当然のことです。そこを何を勘違いしているのか，〈単純＝簡潔〉に考えることができるしまたその必要があるのに，やたら〈複雑＝難解〉にして高慢ちきに品なく悦に入ったり，「私のようなアホには分かりません」などと意気消沈したり・居直ったり，というふうにくだらないレヴェルでの右往左往という状態を呈することがよくあります。教える立場の人は，どんな相手に対してであっても，最先端の事柄を分かりやすく単純に説明する義務がありますし，教えられる立場の人も自分の分からないことの原因が複雑に考え過ぎているところに案外あるのかもしれない，と疑ってみる必要はあります。分からなければ分かるまでトコトン教師に食い下がる必要があります。その交流の中で教師と学生はお互いに学び合うのです。「オマエラには所詮分かんないよ」などという教師は〈学問〉を放棄しています。「オレには所詮分かるわけないじゃん」などとウソブイテイル人たちもまた〈学問〉のこのテイタラクを助長しているのです。それはめぐりめぐって人間が人間を馬鹿にし排除し合う関係を創り出し補完してゆくことへと繋がっていくのです。そして，〈分からない〉ということの2つめの問題＝意味へと接近してゆくことの保有している人間＝社会的な

切実さへの目配りの放棄，という態度を絶え間なく産出し，〈学問〉のテイタラクは益々増長されていくのです。

＊　　　＊　　　＊

〈分からない〉ということの持っている 2 つめの意味は，〈分からない〉ということそれ自体に意味があるのではないか，と考える必要性を感じさせる，そういう意味です。〈分かる／分からない〉という二項対立的な場，そして二項の内の後者＝〈分からない〉から前者＝〈分かる〉へと絶え間なく移行することがイイコトなのだ・必要なことなのだ，と思念される場そのものを相対化してゆく視座の確保の問題です。〈分からない〉という地点から〈分かる〉という地点へと線形的に拡大＝増殖＝成長するのではなく，〈分からない〉ということを出発点としつつも別の方向へと多様に拡散＝深化する方途の可能性を示唆する思考のスタンスの追求です。

〈学問〉が共有するべき，人間的であるがゆえの〈単純＝簡潔さ〉は，人間的なものであるがゆえに同時に〈複雑＝難解さ〉を保持せざるをえないのです。人間とは〈単純＝簡潔〉である，と同時に，であるからこそ，〈複雑＝難解〉である，ということです。人間であるがゆえの〈単純＝簡潔さ〉と〈複雑＝難解さ〉との同時存在とは，たとえば誰かを〈好きになる〉という場合を考えてみて下さい。それは，〈単純＝簡潔〉な出来事ですが，〈可愛さ余って憎さ百倍〉という非常に人間的な〈複雑＝難解さ〉を同時に胚胎してもいる事態なのです。〈好きだ〉という〈単純＝簡潔〉な気持ちは，それに逆比例する・もしくはそれ以上の逆走する〈憎しみ〉の感情と同時存在＝バランスすることによって〈複雑＝難解〉に存立しえている，ということです。

〈分かる〉と思っている人には見えないものが〈分からない〉と思っている人には見えるのかもしれない，という感性の問題と言い換えることもできます。この位相においては，〈分からない〉ということは否定すべき〈無知〉ではなく，積極的に評価すべき，つまり〈分かる〉人々もその意味を積極的に吟味し取り入れてゆくべき〈無知〉なのです。

1／4 と 1／4 とを足すと 1／2 になる。

〈常識〉……です。

　しかし，この〈常識〉が〈分からない〉と主張する子供についての話を，聞いたことがあります。どこで聞いたか（読んだか？）は失念してしまいました。

　分数の足し算について教師が生徒に説明している場面での出来事であったように記憶しています。

　西瓜を例に挙げての説明です。四等分したうちの２つと二等分したうちの１つとではどちらが得か・どちらを選ぶか，という質問を教師が生徒たちに投げかけます。ほとんどの生徒は，もちろん!?　勝ち誇ったように・異口同音に答えます。

　〈どちらでもいい〉・〈どちらでも同じだ〉……と。

　教師も，これまたもちろん!?　満足げに応答します。

　〈非常によくできました，二重丸です〉……と。

　１人の生徒が，しかし，納得できないという面持ちで主張しました。

　〈二等分したうちの一切れの方がいい！〉

　〈そちらの方が西瓜の甘いお汁がタクサン含まれている！〉

　〈四等分なんかしたらお汁がタクサン流れ出してしまう！〉

　１／４と１／４とを足すと１／２になる，という抽象化に対する，納得できない＝〈分からない〉というこの子の具象性に基づく反撃は決して間違ってはいません。教師はもちろんのこと，〈分かる〉と思っている他の子供たちも，複雑な具象性を単純に抽象化することの手続きの必要性＝意義と・しかしそのような抽象化が保持せざるをえない限定性とをキチッと説明してやることができなければ，この子を排除したり・馬鹿にしたりは絶対にできないはずです。しかし実際には，この種の出来事に対する無配慮の積み重ねが，〈知／無知〉という＝もっと卑俗に言えば〈優等生／劣等性〉という図式の下で蔓延している自己卑下する・せざるをえない〈無知〉の実存態やそれに基づく差別や抑圧やを無数に産出しているのです。学校という場でのみ惹起される問題ではモチロンありません。抽象的な数値レヴェルでの加減乗除が具象的な人間たちの加減乗除へと無節操にスライドされ負的に現象する，などという事態は日常茶飯事です。

〈分からない〉と感じている人も，だから，ただ〈無〉を消し去り〈知〉によって充塡することにのみ努力を傾注する必要はありません。〈分からない〉という地点を放棄してそこから飛び立っていくことだけにエネルギーを費やすのではなく，そこにこだわり続けながら足元を垂直的に掘り下げる努力も──「も」！──必要です。

　　　　　　　　＊　　　＊　　　＊

　日本で教育を受けてきた人たちは，中学生の頃から〈経済学〉らしきもの──たとえば「経済循環」とか「需要曲線と供給曲線」等々──に接しているにもかかわらず，大学の経済学部を卒業した人々でさえ，〈経済学〉なんて分からない，何を学んできたのかさえさっぱり忘却の彼方……，などというのが大半です。

　数式を多用するから分かりづらいと言う人がいます。それは，〈経済学〉が分からないのではなく，〈数学〉が苦手なだけです。〈数学〉は〈数学〉であって，〈経済学〉ではありません。経済現象は確かに数量的表現形態を数多く取ります。数量と数量との間の連関が〈数学〉的アルゴリズム（計算手続き）に馴染みやすいのは理の当然です。とはいえ，〈経済（学）〉の論理と〈数学〉の論理とは，やはりその抽象水準を異にするものです。これがまったく同じものであるのならば，このふたつの学問をわざわざ分ける必要性が存在しないことになります。〈数学〉の応用的範疇＝下位部門として〈経済学〉を位置付ければいい，ということになってしまいます。

　　「いま話題のデリバティブ（金融派生商品）も，連続確率微分方程式という難しい数学によって，オプションに関する経済学の難問が解けたことで火が付いた。現実の政策やビジネスの背後には基礎研究の蓄積があるのです。」（奥野正寛『日経』1995年8月21日）

　このような発言を聞いていると，〈数学〉が苦手な人は完全に萎縮してしまいます。「連続確率微分方程式」！　「確率」！　「微分」！　勘弁してくれ！……というところでしょう。

〈数学〉が理解できなければ〈経済学〉や経済現象はまったく分からないのでしょうか。それは，しかし，当然ありえないし，認められません。
　経済は私たちの生活そのものです。
　〈数学〉が理解できなければ生活が理解できない？　もしそうであるとすれば，そのような状態は否定されるべきです。
　〈数学〉が得意な人たちのハッタリ（と，当の本人たちは思っていないかもしれませんが）に圧倒されてはいけません。〈数学〉が得意でもなく，さらには積極的に不得意な人間も含めた普通の人々が普通に生きていこうとすることが〈数学〉を知らないために阻害されてしまうようなことがあるとすれば，〈経済学〉をプロパーにやっている人間は，そういう事態を粉砕するためにこそ，その〈数学〉的知識を使うべきでしょう。「難しい数学」を使用して，バブル的貨幣増殖をただただ増長させるような金融商品や金融市場を開発したことをもって「現実の政策やビジネスの背後には基礎研究の蓄積があるのです」などと奥野のように悦に入っている場合ではありません。〈経済学〉の「基礎研究」は，人々に〈ゆとり〉を与えるために役立ってこそ本当の「基礎」研究というその名に値する何ものかになれるのです。それでこその（学問的）〈分業〉の利益というものでしょう。他方では，〈数学〉が得意な人たちのハッタリに圧倒されないためにも，〈経済学〉のエッセンスを，確実に理解しておく必要があります。
　ただし——と，あわてて付け加えておきます——一定レヴェルの「読み書きソロバン」の知識は要求されます。具体的現実の泥沼に足を取られて訳が分からないという状態に陥らないために，具体的連関を数量連関に写像する一定程度の抽象力は要求されるのです。現実は，圧倒的な数量的情報の洪水によって私たちを煙にまこうとします。これに抗するためにはその〈数量〉性の根っこ＝意味をしっかりと押さえておく必要があります。「一定レヴェル」とは，ひとまずは，たとえば現在の教育の枠組みを前提とすれば，中学校レヴェルの内容を想定しています。どんなに難しい高度な〈数学〉であっても，その本質的な基礎的内容を中学校レヴェルの〈数学〉的言語で伝達することができるはずです。
　たとえば，微分。

と，聞いただけで萎縮する人が多いようですが，微分に関する色々な公式などは覚えていなくても構いません。微分的思考に基づく行動を人々＝私たちが日常的にとっていることをしっかりと理解することが重要である，ということです。自分の運転している車のスピードをメーターで確認するとき，様々に傾斜のついたゲレンデを滑りながらその緩急を心身全体で感じるとき，私たちは確実に微分的判断を遂行しているのです。〈数学〉的思考が私たちの生活──〈生きる〉ということ──に関連がある限りにおいては，必ず，日常的感覚に馴染んだ言葉──もしくはそれで感受できる言葉──で表現できるはずです。それができないようなものであるのならば，数学オタクを除いては，関係ないやと知らぬ存ぜぬを決め込んでまったく問題はないでしょう（ただし，〈権力〉を委譲してしまってはいけません）。もちろん〈数学〉的形式は，言葉の節約という意味において有効です。日常的言語においては何百字何千字もかかるであろう事柄を，たった数行で表現し尽くしてしまうことも可能だからです。しかし，だからといって，日常的言語への翻訳が不可能になってしまっては，人間たちからの〈数学〉的知識の疎外＝物神化＝宗教化に陥っていると言わざるをえません。信じたくない人にとって宗教的知識なぞは，鰯の頭でしかありません。鰯の頭に大きな顔をさせておく手はありません。

　経済情報の解読には相当高度な知識と熟練とが要求される，と思い込み自信喪失に陥っている人も結構いるようです。熟練が要求される場面がないとは言いませんが，基本的知識に関していえば，まったく恐れる必要はないのです。メディア等を通じて流される大量の経済情報に，なす術もなく圧倒されてはいけません。難解な専門用語の洪水を前にして萎縮したり・諦めたりしてしまっては，まさに敵？　の思う壺です。

　繰り返します。

　経済は私たちの生活そのものです。様々な経済情報は私たちと密接な関わりを持っています。にもかかわらず，経済情報は近寄り難いし，面倒くさいと思っている人たちが大量に存在しています。そう思わせることによって大儲けしている人たち（!?）も数多くいます。しかし，どんなに難しそうな理論的体裁を施していようとも，経済が私たちの身近な生活そのものである限り，日常的な言葉に置き換えられるはずです。生身の人間の生身のアナログ

な脳みそを媒介としては伝達不能な情報やそれに基づく事象の支配の下で成立する秩序は，〈分かる／分からない〉というデジタルな二項対立に依拠しての無限の序列態を産出＝疎外し，その序列態の〈主体〉として構成＝組織された人間たちを必ず抑圧するものである，と断言して差し支えありません。難解に見える言葉によって煙にまかれることなく，分かりやすく語りかけるように要求するべきです。そのような要求に応えられないような〈専門家〉は──学者であれ業界の玄人筋であれ──宗教的司祭であると判断して差し支えありません。自覚がない分だけ，さらには，「先端的」・「科学的」であるとすら思い込んでいる分だけそれら〈専門家〉に対処するのは厄介ですが，どこかでしっかりと足元を払ってやる必要性はあります。この種の〈専門家〉に対処する訓練を積んでおくことは様々な場面でその有効性が生きてくることになるでしょう。

＊　　　＊　　　＊

> 【例題〈番外〉解答】
> 需要増大　⇒　物価上昇圧力

（ただし，支給されたおカネを国民が需要として使わなければ，つまりは市場に流通させなければ，この圧力は発生しません。念のため。）

まあ，こんなものです。
単純でしょう。
不備な点は多々ありますが，目をつぶって，ひとまず〈完〉！　としておきます。
本書は，あくまでも出発点でしかありません──皆さんにとってもモチロン私にとっても──。とはいえ，経済もしくは経済学を理解するに際しての最低限のマニュアルは示してあります。本書に書いてある種々の事柄について「なるほど！」と納得してくれたり，「なんだこれ全然分からない！」などと疑問を感じたりしながら，ああでもないこうでもないと考えてくれたとすれば，前後左右上下未来過去これからどちらに進むにしろ，経済学をチョ

ットはかじりました……と，自信を持って言えるはずです。

　参考文献を……という声がおそらくはあるでしょうが，この本を読み終えたら後は，「入門△△」と銘打っているものであれ「××時間（日）……でわかる△△」というものであれ「初歩からの△△」とか「早わかり△△」とか「まんがナントカカントカ△△」等々とにかく自分で適当に乱読するしかないでしょう。体系的・段階的な読書をすすめている本であれば「初歩」の後には「中級」・「上級」というような道先案内がついているでしょうから，食いつけそうかどうか手にとって自分で判断するしかありません。〈気力〉があれば，読み通す〈気力〉を与えてくれる書物にきっと出会えるでしょう……と無責任を決め込んでおきます。

　最後に，本書をまとめるにあたって忍耐強く！　──本当に忍耐強く！　──生来のナマケモノであり挫けやすい私を終始激励し，御尽力下さったナカニシヤ出版の津久井輝夫氏に──期待に応えるシロモノでは本書がないことを恥じつつも，しかし──心から感謝の意を表したいと思います。

索　引

ア　行

アウトソーシング　174-175
アメリカン・ウェイ・オブ・ライフ　74,206
飯田経夫　59
生きた労働　141
一般均衡　213
インカム・ゲイン　116,128
インターバンク市場　64
卸売物価指数　218

カ　行

外貨準備高　74
外国為替市場　iv,9-12,49-53,56-61,64-69,72,76,78-79,91,96,190
外為市場→外国為替市場
価格設定の自由度　144
価格メカニズム　14,101
下級財　23,40
学問　7
過去の労働　141-142
価値　i-ii,8,57,65-66,133,185,189
株式市場　v,34,125,128
貨幣価格→貨幣の価格
貨幣市場　11,78,87-90,128
貨幣商品　128
貨幣の価格　87,89
可変費用　35
為替　58,60-61
　──手形　61
　──転嫁率→パススルー率
完成財　201
完全雇用　106-107
機関投資家　80
規模の経済　31
　──性　105
規模の不経済　31
逆為替　61-62
キャピタル・ゲイン　116,127

供給関数　29
供給(量)の価格弾力性　29
競争社会　97
狂乱物価　215
極大利潤　105
金為替本位制　73
均衡価格　32,34-37,45,47,102,106,108
銀行間市場　64
均衡金利　106-107
均衡取引額　47,102
均衡取引量　29,32,42,47,102
金＝ドル本位制　73
金平価　72
金本位制　71-73
金融　195
　──市場　v,51,82,196
　──政策　80,83-84
空洞化　97-98
クモの巣的調整過程　32
計画経済　138
経済学　ii,4-5,37-39,43,112
経済合理性　112
経済財　25,130
経済主体　11,15,48,82,104,109
経済人　109
経済政策　v
経済成長　185-186
経済大国　204
経済の論理　i-iii,vi
経済摩擦　75,77-78
継続企業　105
決済通貨　12
限界費用　30
限界利潤　105
減価償却費　202
現金通貨　189
現在価値　112
現在の労働　141-143
公共性　36
広義流動性　190

索 引　239

向上心　36
後進国　75
公定歩合　84
高度成長　74,76
購買力平価　53-55
顧客市場　64
国債　82-83
　　——の日銀引受　83
　　——の民間引受　82
国際経済　15
国際決済通貨　74,190
国内財市場　67
国内純生産　202
国内所得の三面等価　200
国内総支出　200
国内総所得　200,206
国内総生産　198-199,201,210
国民経済　15,74,97
　　——のマクロのバランス関係式　213
国民総生産　198
固定相場制　71-72,74-77
固定費用　35
個別経済　15

サ　行

在庫投資　211
最終財　200-202
財政政策　80-81,84
最大限利潤　105
裁定均衡　v
裁定取引　v,53
裁定利益　v
産業革命　36
産業連関分析の核心　152
三面等価　206
自己疎外　187-188
市場　vii,4,10-11,14-15,17,21,25,30,
　　33-37,50,54,56-57,64-66,69-71,87,
　　108,117,133,138,180,183-185,191-
　　193,195,199,203-204
　　——競争　75,105,108,183
　　——均衡価格　17-18
　　——経済　138,144,152,200
　　——原理　14
　　——社会　56,112,117,119,123,180-
　　184

　　——人　118
　　——の論理　14,16
　　——メカニズム　vii,14,68
　　——力学　116
実需　78
実体経済　v
実物経済　133
支払指図書　62
資本係数　151
資本主義社会　vii,36,100-101,104,
　　144,179,184-188,196
資本主義的市場　36
資本の一般的範式　185,196
資本の論理　185,196-197
社会経済　15
社会主義・共産主義理論　197
社会制度の優劣　159
社会存立の必須要件　135
社会の許容力　144
収益還元価格　116-118,125,128-129
収穫逓減　30-31
収穫逓増　31
〈自由〉競争社会　97
自由財　25
需給一致　132
　　——点　34,36,101
需給均衡点　32,43,45,102
需給法則→需要と供給の法則
需要関数　20
需要と供給の法則　vii,7,10,13-18,20-
　　21,29,31,37-38,40,42-46,50,53,87,
　　100-101,125-126,128,144
需要の価格弾力性　25-26,76,92,97,100
　　——逓減の法則　29
需要量の価格弾力性→需要の価格弾力性
順為替　62
準通貨　190
上級財　23-24,40
乗数効果　206
消費財　136,143,200-202
消費者物価指数　218
消費需要　80,106-108
消費性向　206,208
少品種大量生産　185
商品所有者　180-181
商品所有者中心社会　182

索引

所得効果　22-24
所得循環　194-197, 209
所得弾力性　29
〈時流〉の奴隷　98
死んだ労働　141
信用状　61
信用創造　84, 86
心理ゲーム　80
数学　ii, 54
スクリーンマーケット　15
スミス(Smith, Adam)　133
生産財　135-136, 200
生産物市場　69
生産要素市場　69
正常財　23
成長至上主義　205
世界経済　15
世界の一次エネルギー消費　205
絶対弾力性　26
絶対優位　160-161, 167, 170-172
絶対劣位　160, 162-163, 170
先進国　75
選択的消費支出　145
選別機能　18
送金為替　62
　　──手形　62
送金小切手　63
総効果　24
相対弾力性　26
損益分岐点　34

タ　行

第1次石油危機　215
大衆消費社会　74
対象化されている労働　141
代替効果　22-24
代替財　23, 40
多品種少量生産　185
単純再生産　145
中間財　200-202
中立財　23
超大量生産　186
賃金財　136, 143
通貨の価格　50
手形の割引　84
テレフォンマーケット　15

投機　iv, 59, 79
投資財　200-201
投資需要　80, 106-108
投資乗数　208
投入係数　150-151, 154
独立財　23
友岡賛　105
取立為替　62

ナ　行

内外価格差　54-55
生身の人間　121, 175
並為替　61, 63
日銀引受　83
能力主義　175-176, 184

ハ　行

拝金主義　59
パススルー(為替転嫁)率　92
バブルの時代　111
ハロッド(Harrod, Roy Forbes)　29
比較生産性　161, 170, 172-173
比較生産費　160-161, 167, 170, 172
比較優位　160-161, 167, 169-172
日高広志　44
必需的消費支出　145
付加価値　116, 129, 157, 201-203, 210
ブースマーケット　15
物価指数　214, 217, 219, 221-224, 227
文学　4
分業移行誘因　162
分業の利益　159, 165-166, 169, 171
平均利潤率　157
変動相場制　71-72, 74-75, 77-78
貿易市場　56
貿易収支　211-212, 214
貿易摩擦　76
法定平価　71-72
補完財　23, 40
ポランニー(Polanyi, Karl)　132

マ　行

マクロ　133
ミクロ　133
民間経済　15
向壽一　59

索引　239

向上心　36
後進国　75
公定歩合　84
高度成長　74,76
購買力平価　53-55
顧客市場　64
国債　82-83
　——の日銀引受　83
　——の民間引受　82
国際経済　15
国際決済通貨　74,190
国内財市場　67
国内純生産　202
国内所得の三面等価　200
国内総支出　200
国内総所得　200,206
国内総生産　198-199,201,210
国民経済　15,74,97
　——のマクロのバランス関係式　213
国民総生産　198
固定相場制　71-72,74-77
固定費用　35
個別経済　15

サ　行

在庫投資　211
最終財　200-202
財政政策　80-81,84
最大限利潤　105
裁定均衡　v
裁定取引　v,53
裁定利益　v
産業革命　36
産業連関分析の核心　152
三面等価　206
自己疎外　187-188
市場　vii,4,10-11,14-15,17,21,25,30,
　33-37,50,54,56-57,64-66,69-71,87,
　108,117,133,138,180,183-185,191-
　193,195,199,203-204
　——競争　75,105,108,183
　——均衡価格　17-18
　——経済　138,144,152,200
　——原理　14
　——社会　56,112,117,119,123,180-
　184

　——人　118
　——の論理　14,16
　——メカニズム　vii,14,68
　——力学　116
実需　78
実体経済　v
実物経済　133
支払指図書　62
資本係数　151
資本主義社会　vii,36,100-101,104,
　144,179,184-188,196
資本主義的市場　36
資本の一般的範式　185,196
資本の論理　185,196-197
社会経済　15
社会主義・共産主義理論　197
社会制度の優劣　159
社会存立の必須要件　135
社会の許容力　144
収益還元価格　116-118,125,128-129
収穫逓減　30-31
収穫逓増　31
〈自由〉競争社会　97
自由財　25
需給一致　132
　——点　34,36,101
需給均衡点　32,43,45,102
需給法則→需要と供給の法則
需要関数　20
需要と供給の法則　vii,7,10,13-18,20-
　21,29,31,37-38,40,42-46,50,53,87,
　100-101,125-126,128,144
需要の価格弾力性　25-26,76,92,97,100
　——逓減の法則　29
需要量の価格弾力性→需要の価格弾力性
順為替　62
準通貨　190
上級財　23-24,40
乗数効果　206
消費財　136,143,200-202
消費者物価指数　218
消費需要　80,106-108
消費性向　206,208
少品種大量生産　185
商品所有者　180-181
商品所有者中心社会　182

所得効果　22-24
所得循環　194-197,209
所得弾力性　29
〈時流〉の奴隷　98
死んだ労働　141
信用状　61
信用創造　84,86
心理ゲーム　80
数学　ii,54
スクリーンマーケット　15
スミス(Smith, Adam)　133
生産財　135-136,200
生産物市場　69
生産要素市場　69
正常財　23
成長至上主義　205
世界経済　15
世界の一次エネルギー消費　205
絶対弾力性　26
絶対優位　160-161,167,170-172
絶対劣位　160,162-163,170
先進国　75
選択的消費支出　145
選別機能　18
送金為替　62
　──手形　62
送金小切手　63
総効果　24
相対弾力性　26
損益分岐点　34

　　　　タ　行

第1次石油危機　215
大衆消費社会　74
対象化されている労働　141
代替効果　22-24
代替財　23,40
多品種少量生産　185
単純再生産　145
中間財　200-202
中立財　23
超大量生産　186
賃金財　136,143
通貨の価格　50
手形の割引　84
テレフォンマーケット　15

投機　iv,59,79
投資財　200-201
投資需要　80,106-108
投資乗数　208
投入係数　150-151,154
独立財　23
友岡贅　105
取立為替　62

　　　　ナ　行

内外価格差　54-55
生身の人間　121,175
並為替　61,63
日銀引受　83
能力主義　175-176,184

　　　　ハ　行

拝金主義　59
パススルー(為替転嫁)率　92
バブルの時代　111
ハロッド(Harrod, Roy Forbes)　29
比較生産性　161,170,172-173
比較生産費　160-161,167,170,172
比較優位　160-161,167,169-172
日高広志　44
必需的消費支出　145
付加価値　116,129,157,201-203,210
ブースマーケット　15
物価指数　214,217,219,221-224,227
文学　4
分業移行誘因　162
分業の利益　159,165-166,169,171
平均利潤率　157
変動相場制　71-72,74-75,77-78
貿易市場　56
貿易収支　211-212,214
貿易摩擦　76
法定平価　71-72
補完財　23,40
ポランニー(Polanyi, Karl)　132

　　　　マ　行

マクロ　133
ミクロ　133
民間経済　15
向壽一　59

索引

無形財　25
無償財　25
無限成長　196
無差別　94
〈無政府〉的競争　101
物化　121

ヤ　行

有益財　25
有害財　25
有形財　25
有償財　25
豊かさ　vii, 75, 197, 202-205
預金準備率　84-86
預金通貨　58, 85, 189

ラ・ワ　行

利益極大化行為　180

流動性　113, 115, 189-190
劣等財　23
労働価値論　143, 147-148
労働係数　150-151, 154
労働市場　11, 106, 118, 120
〈労働疎外＝搾取〉論　121
労働力　18, 104, 118, 120-121, 135-140, 143, 149, 151, 158
　——商品　119-120
　——という商品→労働力商品
　——の自由処分権　121
　——の所有権　120
ワーカホリック　36
ワルラス（Walras, Marie Esprit Leon）　33, 130
ワルラス的調整過程　33-35

■著者紹介

岡林　茂（おかばやし・しげる）

1952年生まれ。横浜市立大学商学部卒業。明治大学大学院経済学研究科博士課程単位取得退学。東京電機大学理工学部教授，明治大学政治経済学部兼任講師。『マルクス思想の学際的研究』〔共著〕（長崎出版，1983年），『経済学の研究』〔共著〕（成文堂，1981年），「メビウス・ループとしての資本主義社会―物象化的疎外状況と錯視の構造」（『東京電機大学　総合文化研究』第5号），「資本主義と歴史―再生産される〈必然〉神話の基底」（同，第4号），「変化を嗜癖する資本主義」（同，第3号），「発展と疎外の共依存―その特殊=資本主義的連結形相」（同，第2号），「〈生活〉と〈社会〉―その位相差をめぐって」（同，第1号），「『自由と必然』序説―その資本主義的位相」（『東京電機大学理工学部紀要（人文・社会編）』第25巻 No.2），他。

経済学という市場の読み方〔改訂版〕
── その最低限単純マニュアルと思索への通路 ──

1999年 3月30日	初版第1刷発行
2004年 3月15日	初版第6刷発行
2005年10月30日	改訂版第1刷発行
2021年 5月10日	改訂版第8刷発行

著　者　　岡　林　　　茂

発行者　　中　西　　　良

発行所　株式会社　ナカニシヤ出版

〒606-8161　京都市左京区一乗寺木ノ本町15
TEL　(075)723-0111
FAX　(075)723-0095
http://www.nakanishiya.co.jp/

© Shigeru OKABAYASHI　2005　　　創栄図書印刷／藤沢製本
＊落丁本・乱丁本はお取り替え致します。
ISBN978-4-88848-988-1　Printed in Japan

◆本書のコピー，スキャン，デジタル化等の無断複製は著作権法上での例外を除き禁じられています。本書を代行業者等の第三者に依頼してスキャンやデジタル化することはたとえ個人や家庭内での利用であっても著作権法上認められておりません。

高増明・野口旭 著 **国際経済学** ──理論と現実── 三八〇〇円

山﨑好裕 著 **経済学オープン・セサミ** ──人生に得する15の奥義── 二七〇〇円

飯田和人 著 **市場経済と価値** ──価値論の新機軸── 四八〇〇円

梅澤・柴田・二階堂・只友 著 **転換期のくらしと経済** 二六〇〇円

服部正治 著 **自由と保護【増補改訂版】** ──イギリス通商政策論史── 三〇〇〇円

＊表示は二〇二一年五月現在の税込価格です。

──── ナカニシヤ出版 ────